74. JAHRGANG / HEFT 5 / 2024

Nachtmahr

Analysen aus Russland und dem Südkaukasus

Der Krieg und die *Russische Welt*

Bad News

Öffentliche Aufmerksamkeit ist ein knappes Gut. Geht es um gesellschaftliche Proteste, Konflikte und Machtkämpfe in fremden Ländern, wird es noch schwieriger als im nationalen Rahmen, dafür das mediale Interesse zu wecken. Russlands Angriffskrieg auf die Ukraine absorbiert einen großen Teil unserer Aufmerksamkeit. Doch selbst die erlahmt, wenn das Grauen zur Routine wird. Nur der Horror des Besonderen erregt noch das Interesse, etwa wenn Russlands Armee als Teil ihrer Kriegsführung gegen die ukrainische zivile Infrastruktur einen Marschflugkörper in die Kinderklinik Ochmatdyt in Kiew lenkt, wie am 8. Juli 2024 geschehen. Ansonsten droht sich der Schleier des Verdrängens und Vergessens über die Monotonie des Stellungs- und Abnutzungskampfes an der Front zu legen. Käme es dazu, wäre das fatal. Denn das mindeste, was ein Mensch leisten kann, der über Empathie verfügt, ist, den Opfern von Ungerechtigkeit, Gewalt und Krieg Aufmerksamkeit und Unterstützung zu schenken.

Im Schatten des Krieges spitzt sich die Lage im Südkaukasus zu. Georgien befindet sich seit Monaten in einer tiefen Krise. Die herrschende Partei *Georgischer Traum* ist drauf und dran, das Land in einen *Georgischen Alptraum* zu verwandeln. Die Regierung agiert immer autoritärer, sie hat nahezu alle staatlichen Institutionen gleichgeschaltet, die Schlüsselpositionen mit Gefolgsleuten besetzt. Sie verfolgt die Absicht, die Opposition auszuschalten. Die Regierungspartei und der hinter ihr stehende Oligarch Bidzina Ivanishvili produzieren Feindbilder und Verschwörungsideologien. Sie raunen von einer „globalen Kriegspartei", die Georgien in den Krieg in der Ukraine hineinziehen wolle. Und NGOs bereiteten einen Staatsstreich in Georgien vor . . .

Nicht zufällig hat die Regierungspartei nach dem Vorbild des Moskauer Gesetzes über „ausländische Agenten" von 2012 ein repressives Gesetz über „ausländischen Einfluss" ins Parlament eingebracht und beschlossen. Es zielt darauf, die unabhängige Zivilgesellschaft zu zerstören und gleichzeitig auf subtile Weise die Annäherung an die Europäische Union zu torpedieren. Denn dass ein solches Gesetz unvereinbar mit dem 2023 eingeschlagenen Weg nach Brüssel ist, den die überwältigende Mehrheit der georgischen Gesellschaft befürwortet, war den Polittechnologen des *Georgischen Traums* völlig bewusst. Ihr Kalkül ist vorerst aufgegangen. Ende Juni 2024 hat die EU den Beitrittsprozess Georgiens erst einmal auf Eis gelegt. Ob sich das autoritäre Regime oder die liberale Gesellschaft durchsetzen wird, entscheidet sich wohl bei den Wahlen im Oktober 2024. Dann fällt auch die Entscheidung über Georgiens außenpolitischen Weg. Bis dahin bleibt die Lage angespannt.

Auch Armenien kommt nicht zur Ruhe. Nach dem völkerrechtswidrigen Angriff Aserbaidschans auf Bergkarabach im September 2023 und der gewaltsamen Vertreibung der armenischen Bevölkerung zeigt sich wieder einmal, dass Frieden mehr ist als die Abwesenheit von Krieg. Das autokratische Regime in Baku stellt neue territoriale Forderungen und befeuert innenpolitische Spannungen in Armenien, die zu Protesten gegen Ministerpräsident Paschinjan führen. Die EU ist desorientiert, die USA bleiben eine Ordnungsmacht ohne Ordnungswillen und Russlands Politik wirkt destabilisierend.

Russlands Krieg gegen die Ukraine hat erhebliche Rückwirkungen auf die eigene Gesellschaft. Er führt zur Militarisierung der Volkswirtschaft. Die Rückkehr von Hunderttausenden deformierter Soldaten und Söldner, darunter Zehntausende Traumatisierte und Invalide, führt zwangsläufig zur Brutalisierung und Degradation der russländischen Gesellschaft. Ideologisch-propagandistisch zieht das Regime alle historischen und kulturellen Register, um seinen Krieg zu rechtfertigen und an der Verfertigung einer imperialen, etatistischen, großrussisch-nationalistischen Ideologie zu arbeiten. Eine wichtige Stichwortgeberin ist die Russische Orthodoxe Kirche. Unter Rückgriff auf das Narrativ der „Heiligen Rus'" und die apokalyptische Kriegsideologie des 16. Jahrhunderts legitimiert Patriarch Kirill die „militärische Spezialoperation" gegen die Ukraine als „Heiligen Krieg" und betreibt die Apotheose des Soldatentodes.

Kulturpolitiker und regimenahe Künstler missbrauchen Dmitrij Šostakovič als Kronzeugen für die Propaganda, die Ukraine vom „Nazismus" befreien zu müssen. Und Sergej Rachmaninov wird zum Heroen eines großrussischen Patriotismus umgedeutet.

Die Geschichte ist am wenigsten vor der Instrumentalisierung und der Indienstnahme durch das herrschende Regime gefeit. Das zeigt die große empirische Studie der Moskauer Soziologen Lev Gudkov & Natalija Zorkaja über Geschichtsbewusstsein und kollektive Erinnerung in Russland. Die Untersuchung des Levada-Zentrums entstand im Auftrag der *Stiftung Erinnerung, Verantwortung und Zukunft* (EVZ) und greift auf die Ergebnisse von drei Jahrzehnten öffentlicher Meinungsforschung in Russland zurück. Die Daten zeigen, wie stark das Geschichtsbewusstsein seit dem Zusammenbruch der Sowjetunion staatlich geprägt ist und sich in ihm zentrale Elemente der sowjetischen Ideologie und des autoritären Staatsverständnisses wiederfinden.

Dreh- und Angelpunkt der staatlichen Geschichtspolitik ist der sowjetische Sieg im Großen Vaterländischen Krieg. Er dient heute dazu, die Vorstellung von der notwendigen Einheit von *vlast' i narod* (Führung und Volk) als Voraussetzung für das Überleben der Nation zu propagieren und den Angriffskrieg auf die Ukraine zu rechtfertigen. Die Einheit von Führer und Volk ist ein Konzept, das wir in Deutschland aus dem Nationalsozialismus kennen. Die kritische Aufarbeitung des Stalinismus in Russland ist in der Defensive, die Repressionen und der Große Terror werden im kollektiven Bewusstsein der Bevölkerung verdrängt. Stattdessen erfreut sich Stalin in relevanten Teilen der russländischen Gesellschaft steigender Wertschätzung.

Das alles sind keine guten Nachrichten. Aber sie verlangen unsere uneingeschränkte Aufmerksamkeit. Denn die Anerkennung der Wahrheit ist ein grundlegender Beitrag zur Selbstaufklärung.

Berlin, im Juli 2024   *Manfred Sapper, Volker Weichsel*

Thomas de Waal

Profit, Paranoia, Protest

Georgiens Alptraum

In Georgien stehen die Zeichen auf Sturm. Die immer autoritärer agierende Regierung und eine breite gesellschaftliche Protestbewegung stehen sich unversöhnlich gegenüber. Das Land scheint in einer konfrontativen politischen Kultur gefangen. Die Regierungspartei produziert in sowjetischer Manier Feindbilder und will die letzten Bastionen unabhängiger Kontrolle schleifen. Die Entwicklung war nicht unausweichlich. Offenbar ist der hinter der Regierungspartei stehende Oligarch Bidzina Ivanishvili in Panik verfallen, weil er sein im Ausland angelegtes Vermögen in Zusammenhang mit westlichen Sanktionen gegen Russland in Gefahr sah. Er will Georgien in eine autoritäre Festung verwandeln, in scheinbarer Äquidistanz zu Russland und der EU. Die Lage ist äußerst gewaltträchtig. Die Wahlen im Herbst 2024 eröffnen eine kleine Chance, die Konfrontation auf der Straße wieder in eine Konkurrenz an den Urnen zu überführen.

Georgien befindet sich in einer tiefen Krise. Zu oft wird gesagt, ein Land stünde an einem Scheideweg. Hier trifft es jedoch zu. Die herrschende Partei hat ganz offenbar die Absicht, jegliche Opposition gegen sie zu zerstören und um jeden Preis an der Macht zu bleiben. Eine mobilisierte Bürgerschaft leistet Widerstand. Es steht viel auf dem Spiel und keine der beiden Seiten scheint bereit zu weichen. Die Parlamentswahlen im Oktober könnten ein Ausweg sein, aber sie sind noch weit weg.

Auslöser der Krise ist ein äußerst repressives Gesetz über „Ausländischen Einfluss" – in einer früheren Version: „Ausländische Agenten" –, das die Regierung mit ihrer parlamentarischen Mehrheit trotz massiver Proteste in Georgien und internationaler Kritik verabschiedet hat. Das Gesetz ist ein Drohmittel und es ist bewusst schwammig gehalten. Es kann genutzt werden, um Medien, Menschenrechtsorganisationen und andere kritische Beobachter, die aus dem Ausland unterstützt werden – und dies werden die meisten von ihnen – zur Schließung zu zwingen oder ihre Mitarbeiter in die Emigration zu treiben. Angesichts der Erosion anderer Institutionen und der Schwäche der Oppositionsparteien sind es vor allem diese Organisationen, welche die herrschende Partei noch kontrollieren können.

Thomas de Waal (1966), Senior Fellow bei Carnegie Europe, London
Der Text ist unter dem Titel „Georgian Nightmare" bei „Engelsberg Ideas" erschienen. Wir danken für die Genehmigung zur Veröffentlichung einer leicht aktualisierten dt. Fassung.
Von Thomas de Waal ist in OSTEUROPA erschienen: Aneinandergekettet. Armenier und Türken im Schatten des Genozids, in: Grenzland. Konflikt und Kooperation im Südkaukasus. Berlin 2015 [= OE, 7–10/2015].

Das Gesetz ist jedoch nur ein Teil der Geschichte. Der Historiker und Politikwissen-schaftler Stephen Jones, der seit 40 Jahren über Georgien schreibt, konstatiert: „Die Regierung führt einen Krieg gegen die Gesellschaft."[1] Andere sprechen von einem Staatsstreich, da die Regierung fundamentale Artikel der Verfassung missachtet.

Der Widerstand gegen das Gesetz kommt aus dem ganzen Land. Die Massenproteste in Tbilissi – niemals in den vergangenen 20 Jahren waren so viele Menschen dort auf der Straße – sind überwiegend von jungen Menschen organisiert, die keine andere Regierungsform als die Demokratie gesehen haben.

Elemente einer politischen Kultur

In Georgien wurde seit der Unabhängigkeit des Landes 1992 immer wieder auf dem Rustaveli-Prospekt Politik gemacht. Die schlimmsten Auseinandersetzungen auf der zentralen Straße der Hauptstadt fanden 1992 statt, als Dutzende Menschen ums Leben kamen und das Land anschließend in einem Bürgerkrieg versank.[2] Seitdem wurde Georgien mal mehr, mal weniger demokratisch regiert. Stets gehörten jedoch aufwiegelnde Reden zum politischen Alltag, und es scheint fest in der politischen Kultur verankert, dass sich Wahlsieger irgendwann alle Macht nehmen. Jede Partei ist bislang dieser Verführung erlegen. Edvard Shevardnadze wurde 1995 mit großer Mehrheit zum Präsidenten gewählt, ebenso Mikheil Saakashvili im Jahr 2003. Mit der Zeit agierten sie immer abgehobener und manipulativer, so dass sie die politische Unterstützung verloren. Beide gaben ihre Ämter allerdings ohne Widerstand auf, in der friedlichen Rosenrevolution von 2003 und nach den Wahlen von 2012.

Der *Georgische Traum* hat denselben Weg durchlaufen. Die Partei kam auf einer Welle der Euphorie an die Regierung, seit langem ist jedoch die Enttäuschung groß. Im Jahr 2023 fiel die Zustimmung auf unter 20 Prozent.[3] Die Partei könnte wie ihre Vorgänger nach friedlichen Protesten abgelöst werden. Doch das Regime klammert sich an die Macht. Die Polizei und angeheuerte Schlägertrupps sind in einer Weise auf Demonstranten losgegangen und haben sie eingeschüchtert, wie es Georgien seit vielen Jahren nicht erlebt hat.

Zudem war in den Jahren 2003 und 2012 das Engagement des Westens von erheblicher Bedeutung für die Bereitschaft zu einer friedlichen Machtübergabe. Heute halten führende Politiker des *Georgischen Traums* zwar am offiziellen Bekenntnis zu einem EU-Beitritt fest. Sie haben der Europäischen Union und den USA jedoch rhetorisch den Krieg erklärt und sie als „Partei des Kriegs" bezeichnet, die einen Regimewechsel finanzieren würde.

Kann man davon sprechen, dass Russland hinter all dem steckt? Die Demonstranten bezeichnen die umstrittene Rechtsänderung als „Russisches Gesetz" und erklären, der *Georgische Traum* wolle das Land wieder in Richtung Russland steuern. Die Lage ist jedoch etwas komplexer. Zweifellos ist das Vorhaben der Regierung von einem Gesetz inspiriert, das in Russland im Jahr 2012 verabschiedet wurde und seitdem Nachahmung

---

[1]   <www.youtube.com/watch?v=PaESL0wm1rM&t=13m30s>.
[2]   The horror of Civil War. Engelsberg Ideas, 24.4.2024.
[3]   <www.ndi.org/sites/default/files/NDI%20Georgia_GGF%20poll_October_2023_ Eng_VF.pdf>.

in mehreren Staaten von Ungarn bis Kirgistan gefunden hat. Diktiert hat Moskau das georgische Gesetz jedoch nicht.

Es gibt eine Menge böses Blut zwischen Georgien und Russland und das kann keine georgische Regierung ignorieren. Tbilissi hatte nach Russlands Aggression im Jahr 2008 und Moskaus Anerkennung der abtrünnigen Regionen Abchasien und Südossetien die diplomatischen Beziehungen abgebrochen. Russlands Armee hat in den beiden Gebieten bis heute Tausende Soldaten stationiert. In Meinungsumfragen geben nur zehn Prozent der Bevölkerung an, dass sie es gerne sehen würden, wenn Georgien den von Russland dominierten zwischenstaatlichen Institutionen beitritt, mehr als 80 Prozent befürworten einen EU-Beitritt. Jeder georgische Politiker, der offen den Weg nach Europa für beendet erklärt und eine Wiederannäherung an Russland verkündet, begeht politischen Selbstmord.

Für Bidzina Ivanishvili, den Gründer des *Georgischen Traums*, gilt: Er hat sein Vermögen in den 1990er Jahren in Russland gemacht – aber er hat Russland bereits 2002 verlassen. Anders gesagt: Ivanishvili ist davon geprägt, wie in Russland Politik betrieben und Geschäfte gemacht werden und er hat damit kein Problem. Aber er scheint diese Geschäfte aus sicherem Abstand betreiben zu wollen und macht keine Anstalten, sich von den Russen beherrschen zu lassen. Seine Strategie ist Appeasement, nicht Angliederung. Und jeder seiner weiteren Schritte wird vom Verlauf des Krieges abhängen, den Russland gegen die Ukraine und gegen den Westen führt.

Der herrschenden Partei schwebt eine „Festung Georgien" vor, die ihr vollkommen untersteht. In geopolitischer Begrifflichkeit bedeutet dies: eine Wirtschaftspartnerschaft mit Russland; gute Beziehungen zu Unternehmen aus Russland, China und der Türkei; ein Status als Steueroase gleich den Britischen Jungferninseln; Bündnisfreiheit kombiniert mit großen Repressionskapazitäten nach dem Vorbild Aserbaidschans[4] oder einiger zentralasiatischer Staaten; Unterstützung durch illiberale Regime in der EU, vor allem aus Ungarn. Dies wird unterlegt mit einer nationalistischen Ideologie, in der es, orchestriert von der Georgischen Orthodoxen Kirche, um „traditionelle georgische Werte" geht. Und bei alldem soll das Bekenntnis zum in der Verfassung verankerten Ziel einer Mitgliedschaft in der Europäischen Union aufrechterhalten werden.

Entscheidend an diesem Mix sind die wirtschaftlichen Aspekte. Vor einer Weile konnte man noch von einer georgischen Regierung und einer Regierungspartei sprechen. Heute muss man konstatieren, dass eine kleine Wirtschaftselite um Ivanishvili den Staat zu ihrem Eigentum gemacht hat.

Das Regime des *Georgischen Traums* ist eines der bizarrsten im gesamten postsowjetischen Raum. Der Name der Partei geht auf einen Rap-Song zurück, den Ivanishvilis Sohn Bera geschrieben hat. Die Partei gewann im Jahr 2012 die Wahlen an der Spitze einer breiten Koalition, der einige der progressivsten Politiker Georgiens angehörten. Sie unterstützten den exzentrischen Ivanishvili, weil sie in ihm eine Art Rammbock sahen, der als einziger mit seinem Kapital in der Lage sein könnte, die Herrschaft des immer autoritärer regierenden Saakashvili zu beenden.

Sie konnten nicht ignorieren, dass Ivanishvili sein auf sechs Milliarden Dollar geschätztes Vermögen in den 1990er Jahren in Russland in einem der besonders zwielichtigen Sektoren der postsowjetischen Umverteilung gemacht hatte – der Privatisierung der sibirischen Aluminiumindustrie. Aber Ivanishvili führte die Wörter Europa und

---

4 Thomas de Waal: Armenia, Azerbaijan on the brink – again. Engelsberg Ideas, 9.8.2023.

Demokratie im Munde und hatte versprochen, sich aus der Politik zurückzuziehen – was er nach einem Jahr als Ministerpräsident dann 2013 auch vordergründig tat.

Die von 2012–2016 amtierende Regierung war erfolgreich wie kaum eine andere in Georgien seit 1991. Sie setzte sich vom Kurs Saakashvilis ab, der stets mehr an Washington als an Brüssel interessiert gewesen war und von einem „Singapur im Kaukasus" gesprochen hatte. Stattdessen knüpfte sie engere Beziehungen zur EU, mit der Georgien 2014 ein Assoziationsabkommen abschloss. 2018 wurde in der Verfassung der Satz verankert, dass „alle Verfassungsorgane alle ihnen im Rahmen ihrer Kompetenzen zur Verfügung stehenden Mittel nutzen sollen, um eine vollständige Integration Georgiens in die Europäische Union und die Organisation des Nordatlantikvertrags zu gewährleisten".[5]

Doch nach den anscheinend ehernen Gesetzen der georgischen Politik zogen Wolken am Traumhimmel auf. Mit der breiten Koalition war es vorbei. Als Ivanishvilis Partei im Jahr 2020 zum dritten Mal in Folge die Wahlen gewann, gab es bereits Alarmzeichen. Gleichwohl ist es atemberaubend, welchen Abstieg die Partei in so kurzer Zeit hingelegt hat, so dass sie heute für einen illiberalen Autoritarismus steht.

Die zentralen Posten in der Regierung sind mittlerweile alle von Männern besetzt, die persönlich mit Ivanishvili verbunden sind oder von ihm finanziell unterstützt wurden. Innenminister Vakhtang Gomelauri führte einst Ivanishvilis Leibwache an.[6] Der Parteichef und bis vor kurzem amtierende Innenminister Irakli Garibashvili hatte vor seinem Wechsel in die Regierung einzig und alleine für Unternehmen und Stiftungen aus dem Hause Ivanishvili gearbeitet.

Der *Georgische Traum* ist mittlerweile auch Mitglied bei einem informellen Zusammenschluss, den man als Illiberale Internationale bezeichnen kann. Im Mai 2023 kündigte die Partei abrupt das Assoziationsabkommen mit der *Sozialdemokratischen Partei Europas*. Garibashvili reiste zur Conservative-Political-Action-Conference (CPAC) nach Ungarn und zeigte sich dort mit Le Pen-Anhängern und US-amerikanischen Republikanern vom Trump-Flügel. Garibashvilis Nachfolger im Amt des georgischen Ministerpräsidenten Irakli Kobakhidze tat es ihm nach und begab sich im April 2024 auf die gleiche Pilgerreise nach Budapest.

Der Gastgeber des CPAC, Viktor Orbán, der im Oktober 2023 in Georgien war, ist eine besondere Inspirationsquelle. Orbáneske Worthülsen wie „Familienwerte" führen nun auch die Politiker des *Georgischen Traums* im Munde. Der Kampfbegriff „LGBT-Propaganda" soll in einem Gesetz verankert werden. Und natürlich darf die „Globalisierungsideologie" nicht fehlen, verkörpert von George Soros im Besonderen und von dem Westen im Allgemeinen, die sich in innere Angelegenheiten einmischen würden.

Die „Antiglobalisierungs"-Position ist auch in Georgien mit einer offen vertretenen Zuschauerhaltung in Sachen Krieg in der Ukraine verknüpft. Die Botschaft lautet: Der *Georgische Traum* ist für „Frieden", während die westlichen Führer – selbst wenn sie anderes behaupten – mit der georgischen Opposition verbunden seien und Georgien zur Eröffnung einer zweiten Front gegen Russland drängen wollten.

Diese georgischen Politiker übernehmen auch die Rede vom „Kampf für die Souveränität". Diese sei von der Hegemonie des Westens bedroht, der je nach Publikum als „woke", „links" und „sozialistisch" oder als „neoliberal" bezeichnet wird. Am 29. April

---

[5] New Constitution Enters into Force. Civil.de, 17.12.2018, <https://civil.ge/archives/271293>.
[6] New Georgian Interior Minister Faces Multiple Challenges. Radio Free Europe/Radio Liberty, 2.2.2015.

hielt der sonst eher selten in der Öffentlichkeit auftretende Ivanishvili eine von Verschwörungsideologemen strotzende Rede. Eine „globale Kriegspartei" plane mit Hilfe von NGOs einen Umsturz in Georgien.[7] Ministerpräsident Kobakhidze erklärte vor dem gleichen Publikum: „Die Beispiele Afghanistan und Ukraine haben einmal mehr gezeigt, dass der einzige dauerhafte Freund eines Staates seine Souveränität ist."[8]
Es klingt ungemein sowjetisch. Überall werden Feinde gewittert. Als seien die 1930er Jahre zurück, fanden einige von jenen, die sich für ein europäisches Georgien engagieren, vor ihren Wohnungen Plakate, auf denen sie als „ausländische Agenten" und „Heimatverräter" beschimpft wurden.
Aus der Sowjetzeit kommt auch das Geschichtsbild von der georgischen Nation als eine Festung der Zivilisation, die von Feinden belagert und von Verrätern unterhöhlt wird. Es war der Georgier Iosif Stalin, der diesen Diskurs installiert hat.[9] Stalin persönlich fungierte als Herausgeber des von Nikoloz Berdzenishvili und Simon Janashia verfassten Lehrbuchs zur Geschichte Georgiens von den ältesten Zeiten bis zum 19. Jahrhundert, das 1943 veröffentlicht wurde und als Grundlage für alle sowjetischen Schulbücher diente. Auf diesen beruhen bis heute viele an georgischen Schulen eingesetzte Lehrwerke für das Fach Geschichte. Entsprechend sind auch sie geprägt von einer Sprache und vom Thema des Kampfs (georgisch: brdzola). Es geht um das Ringen der georgischen Stämme um Unabhängigkeit, Vereinigung und Wiedervereinigung.[10]
Viele georgische Politiker haben bis heute dieses Geschichtsbild internalisiert. Und selbst einige Demonstranten, die auf dem Rustaveli-Prospekt europäische und georgische Fahnen schwenken, sind nicht immun dagegen und warten etwa mit nationalistischen Parolen in Sachen Abchasien und Südossetien auf.[11]
Aber besonders verbreitet ist dieses Weltbild bei Politikern des *Georgischen Traums*. Was offenbar in ihrem Kopf passiert, lässt sich nur mit einem Wort beschreiben: Paranoia. Die heutige Konfrontation war nicht unausweichlich. Noch Ende März war die Regierung zwar unbeliebt, aber es regte sich kein ernsthafter Widerstand gegen sie. Das sportbegeisterte Land badete in dem Erfolg der Nationalmannschaft, die sich erstmals und überhaupt als erstes Team aus dem Südkaukasus für die Fußball-Europameisterschaft 2024 qualifiziert hat. Der *Georgische Traum* hätte darauf setzen können, dass die Partei die Wahlen im Oktober erneut für sich entscheidet, indem sie den Wählern eine positive Geschichte erzählt: Wir haben dafür gesorgt, dass die EU Georgien zum Beitrittskandidaten erklärt hat, wirtschaftlich läuft es gut, und wir haben das Land aus dem Ukrainekrieg herausgehalten.

---

[7] Bidzina Ivanishvili Backs Anti-Western Policies, Threatens Repressions. Civil.de, 29.4.2024, <https://civil.ge/archives/602348>.
[8] GD Leaders Double Down on Anti-Western, Sovereignist, Conspiracy Rhetoric. Civil.de, 30.4.2024, <https://civil.ge/archives/602343>.
[9] Claire P. Kaiser: Georgian and Soviet. Entitled Nationhood and Specter of Stalin in the Caucasus. Ithaca, NY 2023.
[10] Ebd.
[11] Auf einem der Demonstrationszüge wurde etwa gerufen: „Samachablo ist Georgien", <https://x.com/CivilGe/status/1782108336860610672>. Samachablo ist der Name einer historischen Region, die sich ungefähr auf dem Gebiet des abtrünnigen Südossetien erstreckt. Der offizielle Begriff, den die georgische Regierung für das Gebiet, auf dem sich der mit Hilfe Russlands geschaffene de-facto-Staat Südossetien befindet, ist „Region Tskhinvali". – Red.

Proteste gegen das „Russische Gesetz", 1. Mai 2024. Foto: Zlad! CC0 1.0

Es gibt eine nicht klar umrissene, aber ziemlich große Wählerschaft, die für solche Botschaften empfänglich ist. Sie ist vor allem außerhalb von Tbilissi beheimatet, dort erzielt der *Georgische Traum* traditionell höhere Ergebnisse als in der Hauptstadt. Auch die Fortführung des Handels mit Russland stößt auf Zustimmung. Bei Umfragen erklärt eine klare Mehrheit, dass die Wirtschaftsbeziehungen mit Russland aufrechterhalten oder ausgeweitet werden sollten.[12] Eine starke Minderheit von 36 Prozent bekundete, dass sie sich eine „prowestliche Außenpolitik" wünschen, dass Georgien aber gute Beziehungen mit Russland bewahren solle.

Stattdessen holte die Regierung ein Gesetz hervor, das sie ein Jahr zuvor nach Protesten hatte fallen lassen, provozierte damit eine Konfrontation und reagierte mit Repression auf den Aufruhr. Was war der Grund?

Ivanishvilis Privatinteressen

Es ist nicht ausgeschlossen, dass die Paranoia mit Ivanishvilis Privatinteressen zu tun hat und er Georgien aus diesem Grund in die Krise gestürzt hat. Nachdem Ivanishvili Anfang der 2000er Jahre sein Vermögen – oder große Teile davon, hier sind sich die Beobachter nicht einig – aus Russland herausgeschafft hatte, legte er dieses im Jahr 2005 überwiegend bei der Schweizer Bank *Crédit Suisse* an. Seit vielen Jahren prozessiert er

---

[12] <www.ndi.org/sites/default/files/NDI%20Georgia_GGF%20poll_October_2023_Eng_VF.pdf>.

gegen die Bank, da ein betrügerischer Kundenberater ihn um eine hohe Summe gebracht habe. Einen wichtigen Prozess gewann er. Dann kam der Krieg in der Ukraine und die *Crédit Suisse* fror sein bei ihr angelegtes Vermögen in Höhe von 2,7 Milliarden Britischen Pfund (3,2 Mrd. Euro) faktisch ein.[13] Im Juli 2022 sagte Ivanishvili, er sei überzeugt davon, dass dieser Schritt politisch motiviert sei und mit der georgischen Politik zu tun habe.[14] Mehrere Personen aus dem Umfeld von Ivanishvili behaupteten, die USA hätten die Schweizer Bank zu dieser Entscheidung bewegt, um auf diese Weise die georgische Regierung dazu zu bringen, Georgien zur Kriegspartei zu machen.[15]

Am 13. Mai 2024 flog der stellvertretende US-Außenminister Jim O'Brien nach Tbilissi und traf Ministerpräsident Kobakhidze, Ivanishvili verwehrte ihm ein Treffen. Nach dem Gespräch brachte Kobakhidze bei der Pressekonferenz das Thema *Crédit Suisse* auf und sprach von „de-facto-Sanktionen". Er erklärte unverhohlen, Ivanishvili habe sich geweigert, den US-Gesandten und andere ausländische Vertreter zu empfangen, weil diese ihn erpressen würden:

> Sobald die Erpressung und die de-facto-Sanktionen beendet werden, können sofort Treffen stattfinden, aber heute ist dies die Haltung von Bidzina Ivanishvili zu dieser Frage. Erpressung und Drohungen haben seit März 2022 ihr Ziel nicht erreicht und auch in Zukunft wird eine solche Erpressung keinen Erfolg haben.[16]

Dies ist nicht alles. Parallel zur Vorbereitung des Gesetzes über ausländischen Einfluss hat die Regierung andere Verordnungen verabschiedet, die Ivanishvilis Vermögen schützen und Georgien resistenter gegen westliche Sanktionen machen. So hat etwa die Nationalbank, deren einst unabhängiger Vorstand im Jahr 2023 ersetzt wurde, ihre Regeln zur Erfüllung von Sanktionen geändert. Es ist nun schwieriger, die Einlagen eines georgischen Staatsbürgers einzufrieren, der internationalen Sanktionen unterliegt.[17] Auch wurde die Verwaltung des 1,8 Milliarden Euro umfassenden Pensionsfonds in die Hände des Ministerpräsidenten gelegt.[18]

In Russland finden sich attraktive Geschäftspartner für dieses Autarkieprojekt. Die westlichen Sanktionen haben bereits dazu geführt, dass alle drei südkaukasischen Staaten zu wichtigen Handelspartnern für Russland geworden sind. Die georgische Regierung hat einen Zuwachs des Außenhandels mit Russland sowie die Wiederaufnahme von Direktflügen zwischen Moskau und Tbilissi ermöglicht und steht im Verdacht, sich an der Umgehung von Sanktionen zu beteiligen.[19] All dies lässt ein anderes der

---

[13] Law Firm MKD Representing Interests Ivanishvili Reports on „Credit Suisse's Continuing Violations". Georgia Today, 7.7.2022.

[14] Ivanishvili's Statement and the Responses. Georgia Today, 28.7.2022.

[15] As Ivanishvili Battles Swiss Bank, GD Hints at U.S. Pushing Georgia into War. Civil.de, 10.5.2022, <https://civil.ge/archives/489794>.

[16] PM: Ivanishvili „Refused to Meet" with Assistant Secretary O'Brien, Cites Blackmail and Threats. Civil.de, 13.5.2024, <https://civil.ge/archives/606240>.

[17] As Georgia Bids To Become A Tax Haven, Critics Worry It's All To Protect Oligarch Ivanishvili. Radio Free Europe/Radio Liberty, 25.4.2024.

[18] Sankciebisa da shavi dgistvis emzadebian mtavrobas ukvemdebareben sapensio saagentos. Bpn.ge, 9.5.2024.

[19] Under the Radar: How Russia Outmanoeuvres Western Sanctions with Help from its Neighbours. Socace-research.org.uk, Research Paper 18, August 2023.

zahlreichen neuen Gesetze als das vielleicht wichtigste erscheinen. Es ermöglicht die Rückführung von Vermögen aus ausländischen Steueroasen nach Georgien.[20] Nicht nur Ivanishvili und andere georgische Oligarchen können nun ihr Geld unversteuert nach Georgien bringen. Das Gesetz ermöglicht auch einen massiven Zustrom von Geld aus Russland nach Georgien. Es geht nicht nur um Geld aus Russland. Georgien hat im Jahr 2023 ein Partnerschaftsabkommen mit China abgeschlossen, das chinesische Investitionen erleichtern soll. Außerdem sind da die türkischen Unternehmen, die Favoriten beim Ausbau des lukrativen georgischen Wasserkraftsektors sind.

Das „Problem" ist, dass die Europäisierung, die unter anderem diese türkischen Unternehmen mit vorangetrieben haben, das Geschäftsmodell in Gefahr bringt. Die EU scheint entschlossen, Mittel u.a. in ländliche Regionen zu lenken, die der *Georgische Traum* bislang in semifeudaler Manier als Lehen und Wählerreservoir betrachtet hat.[21] Darüber hinaus helfen Mittel aus der EU und den USA Nichtregierungsorganisationen, die ein Auge auf die Vorgänge in der georgischen Wirtschaft haben. Unabhängige Medien, Umweltgruppen und alle, die sich dem Kampf gegen die Korruption widmen, wollen Transparenz. Genau an dieser hat die herrschende Klasse kein Interesse. Das „Gesetz über die Transparenz ausländischen Einflusses" soll genau dies unterbinden und trägt zynischerweise das Wort „Transparenz" im Namen.

Jede NGO, die mehr als 20 Prozent ihrer Mittel aus dem Ausland erhält – also fast alle in den genannten Bereichen – wird ressourcenfressende Dokumentationen erstellen und übergriffige Inspektionen über sich ergehen lassen müssen. Wer gegen das Gesetz verstößt, hat mit einer Strafe von 25 000 Lari (ca. 7000 Euro) zu rechnen. Die meisten Organisationen können eine solche Summe nicht aufbringen. Eine Änderung, die unter der Hand in der dritten Lesung noch in das Gesetz eingeschmuggelt wurde, macht dieses noch repressiver. Jetzt sollen auch natürliche Personen zur Offenlegung ihrer Daten verpflichtet werden und wegen Verstoßes gegen das Gesetz belangt werden können. Es darf nicht vergessen werden, dass die Anwendung des Gesetzes in der Hand der Sicherheitsapparate liegt. Sie können jede Organisation ins Visier nehmen, aber bevor es so weit ist, werden möglicherweise bereits zahlreiche NGOs wegen des bürokratischen Aufwands von sich aus aufgeben – von Dorfklubs über lokale Vereine, die den Tourismus in abgelegenen Gegenden des Landes fördern bis zum Tierheim für Straßenhunde in Tbilissi. Selbstverständlich stehen georgische Unternehmensstiftungen – darunter natürlich der vom größten georgischen Wohltäter namens Ivanishvili gegründete *Cartu Fond* – bereit, die Finanzierung jener Organisationen zu übernehmen, die sich der ausländischen Geldgeber entledigen wollen.

Protest

Wenn die Politiker des *Georgischen Traums* geglaubt hatten, Widerstand würden nur die „üblichen Verdächtigen" leisten – die städtische Mittelschicht aus Tbilissi und eine

---

[20] Georgian Dream eliminates taxes on offshore assets brought to Georgia. Oc-media.org, 19.4. 2024.
[21] Für eine Einschätzung der ausländischen Entwicklungszusammenarbeit in Georgien und Armenien siehe Vincenc Kopeček, <https://engelsbergideas.com/essays/georgian-nightmare/>. Kopeček sieht sehr klar die nichtintendierten Folgen oder das Scheitern so manchen Entwicklungsprojekts, stellt der EU und USAID aber – anders als Infrastrukturprojekten der georgischen Regierung oder privater Investoren – insgesamt ein gutes Zeugnis aus.

Reihe von Gruppen, die man als Anhänger kleiner Oppositionsparteien oder Verbreiter von LGBT-Propaganda stigmatisieren kann –, dann haben sie sich verkalkuliert.

Der Protest wird im Kern von jungen Menschen organisiert, die in einem demokratischen Land aufgewachsen sind und die autoritäre Gefahr wittern. Die breite Öffentlichkeit mag das Gesetz jedoch ebenfalls nicht. Eine Umfrage Ende April 2024 – also vor den großen Protestversammlungen – ergab, dass 68 Prozent der Georgier das Gesetz für überflüssig halten.[22] Auch wird nicht nur in Tbilissi demonstriert, sondern in nahezu allen Städten des Landes.

Es steht allerdings zu befürchten, dass das Regime seiner eigenen Propaganda glaubt – oder wer auch immer sie seinen Vertretern ins Ohr flüstert – und zu weiteren Repressionen greift. Die Proteste könnten die Paranoia befeuern. Beweise für eine Verschwörung lassen sich immer finden, etwa in den Stellungnahmen und Beschlüssen europäischer Politiker, die klar Partei ergriffen haben.[23]

Wenn das Regime die Gewalt steigert und zu Massenverhaftungen greift, könnte es zu bewaffnetem Widerstand kommen. Das Gespenst des Bürgerkriegs der 1990er Jahre ist nie ganz aus Georgien verschwunden. Einen friedlichen Ausgang könnten die im Oktober anstehenden Wahlen bringen, die möglicherweise vorgezogen werden. Statt Konfrontation auf der Straße würde ein Wettbewerb an den Urnen stattfinden.

Gegner des *Georgischen Traums* haben allerdings berechtigte Sorgen, dass die herrschende Partei ihre finanziellen Ressourcen für den Versuch nutzen wird, ausreichend Wähler für einen Wahlsieg zu kaufen.[24] Es ist zugleich die Stärke und die Schwäche der Protestbewegung, dass sie mit den bestehenden Parteien praktisch nichts zu tun hat. Gut ist, dass dieses Mal nach einem reinen Verhältniswahlrecht gewählt wird, so dass kleine Parteien eine Chance haben, in das Parlament einzuziehen.

Wahlen genügen jedoch langfristig nicht, um eine stabile Demokratie aufzubauen. Es bedarf einer partizipativeren Politik, die auch Systemprobleme angeht. Gegenwärtig verbleiben viele Menschen in Georgien am Rande der Gesellschaft und nehmen nicht am politischen Leben teil, insbesondere Wähler aus ländlichen Gegenden sowie aus ethnischen Minderheitengruppen.

Doch vorerst geht es darum, dass eine einigermaßen freie und faire Wahl die realistischste Möglichkeit ist, wie Georgien ohne Gewalt aus der Krise kommen kann. Ein solcher Urnengang würde das Blendwerk der Regierungspartei beenden, die behauptet, an der Demokratie festzuhalten, aber das Gegenteil tut.

Aus dem Englischen von Volker Weichsel, Berlin

Schlagwörter:
Georgien, Proteste, Zivilgesellschaft, Georgischer Traum

---

[22] <https://twitter.com/FormulaGe/status/1790828664503881989>.
[23] Siehe u.a. die Resolution des Europaparlaments, <www.europarl.europa.eu/doceo/document/TA-9-2023-0046_EN.html>.
[24] Einer Studie zufolge war selbst in Tbilissi bei den Kommunalwahlen im Jahr 2022 rund ein Fünftel der Wähler bereit, ihre Stimme meistbietend zu verkaufen. How many votes were bought in Georgia's local elections? Oc-media.org, 22.2.2022.

osteuropa

Russlands Umlaufbahn
Repression, Mord, Krieg

OSTEUROPA 4/2024, 176 Seiten, 29 Abbildungen, 1 Karte, 20.- €, <zeitschrift-osteuropa.de>

Vakhushti Menabde

Unlauterer Wettbewerb

Methoden der Wahlbeeinflussung in Georgien

Georgien steht an einer historischen Wegscheide. Jahrelang führte die Regierung das Land in Richtung Europäische Union. Nun hat sie eine Kehrtwende gemacht, doch Hunderttausende sind dagegen auf die Straße gegangen. Der Konflikt ist einstweilen auf Eis gelegt und wird im Oktober an den Wahlurnen ausgetragen. Die Erfahrungen früherer Jahre haben gezeigt, dass die Regierungspartei den Wahlkampf mit unlauteren Mitteln bestreitet. Das Wahlrecht, das großen Parteien zum Vorteil gereichte und zur Verstetigung der Macht herrschender Parteien beitrug, ist geändert. Doch es ist mit den bekannten Methoden der Wahlbeeinflussung zu rechnen. Sie reichen vom Einsatz administrativer Ressourcen bis zu offener Gewalt.

Am 26. Oktober 2024 wird in Georgien ein neues Parlament gewählt. Es wird eine Richtungswahl, bei der es um viel geht.[1] Seit den Parlamentswahlen 2012, aus denen der *Georgische Traum* als klarer Sieger hervorgegangen war, haben zwei weitere Parlaments-, drei Kommunal- und zwei Präsidentschaftswahlen stattgefunden. All diese Wahlen hat der *Georgische Traum* gewonnen. Dies ist nicht einfach darauf zurückzuführen, dass die Partei die Wähler mit ihrem Programm überzeugen konnte. Auch das Misstrauen der Wähler gegenüber der größten Oppositionspartei *Vereinigte Nationale Bewegung* und die Schwäche der übrigen Parteien reicht als Erklärung nicht aus. Es hat weitere Gründe, dass der *Georgische Traum* im vergangenen Jahrzehnt aus allen anderen wichtigen Wahlen in Georgien als Sieger hervorgegangen ist. Diese sind: das Wahlsystem, Wahlmanipulation und Abgeordnetenkauf.

Das bisherige Wahlsystem führte zu einer deutlichen Überrepräsentation großer Parteien. Wahlsysteme, die auf Mehrheitsbildung statt umfassende Repräsentation unterschiedlicher Interessen zielen, gibt es in vielen Staaten der Welt. In Georgien aber war dieses System kombiniert mit der Praxis, dass die regierende Partei die Wahlen manipuliert, indem sie administrative Ressourcen einsetzt, also entweder mit öffentlichen Mitteln Wähler kauft oder unter Ausnutzung ihrer Machtposition Druck auf diese ausübt. Wirkte beides nicht, hat der *Georgische Traum* in den vergangenen zehn Jahren immer wieder auch Abgeordnete aus anderen Parteien abgeworben, indem er diesen zum Beispiel lukrative Posten anbot.

Vakhushti Menabde, Assoziierter Professor für öffentliches Recht an der Staatlichen Ilia-Universität, Tbilissi

[1] Siehe dazu: Zaal Andronikashvili: Georgischer Alptraum, 2. Akt. Die Proteste in Tbilissi, in: OSTEUROPA, 4/2024, S. 7–25. – Thomas de Waal: Profit, Paranoia, Protest, in diesem Band, S. 5–13.

OSTEUROPA, 74. Jg., 5/2024, S. 15–20   doi: 10.35998/oe-2024-031

Das Wahlsystem

Die Partei *Georgischer Traum* wurde im Frühjahr 2012 von dem Oligarchen Bidzina Ivanishvili gegründet. Bei den Wahlen im Oktober 2012 trat sie in einem Wahlbündnis mit anderen Parteien an. Bei diesen Wahlen wurde nach einem sogenannten Grabensystem gewählt. 77 der 150 Mandate wurden über landesweite Parteilisten vergeben, die übrigen 73 gingen als Direktmandate in Wahlkreisen an den Kandidaten mit der absoluten Mehrheit, die von allen gewählten Kandidaten im ersten Wahlgang erreicht wurde.

Bei der Listenwahl gingen 55 Prozent der Stimmen an den *Georgischen Traum*, die amtierende Regierungspartei *Vereinte Nationale Bewegung* (VNB) des Staatspräsidenten Micheil Saakashvili erhielt 40 Prozent, andere Parteien scheiterten an der Wahlhürde von fünf Prozent. Auf der Basis der Listenwahl erhielt der *Georgische Traum* 44 Mandate, die *Vereinte Nationale Bewegung* 33. In den Wahlkreisen setzten sich 41 Kandidaten des *Georgischen Traums* und 32 der VNB durch. Keiner anderen Partei gelang der Einzug ins Parlament. Hatte der *Georgische Traum* bei der Listenwahl eine relative Mehrheit, so verhalfen ihm die Mandate aus dem Segment der Direktwahl zu einer absoluten Mehrheit von 85 der 150 Abgeordneten. 124 000 von 2,1 Mio. Stimmen wurden wegen der Sperrklausel nicht berücksichtigt.

Die nächsten Parlamentswahlen fanden regulär im Jahr 2016 nach dem gleichen Wahlsystem statt. Der *Georgische Traum* trat nun als amtierende Regierungspartei an und erhielt bei der Listenwahl 49 Prozent der Stimmen, die *Vereinigte Nationale Bewegung* kam auf gut 27 Prozent und belegte den zweiten Platz. Auf dem dritten Platz landete die *Allianz der Patrioten* mit fünf Prozent. Der *Georgische Traum* erhielt wie 2012 44 Mandate über die Liste sowie 71 Direktmandate. Wäre nur nach Verhältniswahlrecht gewählt worden, hätte die Regierung mit 44 von 79 Mandaten eine komfortable Mehrheit erhalten, durch die Direktmandate wurde sie erdrückend: 115 der 150 Sitze gingen an den *Georgischen Traum*. Auf die drei Parteien, denen der Einzug in das Parlament gelang, entfielen nur 80,8 Prozent der Stimmen, 330 000 von 1,76 Mio. gültigen Stimmen – also ein Fünftel – blieben somit unberücksichtigt.

Vor den Parlamentswahlen im Jahr 2020 wurde das Wahlrecht geändert. Weiterhin wurde nach einem Grabensystem gewählt, nun jedoch nur noch 30 der 120 Sitze als Direktmandate vergeben. Auch wurde die Wahlhürde auf ein Prozent gesenkt, was kleinen Parteien den Einzug ins Parlament erleichterte, allerdings auch Anreize zur Spaltung der Opposition setzte.

Der *Georgische Traum* kam erneut auf rund 48 Prozent der Stimmen bei der Listenwahl und erhielt damit in diesem Segment 60 Sitze. In den 30 neu gebildeten Wahlkreisen erhielten Kandidaten der Partei im ersten Wahlgang 13 Sitze, in der Stichwahl, die die Opposition boykottierte, die übrigen 17 Mandate, so dass die Partei auf insgesamt 90 Abgeordnete kam. Der Anteil der VNB bei der Listenwahl sank leicht auf 21,2 Prozent, wofür die Partei nun 36 Mandate erhielt. Aufgrund der Senkung der Wahlhürde zogen nun sieben weitere Parteien in das Parlament ein. Sie erhielten zwischen einem und fünf Mandate und stellten in der folgenden Legislaturperiode gemeinsam 24 Abgeordnete. Dank der Senkung der Sperrklausel blieben nur knapp 120 000 oder 6,2 Prozent der gültigen Stimmen unberücksichtigt.

Ein Traum: der Präsidentenpalast in Tbilissi. Foto: Anna Kirillova, CC BY-SA 3.0

Die Reduzierung der Direktmandate und die Senkung der Sperrklausel hat somit dazu geführt, dass die Wahlen deutlich repräsentativer wurden. Gleichzeitig zeigt die Tatsache, dass der *Georgische Traum* alle Direktmandate gewann, dass das majoritäre Segment einen klaren Vorteil für die regierende Partei bedeutete.

Bei den Wahlen im Oktober 2024 wird erstmals nach reinem Verhältniswahlrecht gewählt, das Segment der Mehrheitswahl ist abgeschafft. Die Wahlhürde wurde jedoch wieder auf fünf Prozent angehoben, Wahlbündnisse sind nicht zugelassen. Blickt man zurück auf das Ergebnis der Wahl im Listensegment im Jahr 2016, als ebenfalls eine solche Sperre galt, so wird deutlich, dass angesichts der Fragmentierung der Oppositionsparteien dem *Georgischen Traum* ein Anteil von gut 40 Prozent der Stimmen reichen könnte, um auch ohne die Direktmandate eine absolute Mehrheit der Abgeordneten stellen zu können. Gleichwohl sind Ivanishvili und der *Georgische Traum* sichtlich nervös. Dies ist einer der Gründe, warum die Partei gegen starken gesellschaftlichen Widerstand das „Gesetz über ausländischen Einfluss" durchgesetzt und unmittelbar darauf einen weiteren, ebenfalls auf Polarisierung zielenden Gesetzesentwurf über „Propaganda nichttraditioneller Beziehungen" hervorgebracht hat. Daher ist auch zu befürchten, dass die Partei in mindestens dem gleichen Maße zu Methoden der Wahlbeeinflussung greifen wird, wie sie dies bei den letzten Wahlen getan hat.

Unlauterer Wettbewerb

Der *Georgische Traum* hat bei mehreren Wahlen, die er in den vergangenen Jahren aus der Position der Regierungspartei bestritten hat, zu Methoden gegriffen, die den Wettbewerb verzerrten. Die Partei hat im Wahlkampf öffentliche Ressourcen in unlauterer Weise eingesetzt, Beamte und Angestellte im öffentlichen Dienst für den Wahlkampf instrumentalisiert und Druck auf Wählerinnen und Wähler ausgeübt. Es steht zu erwarten, dass die Partei die gleichen Methoden bei den anstehenden Parlamentswahlen im Herbst 2024 anwenden wird.

Von diesen Methoden abgesehen hat der *Georgische Traum* ohnehin einen ungemeinen Startvorteil, weil die Partei über ungleich größere Finanzressourcen verfügt, die sie für einen teuren Wahlkampf einsetzt. Bei den Parlamentswahlen 2020 betrugen die Ausgaben des *Georgischen Traums* für den Wahlkampf das 3,5fache der Mittel, die die zweitstärkste Partei eingesetzt hatte.[2] Dies verstößt nicht gegen Gesetze. Mehrere Methoden der Partei zur Beeinflussung des Wahlausgangs tun dies jedoch eindeutig.

Regierungsparteien sind zugleich staatstragende Organisationen und politische Subjekte im Konkurrenzkampf mit der Opposition. Die Trennung dieser beiden Rollen ist gesetzlich vorgeschrieben. Die Regierungspartei darf staatliche Ressourcen nicht im Wahlkampf einsetzen. Natürliche Hindernisse gegen einen solchen Missbrauch sind Koalitionsregierungen, in denen jede Partei die andere kontrolliert oder zumindest die Ressourcen für die unlautere Wahlwerbung unter zwei oder mehr Parteien aufgeteilt werden müssen. Eine andere Schranke ist die vertikale Gewaltenteilung. Autonome Lokalverwaltungen lassen sich nicht für den Wahlkampf einer nationalen Partei einspannen. Sind die Kommunen und Landkreise schwach und die Amtsträger Mitglied einer straff geführten Partei, die auf nationaler Ebene regiert, ist die Gefahr groß, dass sie in die Beeinflussung der Wähler eingebunden werden. Dies ist in Georgien der Fall und der *Georgische Traum* hat die genannte Methode eingesetzt. Als alleinregierende Partei, die auch in fast allen Kommunen an der Macht ist, hat sie die Grenzen zwischen Partei und Staat verwischt.

Vor den Parlamentswahlen 2020 bekamen etwa mehrere Gemeinden kurz vor den Wahlen größere Zuschüsse für ihr Sozialbudget. Generell präsentieren Amtsträger des *Georgischen Traums* auf allen Ebenen – von hochrangigen Repräsentanten auf nationaler Ebene bis zu Bürgermeistern kleinerer Gemeinden – Leistungen des Staats als Verdienste ihrer Partei.[3] Dasselbe war bei den Kommunalwahlen 2021 zu beobachten.[4] Die Folgen sind gravierend und reichen über die unlautere Einflussnahme auf die Wähler hinaus. Wenn gesetzlich garantierte Sozialleistungen als Wohltat der Regierungspartei präsentiert werden, dann untergräbt dies die Trennung zwischen dem Staat und der politischen Kraft, dem das Volk die Lenkung des Staates auf Zeit übertragen hat. Mehr noch: Dieses Vorgehen untergräbt die Einheit der Nation, weil deren Mittglieder nicht als Bürger die

---

[2] Saarch'evno kamp'aniis p'inansuri ghamotsvevebi sakartveloshi, <https://drive.google.com/file/d/1OGuxwxV3dlT8rQq_Tg6D9-VLglPlStwW/view>.

[3] Georgian Young Lawyers Association: Observation Mission of the 2020 Parliamentary Elections. Tbilisi 2021, S. 23–30, <https://gyla.ge/files/news/ფონდი/ტურნირი/ბლოგ/>. <OBSERVATION MISSION OF THE 2020 PARLIAMENTARY ELECTIONS.pdf>.

[4] Georgian Young Lawyers Association: Observation Mission of the 2021 Local Self-Government Election. Tbilisi 2022, <https://gyla.ge/files/2020/2021%20Elections.pdf>.

gleichen, rechtlich verbrieften Ansprüche genießen, sondern als Klientel einer herrschenden Gruppe versorgt werden.

In dieses Feld gehört auch die Instrumentalisierung der im öffentlichen Dienst Beschäftigten. Es handelt sich in Georgien um über 300 000 Menschen. Dies sind rund 7,5 Prozent der Wahlberechtigten und 15 Prozent der bei den vergangenen Parlamentswahlen abgegebenen Stimmen. Es wäre falsch zu behaupten, dass alle Beschäftigten im öffentlichen Dienst die Regierungspartei wählen. Fest steht aber, dass sie einem besonderen Druck der Regierung ausgesetzt sind.[5] So wurden Beamte und Angestellte entlassen, die eine Beteiligung am Wahlkampf des *Georgischen Traums* verweigerten. Andere fügten sich, um einer Entlassung oder anderen Schikanen zu entgehen, wieder andere wurden mit positiven Anreizen bewegt.[6]

Darüber hinaus wurden bei den Wahlen der letzten Jahre Kandidaten von Parteien und Wähler eingeschüchtert, mehrfach kam es zu Gewalt. Der Bericht der *Georgischen Vereinigung Junger Anwälte* über die Parlamentswahlen 2020 dokumentiert solche Fälle. Parteivertreter und Unterstützer im Wahlkampf wurden angegriffen, Büros zerstört. Bei mehreren Vorkommnissen wurden Bürger, Medienvertreter und Wahlbeobachter verletzt.[7]

Unmittelbar am Tag der Wahlen wurde Druck auf die Wähler ausgeübt. Vor Wahllokalen tauchten informelle „Beobachter" auf, die kontrollierten, dass erwartete Parteigänger auch tatsächlich dort erschienen. In einigen Fällen organisierten sie sogar den Transport. Diese „Helfer" agitierten an den Eingängen zu den Wahllokalen. Ihre bloße Präsenz führte dazu, dass sich Wähler beschattet fühlen. In einer solchen Atmosphäre ist eine freie Wahlentscheidung nicht möglich, selbst wenn die Wahl selbst anonym bleibt, liegt die Drohung in der Luft, dass ein Auszählungsergebnis in diesem Wahllokal, das nicht der Erwartung der Regierungspartei entspricht, Konsequenzen haben wird.

Auch Fälle von direktem Stimmkauf waren bei den Wahlen der letzten Jahre zu beobachten. Dieser ist allerdings nur schwer nachzuweisen. In manchen Fällen ist dokumentiert, dass Wähler Lebensmittel oder Benzin geschenkt bekamen. Allerdings kommt dieser Methode der Wählerbeeinflussung keine allzu große Rolle zu. Sie steht meist im Zentrum öffentlicher Aufmerksamkeit, ist jedoch nur ein Element unter vielen. Die Beeinflussung von Wählern durch Druck oder Anreize ist anders als der Einsatz administrativer Ressourcen kein Phänomen, das auf die regierende Partei beschränkt bleibt. Allerdings kann der *Georgische Traum* auch hier auf größere Mittel zurückgreifen.

Abgeordnete abwerben

Eine weitere Methode im Arsenal der regierenden Partei ist das Abwerben von Abgeordneten anderer Parteien. Dieses Vorgehen ist nicht neu, vor dem *Georgischen Traum* hat dies bereits die *Vereinigte Nationale Bewegung* getan, als sie an der Regierung war. Kurz nach den Parlamentswahlen 2012 verließen sechs Abgeordnete der VNB die Partei

---

[5] Ebd.
[6] Observation Mission of the 2020 Parliamentary Elections [Fn. 3].
[7] Ebd., S. 6.

und schufen eine neue Fraktion.[8] Diese Gruppe stimmte meist für die neue Regierung.[9] Nach zwei Jahren schloss sich die Gruppe offiziell der Mehrheitsfraktion an.[10] Fast im gleichen Zeitraum folgten ihnen sechs weitere Abgeordneten, die ebenfalls der VNB angehört hatten.[11] Nur dank dieses Zulaufs konnte der *Georgische Traum* seine Mehrheit im Parlament halten, denn zwei Jahre nach den Wahlen waren der Partei selbst Abgeordnete davongelaufen.

Wenn Abgeordnete dem Ruf des Geldes oder des einflussreichen Postens folgen, werden die Ergebnisse von Wahlen untergraben. Dies ist in vielen Fällen geschehen, ein besonders extremes Beispiel waren die Geschehnisse in der Kommune Borjomi. Dort hatte der *Georgische Traum* bei den Wahlen 2017 keine Mehrheit im Stadtparlament erreicht.[12] Der *Georgische Traum* warb jedoch Abgeordnete ab, was es der Partei zunächst ermöglichte, dem Präsidenten des Stadtrats abzuwählen und danach alle Ämter mit ihren Abgeordneten zu besetzen.[13] Aus den Kommunalwahlen 2021 ging der *Georgische Traum* in 54 von 64 Kommunen als Sieger mit absoluter Mehrheit in den Parlamenten hervor.[14] Doch in den übrigen acht Kommunen – darunter die Städte Batumi, Zugdidi, Rustawi und Senaki – warb der *Georgische Traum* Abgeordnete anderer Parteien ab, so dass er in vier dieser Gemeinden – darunter Batumi und Senaki – den Präsidenten des Stadtrats stellt. In Rustawi steht ähnliches bevor. Ein Beispiel für das Abwerben von Abgeordneten – zumindest für eine bestimmte Abstimmung – auf nationaler Ebene war die Wahl der nicht aus dem Kreis von Richtern gewählten Mitglieder des Hohen Justizrats. Diese werden laut Verfassung vom Parlament mit einer Dreifünftelmehrheit ernannt. Dem *Georgischen Traum* fehlten sechs Abgeordnete, um seine Wunschkandidaten durchzubringen. Doch die Partei warb fünf Abgeordnete anderer Fraktionen ab und überzeugte vier weitere Mandatsträger aus kleinen Parteien vom „richtigen" Stimmverhalten, so dass es ihr im Jahr 2023 mit 93 Stimmen gelang, loyale Personen in den Justizrat zu wählen.[15] Dies ist nur eines von mehreren Beispielen.

Zweifellos wird die regierende Partei bei den bevorstehenden Wahlen im Oktober erneut zu unlauteren Methoden greifen, um an der Macht zu bleiben. Denn es geht bei diesem Urnengang um so viel wie schon seit langem nicht mehr. Es wird eine Richtungswahl sein, bei der nicht nur über einzelne Strategien und das politische Personal entschieden wird. Es geht um die Zukunft Georgiens als demokratischer Staat. Umso wichtiger, dass nationale und internationale Beobachter für einen fairen und freien Ablauf des Urnengangs sorgen.

Aus dem Georgischen von Zaal Andronikashvili, Berlin

Schlagwörter: Georgien, Wahlen, Georgischer Traum

---

[8]   parlamentshi akhali fraqcia sheiqmna, <https://old.civil.ge/geo/article.php?id=26180?id=26180>.

[9]   kartuli ocnebis umravlesoba 87 deputatamde izrdeba, <https://old.civil.ge/geo/article.php? id=28838>.

[10] „upartio, damoukidebeli majoritarebi" saparlamento umravlesobas sheuertdnen. liberali.ge. 10.11.2014.

[11] fraqcia „damoukidebeli majoritarebi – dzlieri regionebistvis" – miznebi da amocanebi. liberali.ge, 10.11.2014.

[12] Borjomis sakrebuloshi mmartveli partiia umtsiresobashi ikneba – rogoria politikur dzal'a ganats'ileba samkhe-javakhets'hi, <https://droa.ge/?p=13598>.

[13] Borjomshi sakrebulos tavmjdomare gadaaqenes. 1tv, 28.3.2018.

[14] Georgian Young Lawyers Association: umciresoba umravlesobashi: proceduruli omi da arqvnebis shemdegomi krizisi sakrebuloebshi, <https://gyla.ge/gyla.ge/files/2020/კვლევები/არჩევნების შემდგომი კრიზისი საკრებულოებში (002).pdf>.

[15] <https://ifact.ge/პარლამენტარის-ხმის-საფასური-რაში-გაუცვალა-ოპოზიციონერმა-ხაბულიანმა-ხმა-ქართულ-ოცნებას/>.

Narek Sukiasyan

Kriegsträchtiger Unfrieden

Angst und Unruhe in Armenien

Armenien steht ein knappes Jahr nach der Vertreibung der Armenier aus
Bergkarabach weiter unter massivem Druck. Das gewaltsame Ende des
Konflikts um die Exklave hat zwar die Möglichkeit auf einen Ausgleich mit
Aserbaidschan erhöht. Die Regierung von Ministerpräsident Nikol Paschinjan sucht diesen Ausgleich. Doch das autokratische Regime in Baku agiert
weiter aggressiv und stellt immer neue Forderungen auf. Selbst wenn es
zu einem Ausgleich kommt, gibt es niemanden, der das Abkommen garantiert. Der einstige Sicherheitsgarant Russland wirkt destabilisierend, die EU
ist gelähmt und zahnlos, die USA agieren zurückhaltend. Die verzweifelte
Lage führt zu gesellschaftlichen Spannungen. Eine Protestbewegung gegen die Regierung hat sich formiert. Ihre Ängste sind berechtigt, Lösungen
hat sie nicht und radikale Parolen verschlimmern die Lage.

In Armenien wird seit April 2024 gegen die Regierung von Ministerpräsident Nikol
Paschinjan demonstriert. Während im benachbarten Georgien die Menschen gegen ein
repressives Gesetz auf die Straße gegangen sind, wendet sich in Armenien die Protestbewegung gegen Zugeständnisse in den Verhandlungen mit Aserbaidschan über eine
Beilegung des zwischenstaatlichen Konflikts. Die internationale Konstellation – die Beziehungen zu Russland, den USA und der EU – spielt eine große Rolle. Doch die Lage
der beiden Staaten und die Ursachen des inneren Konflikts sind sehr unterschiedlich.

Seit der Niederlage Armeniens im Zweiten Karabachkrieg im Jahr 2020 sind in der Süd-
kaukasusrepublik immer wieder Proteste aufgeflammt. Stets lautete die zentrale Forderung, Ministerpräsident Nikol Paschinjan müsse zurücktreten. Seine Regierung ge-
fährde die Sicherheit Armeniens und schütze die nationalen Interessen des Landes nicht
gegen die immer weiter wachsenden Forderungen Aserbaidschans. Die Regierung hat
tatsächlich mehrfach Forderungen aus Baku erst zurückgewiesen und sie später ganz
oder teilweise akzeptiert – sei es nach einer militärischen Niederlage oder aus Furcht
vor einem neuen Angriff Aserbaidschans.

Die aktuelle Protestwelle wurde durch eine Übereinkunft ausgelöst, in der die Regierung
in Erevan im Zuge der Gespräche zur Konfliktbeilegung Mitte April 2024 den Anspruch
Aserbaidschans auf vier verlassene Dörfer in der Region Tavush im Nordosten

Narek Sukiasyan, Dr. phil., Politikwissenschaftler, wissenschaftlicher Mitarbeiter an der
staatlichen Universität Erevan, Lektor an der American University of Erevan und Projektkoor-
dinator bei der Friedrich-Ebert-Stiftung in Armenien, Erevan
Von Narek Sukiasyan erschien in OSTEUROPA: „Wer Appeasement betreibt, füttert ein Kroko-
dil". Armenien in der Klemme. Ein Gespräch, in: OE, 1–2/2023, S. 31–41.

doi: 10.35998/oe-2024-032

Armeniens anerkannt hatte.[1] Diese hatten zur Aserbaidschanischen Sowjetrepublik gehört und waren während des Ersten Karabachkriegs Anfang der 1990er Jahre von Armenien besetzt worden. Empörung erregen vor allem die vagen Formulierungen über die Methoden zur Demarkation und Delimitation der Grenze. Die Befürchtung ist, dass Aserbaidschan bei diesen Arbeiten Forderungen nach der Räumung weiterer Gebiete und Siedlungen erheben wird.

Wird das Abkommen umgesetzt, würden neben den abgetretenen vier einstigen Siedlungen auch eine Reihe von Häusern in angrenzenden Dörfern verlorengehen. Die Bewirtschaftung der dann in unmittelbarer Nähe zur neuen Grenze liegenden Felder würde gefährlicher. Denn auf der anderen Seite stünde dann die aserbaidschanische Armee. Die Grenze verliefe an einer Stelle in nur zehn Meter Entfernung von einer mittelalterlichen armenischen Kirche, an einem anderen Ort unmittelbar neben einer in jüngster Zeit errichteten Schule. Die Sorgen rühren daher, dass nicht nur im Norden Armeniens, sondern entlang der gesamten Grenze zu Aserbaidschan die Präsenz der Truppen Bakus die Gegend stark beeinträchtigt ist. Es gibt Schusswechsel, die Felder können nicht oder nur unter großer Gefahr bestellt und geerntet werden. Daher haben immer mehr Menschen diese Gegenden verlassen.

Dies sind die konkreten Ängste der Menschen in der Region Tavush. Hinzu kommen schwere Bedenken von viel größerer Bedeutung. Zum einen ist die Grenzregion im Nordosten des Landes seit vielen Jahren mit starken militärischen Verteidigungsanlagen ausgestattet. Dieser Schutz gegen Angriffe ginge bei einer Umsetzung des Abkommens in der vorliegenden Form verloren.

Auch führt durch die Gegend eine Straße nach Georgien, die enorme Bedeutung für Armenien hat. Mit Georgien wird 70 Prozent des armenischen Außenhandels abgewickelt. Drei der vier Dörfer liegen direkt an oder in unmittelbarer Nähe der Straße. An einer Stelle zwischen Kirants und Voskepar führt die Straße gemäß den präzisesten sowjetischen Karten über aserbaidschanisches Territorium. Die armenische Armee hatte die Siedlungen 1992 aus genau diesem Grund unter Kontrolle genommen. Angesichts der von Istanbul verhängten Blockade der armenischen Grenzen mit der Türkei handelte es sich damals für Armenien um eine veritable Lebensader – und daran hat sich bis heute nicht viel geändert.

Im Gegenzug für die Zugeständnisse, die erhebliche strategische Konsequenzen für Armenien haben, erhält Erevan gemäß der Übereinkunft zwischen den beiden Grenzkommissionen nichts. An einem anderen Abschnitt der Grenze weiter südlich hält Aserbaidschan 300 km² armenischen Territoriums besetzt. Das Abkommen gibt keinerlei Garantie, dass Aserbaidschan dieses Gebiet räumt. Die Regierung in Erevan kann sich nur darauf verlassen, dass Aserbaidschan im Verlaufe der Demarkation guten Willen zeigt. Wie es allerdings mit dem guten Willen in Baku steht, zeigt die Art und Weise, wie die Übereinkunft dort präsentiert wurde: nicht etwa als Ergebnis gegenseitigen Entgegenkommens, sondern als absoluter Triumph.

---

[1] Press release on the outcome of the 8th meeting of the State Commissions on the delimitation of the state border between Armenia and Azerbaijan. Ministry of Foreign Affairs of The Republic of Armenia, 19.4.2024, <www.mfa.am/en/press-releases/2024/04/19/8th_meeting/12606>. – Armenia Agrees to Return four Villages to Azerbaijan as First Step to Define Borders. Azatutyun.am, 19.4.2024, <www.azatutyun.am/a/32912726.html>.

Berechtigte Gründe und radikale Töne: die Protestbewegung

Einige der Forderungen der Demonstranten, die zunächst auf zivilen Ungehorsam in der Region Tavush gesetzt hatten und dann nach Erevan gezogen sind, sind moderat. Sie richten sich nicht gegen die Demarkation als solche, sondern gegen die Methode, wie bei dieser vorgegangen werden soll. Doch immer wieder gibt es auch kriegstreiberische Töne und Maximalforderungen.

An die Spitze des Protests hat sich Bagrat Srbazan (Galstanyan) gesetzt, der Erzbischof der Diözese von Tavush, ein seit langem durch lokale Initiativen in Armenien bekannter Kirchenmann. Der Erzbischof arbeitet seit Beginn der Proteste eng mit einigen Parlamentsabgeordneten und anderen Politikern zusammen, die aus dem Lager der ehemaligen Präsidenten Robert Kotscharjan und Sersch Sargsjan kommen. Die Regierung wirft ihnen vor, unter Einfluss Russlands zu stehen. Seit Beginn der Proteste erhebt der Ministerpräsident und seine Partei die gleichen Vorwürfe gegen die gesamte Armenische Apostolische Kirche, allen voran gegen deren Katholikos Karekin II.

Die Protestbewegung forderte zunächst nur den Rücktritt von Paschinjan, dann folgte die Forderung, der Erzbischof solle ihn ersetzen. In der Tat verlangt die Verfassung genau wie in Deutschland ein konstruktives Misstrauensvotum. Keine Abwahl eines Ministerpräsidenten, ohne dass im gleichen Zuge ein neuer ins Amt gewählt wird. Doch die parlamentarische Opposition, die die Protestbewegung unterstützt, hat nicht die erforderliche Mehrheit für ein solches Votum. Sie hat nicht einmal ausreichend Stimmen, um ein solches Verfahren auch nur einzuleiten. Hinzu kommt, dass der Erzbischof neben der armenischen auch die kanadische Staatsbürgerschaft hat. Das Gesetz schreibt jedoch vor, dass der Ministerpräsident keine Doppelstaatsbürgerschaft haben darf.

Die Verbindung der Protestbewegung zur parlamentarischen Opposition bedeutet nicht, dass die Proteste ausschließlich von Parteigängern der beiden ehemaligen Präsidenten unterstützt werden. Die große Mehrheit der Bevölkerung war bereits vor der Vertreibung der Armenier aus Bergkarabach im September 2023 gegen die Politik, die Paschinjan gegenüber Aserbaidschan betreibt. In Umfragen kommt die regierende Partei seit langem auf eine Zustimmung von nur 20–25 Prozent. Dies hat jedoch bei den vorgezogenen Parlamentswahlen im Juni 2021 nicht zu einem Regierungswechsel geführt. Paschinjans Partei *Kaghakaziakan Pajmanagir* (Zivilvertrag) errang trotz Verlusten mit 71 der 107 Mandate erneut eine absolute Mehrheit. Das Wahlbündnis *Hajastan Daschink* (Bündnis Armenien) unter Robert Kotscharjan, Staatspräsident von 1998–2008, hat nur 29 Sitze und die Allianz *Pativ unem daschink'* (Bündnis „Ich habe Ehre"), in dem Sersch Sargsjans (Präsident von 2008–2018) Partei *Hajastani Hanrapetakan Kusakzutjun* (Armenische Republikanische Partei) der größere Partner war, stellt nur sieben Abgeordnete.

Es gibt also eine starke, in großen Teilen der Gesellschaft verbreitete Stimmung gegen Paschinjan und seine Regierung. Die Ablehnung der von den ehemaligen Präsidenten angeführten Opposition ist jedoch stärker. Dies zeigte sich auch bei zahlreichen, von der Opposition organisierten Protesten der vergangenen Jahre, die stets erfolglos blieben. Die Menschen sind gegen die Politik von Paschinjan, aber noch mehr sind sie gegen die vermeintlichen Lösungen von Kotscharjan und Sargsjan. Und auch bei den Protesten im Sommer 2024 ist zu beobachten: Je stärker die politische Opposition in diese involviert ist und je radikaler die Forderungen werden, desto mehr schwindet die breite Unterstützung der Gesellschaft. Paschinjan und seine Partei instrumentalisieren allerdings auch die Ablehnung der beiden Altpolitiker, um die Protestbewegung insgesamt zu delegitimieren. Dem gleichen Zweck dient auch die Behauptung, die Bewegung sei eng mit Russland verbunden, das beabsichtige, die Souveränität Armeniens zu unterwandern. Am 12. Juni löste die Polizei eine Demonstration gewaltsam auf, was von Menschenrechtsorganisationen scharf kritisiert wurde.[2]

Der Kontext: Die Verhandlungen über einen Ausgleich mit Aserbaidschan

Selbst wenn Armenien alle Forderungen akzeptiert, die Baku jetzt auf den Tisch legt, spricht wenig dafür, dass es damit getan ist. Vielmehr steht zu erwarten, dass Baku neue Forderungen erhebt, die zuvor niemals im Raum gestanden haben. Denn das hochautoritäre Regime in Baku braucht die äußere Aggression. Die Alijew-Dynastie, die seit 30 Jahren in Aserbaidschan an der Macht ist, tritt Demokratie, Rechtsstaat, Freiheit und Menschenrechte mit den Füßen, die Einkommensungleichheit ist extrem. Das einzige, was das Regime den Menschen bieten konnte, war das Versprechen, Bergkarabach wiederzuerobern. Das ist im September 2023 geschehen. Damit verschwindet jedoch nicht die Notwendigkeit, die Gesellschaft mit nationalistischer Mobilisierung bei der Stange zu halten. Die antiarmenische Stimmung muss vielmehr zwecks Regimelegitimierung mit neuen Forderungen am Lodern gehalten werden.

Dass Baku nicht auf einen Ausgleich aus ist, zeigt sich auch daran, dass in Aserbaidschan auf Betreiben des Regimes vor einigen Jahren eine „Gemeinschaft der West-Aserbaidschaner" gegründet wurde. Sie erklärt große Teile Armeniens zu ihrer „Heimat" und bringt Resolutionen in das aserbaidschanische „Parlament" ein, in denen sie ein Rückkehrrecht und sogleich auch Sicherheitsgarantien fordert. Diese „Gemeinschaft" sendet auch Briefe ähnlichen Inhalts an die Vereinten Nationen und bringt das Thema bei Treffen mit westlichen Politikern zur Sprache, die das Regime organisiert. Bis zum September 2023 hieß es häufig, diese „Gemeinschaft" sei nur ein Instrument, um die Ansprüche der Karabach-Armenier auf ihre Heimat zu spiegeln. Doch nach der Vertreibung der Armenier aus Karabach bedarf es keines solchen Instruments mehr. Die „Gemeinschaft der West-Aserbaidschaner" setzt ihre Tätigkeit unvermindert fort.

Scheint diese Drohung gegenwärtig noch etwas abstrakt, so sind die Forderungen nach einem Korridor über armenisches Territorium, mit dem Baku die Exklave Nachitschewan anbinden will, sehr konkret. Armenien soll im Süden des Landes einen Teil seines Staatsgebiets unter aserbaidschanische Hoheit stellen. Die Kontrolle soll der Moskauer Geheimdienst FSB übernehmen. Baku beruft sich hier auf eine umstrittene Klausel aus dem Waffenstillstandsabkommen vom November 2020. Aserbaidschan und Russland haben dieses im September 2023 mit dem Angriff auf Bergkarabach bzw. der tatenlosen Duldung dieses Angriffs aufs Gröbste verletzt. Nun setzt Aserbaidschan das Abkommen als Grundlage für neue Forderungen ein.

---

[2] Condemnation of the Illegal Actions of the Police. Transparency international, 14.6.2024, <https://www.transparency.am/hy/media/news/article/5123>. – Armenia: Violence during street protests must be investigated. Amnesty international, 13.6.2024, <www.amnesty.org/en/latest/news/2024/06/armenia-violence-during-street-protests-must-be-investigated/>.

Baku und Moskau mögen taktisch und in technischen Detailfragen unterschiedliche Vorstellungen von diesem Korridor haben. Aber ihre Interessen decken sich doch weitgehend und widersprechen denen Armeniens. Um auch noch den Westen dazu zu bringen, Druck auf Armenien auszuüben, behauptet Baku, der Korridor könne auch auf der anderen Seite der Grenze durch den Iran verlaufen. Das ist vollkommen unrealistisch, die Behauptung dient alleine dazu, den Westen zu erschrecken. Dazu ist das angebliche Alternativprojekt auf einem schmalen Grat zwischen Verführung und Erpressung platziert. Es instrumentalisiert das Interesse des Westens an neuen Transitrouten durch den südlichen Kaukasus, die ja gerade nicht durch Russland und den Iran führen sollen, damit der Westen Erevan unter Druck setzt.

Armenien widersetzt sich auch gar nicht der Öffnung von Verkehrsverbindungen. Erevan hat im Gegenteil einen Plan vorgestellt, der Aserbaidschan die Nutzung von drei Straßen zur Anbindung der Exklave gemäß den Grundsätzen für Straßen von internationaler Bedeutung anbietet.[3] Aserbaidschan hat den Vorschlag jedoch in Bausch und Bogen abgelehnt und fordert, unterstützt von der Türkei, weiter volle Kontrolle über einen „Korridor", von dem in keinem Dokument die Rede ist, das Armenien jemals unterzeichnet hat.

Seit einigen Monaten hat Aserbaidschan noch eine neue Forderung auf den Tisch gelegt. Armenien solle seine Verfassung ändern. Die Argumentation geht so: Die Verfassung nimmt auf die armenische Unabhängigkeitserklärung aus dem Jahr 1991 Bezug, diese wiederum verweist auf die Gemeinsame Erklärung des Obersten Sowjets der Armenischen Sowjetrepublik und des Obersten Sowjets des Autonomen Gebiets Bergkarabach vom 1. Dezember 1988, in dem diese eine Wiedervereinigung beschlossen haben. Dies sei, so Baku, ein Territorialanspruch, den Armenien durch eine Änderung der Verfassung aufgeben müsse.

In den 30-jährigen Verhandlungen über den Konflikt war dies nie ein Thema. Nun hat Baku diese Forderung alleine zu dem Zweck aus der Tasche gezogen, um Armenien zu spalten. Gibt Erevan dieser Forderung nach, folgt eine weitere. Widersetzt es sich, heißt es: Armenien blockiert den Friedensprozess. Alijew hat nun sogar selbst erklärt, die Verfassungsänderung sei Voraussetzung für ein Friedensabkommen und das Thema bei einem Gespräch mit US-Außenminister Anthony Blinken aufgebracht.[4]

Die Enklaven und andere strittige Fragen

Ebenfalls noch offen ist die Frage der Enklaven. Hier geht es um kleine „Landinseln", die zu sowjetischer Zeit formal der Aserbaidschanischen bzw. der Armenischen Sowjetrepublik zugesprochen worden waren, obwohl sie vollständig vom Territorium der jeweils anderen Sowjetrepublik umschlossen waren. Es geht um drei Dörfer, die zu Aserbaidschan gehören, aber vollkommen von armenischem Territorium umschlossen sind, und ein Dorf, bei dem es sich umgekehrt verhält. Die ursprüngliche Bevölkerung ist jeweils Anfang der 1990er Jahre geflohen. Das Gebiet der armenischen Exklave ist mit rund 40 km² ungefähr genauso groß wie jenes der drei aserbaidschanischen Exklaven zusammengenommen.[5]

---

[3] Principles of the Crossroads of Peace, <www.primeminister.am/u_files/file/documents/The%20Crossroad%20of%20Peace-Brochure.pdf>.
[4] Aliyev complains to Blinken about Armenia constitution, OSCE Minsk Group. News.am, 21.6.2024.
[5] Enclaves Enter Armenia-Azerbaijan Peace Talks. Why Are They So Strategic. Evnreport.com, 30.1.2024, <https://evnreport.com/politics/enclaves-enter-armenia-azerbaijan-peace-talks/>.

Der entscheidende Unterschied ist, dass die armenische Exklave – das einstige Dorf Artsvashen, dessen Bevölkerung – gut 2500 Menschen – 1992 vertrieben wurde und Zuflucht in Chambarak, dem nächstgelegenen Dorf auf armenischer Seite östlich des Sevansees fand – völlig unbedeutend ist. Die drei aserbaidschanischen liegen hingegen an strategischen Stellen: Zwei befinden sich im Norden Armeniens in der Region Tavush, ganz nahe der Dörfer, die dem jüngsten Übereinkommen gemäß an Aserbaidschan übergeben werden sollen. Hier verläuft die genannte wichtige Straße. Die dritte Exklave, in der sich das Dorf Kyarki befindet, liegt ebenfalls an einer Straße von erheblicher Bedeutung: der Nord-Südachse von Erevan zur iranischen Grenze. Wenige Kilometer entfernt liegt die Nordgrenze der großen aserbaidschanischen Exklave Nachitschewan. Die unterschiedliche strategische Bedeutung – und nicht die Rückkehr der Bevölkerung, die nach 30 Jahren längst anderswo eine Heimat gefunden hat – ist der Grund, warum Baku sich nicht auf einen wechselseitigen Verzicht auf die der Fläche nach insgesamt gleich großen Exklaven einlässt, sondern in einem ungleichen Tausch Kontrolle über seine Exklaven verlangt. Zur Kontrolle gehört dann auch der Zugang. Es ist nicht schwer sich vorzustellen, welche Beschwerden und welche daraus abgeleiteten weiteren Forderungen auf umfassenden Zugang zu den Exklaven folgen werden.

Behindert werden die Verhandlungen über eine Streitbeilegung auch von weiteren Beschwerden und Forderungen, die Aserbaidschan regelmäßig auf die Gesprächsliste setzt. So ist etwa die seit Anfang 2023 in Armenien tätige Beobachtungsmission der EU (EUMA) Baku ein Dorn im Auge. Aserbaidschan fordert von Armenien, das 15 Jahre nach der Unterzeichnung Ende Januar 2024 zum Ärger Russlands das Römische Statut des Internationalen Strafgerichtshofs ratifiziert hat, von allen Bemühungen um Verfahren gegen Aserbaidschan wegen Kriegsverbrechen und Verbrechen gegen die Menschheit abzusehen – und versucht seinerseits, solche Verfahren vor internationalen Gerichten gegen Armenien in Gang zu bringen.

Die Rolle der externen Mächte

Die Frage ist auch, wer die Einhaltung eines Friedensabkommens zwischen Baku und Erevan überwachen würde. Bislang hat sich kein Land und kein Staatenverbund bereit erklärt, als Garantiemacht aufzutreten. Erevan fällt es in einer weltpolitischen Lage, in der hochgerüstete Autokratien immer rücksichtsloser agieren, schwer, sich auf ein durch niemanden abgesichertes zwischenstaatliches Abkommen zu verlassen. Dies gilt umso mehr, als Staaten, die offiziell Verbündete Armeniens sind, ihre Versprechungen nicht eingehalten und ihren kurzfristigen Wirtschaftsinteressen Vorzug gegeben haben. Dies hat der Petro- und Erdgas-Staat Aserbaidschan immer wieder zu nutzen gewusst.

Vom Sicherheitsgaranten zum Gefahrenproduzenten: die Rolle Russlands

Moskau hat die Regierung unter Nikol Paschinjan, die 2018 nach Massenprotesten ins Amt gekommen und dann in Wahlen bestätigt wurde, nie wirklich anerkannt. Und natürlich war auch das Misstrauen Paschinjans gegenüber dem Regime im Kreml groß. Aber die Arbeitsbeziehungen funktionierten zunächst. Es gelang beiden Seiten, Streitpunkte auszuklammern und dort zusammenzuarbeiten, wo es gemeinsame Interessen gab. Dieser *modus vivendi* wurde jedoch durch den Zweiten Karabachkrieg im Jahr 2020 und dann insbesondere im Herbst 2023 schwer beschädigt, als Aserbaidschan unter den Augen der untätig bleibenden russländischen Friedenstruppen den 2020 unter armenischer Kontrolle verbliebenen Teil Bergkarabachs einnahm und die armenische Bevölkerung vertrieb. Mittlerweile arbeitet Moskau offen gegen Paschinjan und hat sogar die Demonstranten angespornt, diesen zu stürzen.

Dies ist der Bevölkerung natürlich nicht entgangen. Vor 2020 galt Russland stets als bester Verbündeter Armeniens. Heute halten mehr Menschen in Armenien Frankreich oder die USA für den besten Freund Armeniens als Russland. 40 Prozent gaben bei einer Umfrage Ende 2023 sogar an, dass sie in Russland eine Bedrohung für Armenien sehen. Aserbaidschan und Türkei halten über 80 Prozent für eine Bedrohung, die USA hingegen nur fünf Prozent, die EU gar nur zwei.[6]

Armenien hat die Beteiligung an dem von Moskau dominierten Verteidigungsbündnis, der Organisation des Vertrags von Taschkent, eingefroren. Es nimmt an keinen Sitzungen und keinen Militärübungen mehr teil und übernimmt keine Beschlüsse der Organisation. Die bilateralen Gespräche auf Ministerebene sind nicht offiziell ausgesetzt, doch während sie früher regelmäßig stattfanden, ist nun eine lange Pause entstanden und es ist unklar, ob und wann sie wieder aufgenommen werden. Paschinjan hat zwar Putin bei einer Zusammenkunft der Staats- und Regierungschefs der Eurasischen Wirtschaftsunion im Mai 2024 in Moskau getroffen. An der Zeremonie zu Putins Wiedereinführung in das Amt des Präsidenten hat er jedoch nicht teilgenommen.

Die russländischen Friedenstruppen, die seit dem Waffenstillstandsabkommen vom November 2020 in den unter armenischer Kontrolle verbliebenen Teilen Bergkarabachs stationiert waren, sind nach einer Übereinkunft zwischen Baku und Moskau vorzeitig abgezogen worden. Erevan und Moskau haben sich auch auf den Abzug der Grenzschutzeinheiten des russländischen Geheimdiensts FSB verständigt, die seit Ende 2020 auf armenischer Seite einige Abschnitte der Grenze zu Aserbaidschan überwacht hatten.

Russlands Ressourcen sind knapp, Moskau verwendet sie für seine obersten Prioritäten – und diese liegen gegenwärtig auf dem Krieg gegen die Ukraine. So besteht Russlands Armenienpolitik momentan vor allem darin, Paschinjans Annäherung an den Westen zu kritisieren und diejenigen im Land zu stärken, die Paschinjan und den Westen für alle Schwierigkeiten des Landes verantwortlich machen.

Zu Vergeltungsmaßnahmen wie im Falle Moldovas, Georgiens und der Ukraine hat Russland gegenüber Armenien nach der Reorientierung Erevans auf den Westen jedoch bislang nicht gegriffen. Mittel hätte es durchaus. Armenien ist in Sachen Handel und Energie stark von Russland abhängig. Hinzu kommt die Arbeitsmigration, die Geld in Form von Rücküberweisungen nach Armenien bringt, sowie die armenische Diaspora in Russland. Zwar gab es Schwierigkeiten bei der Ausfuhr einzelner Güter. Aber Moskau hat viel mehr Instrumente, um Armenien zu schaden, als es gegenwärtig einsetzt. Dies hat wohl mehrere Gründe. Armenien hat die Taschkenter Vertragsorganisation noch nicht verlassen; es wird zwar viel über eine Annäherung an die EU gesprochen, aber konkrete Schritte gibt es noch keine. Auch hat die Bedeutung Armeniens als Transitland für den Import nach Russland etwas zugenommen. Schließlich ist Moskau so stark auf die Ukraine fokussiert, dass es dem Südkaukasus aktuell keine allzu große Aufmerksamkeit schenkt.

---

[6] International Republican Institute: Public Opinion Survey: Residents of Armenia. December 2023, <www.iri.org/resources/public-opinion-survey-residents-of-armenia-december-2023>.

Reden ohne Taten: das Auftreten der EU

Und Moskau sieht natürlich auch, was die EU tut – nämlich das, was sie immer tut. Sie redet von Normen und Regeln, aber wenn es ans Handeln geht, dann beginnt sie zu stolpern. Die EU hat ihre Rolle im Konfliktmanagement zwischen Armenien und Aserbaidschan unmittelbar vor Russlands Krieg gegen die Ukraine intensiviert. Aber es ging bereits damals vor allem darum, dem Einfluss Russlands auf Baku und Erevan etwas entgegenzusetzen. Dieses Motiv ist seit Februar 2022 noch stärker geworden. Im Jahr 2022 erkannte Armenien unter Vermittlung der EU und insbesondere Frankreichs die territoriale Integrität Aserbaidschans an. Die Hoffnung war, dass Erevan im Gegenzug Sicherheitsgarantien für die in Bergkarabach lebenden Armenier erhalten würde. Doch Baku hat die Anerkennung der territorialen Integrität als Einladung zur Vertreibung der Armenier von „seinem" Territorium genommen. Die EU hatte Baku gewarnt, dass die Vertreibung der Armenier eine rote Linie sei.[7] Doch als Aserbaidschan mehr als 100 000 Armenier vertrieb, die es zuvor bereits mit einer Blockade ausgehungert hatte, fand Brüssel nicht einmal die richtigen Worte – von Taten ganz zu schweigen. Es gab ein paar zahnlose Unmutsbekundungen und keinerlei Konsequenzen für das Alijew-Regime. Es waren die üblichen Verdächtigen, die ein entschiedeneres Vorgehen blockierten: Italien, Ungarn, Rumänien, Bulgarien und andere. Die Länder eben, die Erdgas aus Aserbaidschan kaufen, bei dem es sich teilweise um Gas aus Russland handelt – zumindest in dem Sinne, dass Baku Gas aus Russland für den Binnenverbrauch kauft, um mehr eigenes Gas exportieren zu können. Nach der völkerrechtswidrigen Vertreibung der Armenier wurden einige Treffen mit Baku abgesagt, und nach einigen Monaten war alles wieder wie zuvor. Was Aserbaidschan daraus lernt, ist offensichtlich: Mit Gewalt kommt man durch, Konsequenzen gibt es keine, denn die EU ist gelähmt, weil zumindest einige der Mitgliedstaaten ihre nationalen Interessen im allerengsten merkantilistischen Sinne definieren.

Gleichwohl hat die armenische Regierung sich bei ihrer Abwendung von Russland stark auf die EU konzentriert. Ministerpräsident Paschinjan hat im Europäischen Parlament erklärt, dass Armenien so eng an die EU heranrückt, wie es die EU erlaubt. In einem Interview hat er – angesichts der Realitäten natürlich im Scherz – erklärt, dass es sein Traum sei, dass Armenien noch 2024 der EU beitrete.[8]

Die EU hat – auf niedrigem Level – ihr Engagement intensiviert. Das Mandat der EUMA wurde erweitert, die Mission besser ausgestattet. Armenien erhält mehr finanzielle Unterstützung, unterzeichnete Dokumente sind nicht mehr nur rein technischer Natur, die Gespräche mit Armenien finden auf einer höheren Ebene statt. Anfang April traf sich Paschinjan in Brüssel mit US-Außenminister Blinken sowie EU-Kommissionspräsidentin Ursula von der Leyen. Thema war die Stärkung der armenischen Volkswirtschaft. Implizit ging es darum, die armenische Abhängigkeit von Russland und die damit einhergehende Verwundbarkeit zu reduzieren. Hilfe sollte es in diesem Zusammenhang auch für die Unterstützung der aus Bergkarabach vertriebenen Menschen geben. Die Ergebnisse des Treffens waren jedoch sehr bescheiden. Herausgekommen ist

---

[7] Can the International Community Reverse the Ethnic Cleansing of Armenians of Nagorno-Karabakh? Part 2. Evnreport.com, 17.10.2023, <https://evnreport.com/politics/can-the-international-community-reverse-the-ethnic-cleansing-of-armenians-of-nagorno-karabakh-part-2/>.

[8] The Prime Minister expressed his wish for Armenia's EU Membership in 2024. Armenpress.am, 14.5.2024, <https://armenpress.am/en/article/1137035>.

eine Vereinbarung über eine finanzielle Unterstützung Armeniens in Höhe von zusammen 350 Millionen Euro in den kommenden drei Jahren. Dies ist angesichts der armenischen Nöte ein Tropfen auf dem heißen Stein und angesichts des Potentials der USA und der EU ein Trostpflaster.

Wie gering die Unterstützung ist, kann man am Vergleich mit den Hilfen ermessen, die Georgien im Jahr 2008 nach dem kurzen Krieg mit Russland erhielt. Das Ausmaß des Bedarfs war ungefähr dasselbe. Armenien hat jedoch bislang nur fünf Prozent der Summe erhalten, die damals nach Georgien floss.

Im Bereich Verteidigung hat Armenien sich um Gelder aus der Europäischen Friedensfazilität beworben. Nach Schwierigkeiten, die dem EU-Außenbeauftragten Joseph Borrell zuzuschreiben waren, beschloss die EU-Kommission, zehn Millionen Euro Militärhilfe für die kommenden zweieinhalb Jahre zu gewähren, die nicht für die Finanzierung tödlicher Waffen verwendet werden dürfen. Sie sollen für die Errichtung eines Feldlazaretts eingesetzt werden sowie für den Bau von Kasernen, in denen eine Einheit der armenischen Armee in der Stärke eines Bataillons Unterkunft findet. Angesichts der Bedürfnisse Armeniens ist es ein Betrag, der kaum der Rede wert ist. Doch selbst mit diesem gibt es Probleme. Bakus bester Verbündeter in der EU, Viktor Orbán, blockiert die Hilfe mit einer Veto-Drohung, die Budapest nur aufgeben will, wenn Aserbaidschan in die Verteilung von Geldern aus der Friedensfazilität aufgenommen wird.[9] Das will jedoch Baku gar nicht. Bei genauerem Hinsehen geht es ausschließlich darum, dass Armenien keinerlei Gelder erhalten soll.

Eigenständig, aber ohne viel Kraft: die Politik Frankreichs

Unter den EU-Staaten tut sich am ehesten noch Frankreich als Unterstützer Armeniens hervor. Viele Jahre hatte Paris auf Äquidistanz zu Baku und Erevan gesetzt und wollte als neutraler Vermittler auftreten. Jetzt will Frankreich zur Abschreckung Aserbaidschans beitragen und hat Mitte Juni u.a. ein Abkommen mit Erevan über den Verkauf von Haubitzen des Typs *Caesar* an Armenien geschlossen. Auch gepanzerte Fahrzeuge, Radarsysteme und andere militärische Ausrüstung soll Armenien erhalten. Moskau und Baku werfen Paris natürlich vor, einen Konflikt zu eskalieren. Das Alijew-Regime, das über eine hochgerüstete Armee verfügt, die es in Bergkarabach 2020 und 2023 einsetzte, sieht in den armenischen Bemühungen, seine Kapazitäten zur Selbstverteidigung zu erhöhen, eine Bedrohung der aserbaidschanischen Sicherheit. Sofort drohte Alijew Frankreich sowie Indien und Griechenland, die ebenfalls Waffen an Armenien verkaufen wollen.[10] Bakus Vergeltung kam aus einer etwas überraschenden Ecke, lag jedoch ganz auf der Linie der von Moskau verfolgten Politik, überall auf der Welt mit antikolonialer Rhetorik antiwestliche Stimmungen anzuheizen. Baku begann materiell und ideologisch radikale Demonstranten im französischen Überseegebiet Neukaledonien zu unterstützen.[11]

---

[9] Hungary „Blocking EU Military Aid To Armenia". Azatutyun.am, 30.4.2023, <www.azatutyun.am/a/32927800.html>.

[10] Baku cannot turn blind eye to France, India, Greece arming Armenia – President Aliyev. Tass, 23.4.2024, <https://tass.com/world/1779473>.

[11] „This isn't a fantasy": why is distant Azerbaijan being linked to deadly New Caledonia riots?. The Guardian, 17.5.2024, <www.theguardian.com/world/article/2024/may/17/new-caledonia-riots-explainer-azerbaijan-flags-noumea-link>. – How Azerbaijan uses „anti-colonialism" to

Das Regime lud Demonstranten nach Baku ein, wo sie in einem Land, das seine Bürger unterdrückt und entmündigt, „für Menschenrechte" demonstrieren.[12]

Keine Zeitenwende – die deutsche Armenienpolitik

Deutschlands Politik in der Region ist weniger eigenständig als die Frankreichs und stärker im Einklang mit der EU-Linie, die stark von Ungarn und anderen Staaten mit engsten nationalen Interessen bestimmt wird. Entsprechend lauwarm und zahnlos tritt Berlin auf. Es gab einen Moment, in dem mehr möglich schien. Während der Vertreibung der Armenier aus Bergkarabach und in den Wochen danach kritisierte Außenministerin Annalena Baerbock Aserbaidschan sehr deutlich und unterstützte Armenien bei einer Sitzung des UN-Sicherheitsrats, die auf Ersuchen Armeniens einberufen wurde. Bald darauf war es damit jedoch wieder vorbei. Berlin ist in die Rolle des Vermittlers zurückgekehrt, der Äquidistanz zu Baku und Erevan hält. Dies drückte sich etwa in einem von Bundeskanzler Scholz organisierten Treffen zwischen Alijew und Paschinjan am Rande der Münchener Sicherheitskonferenz 2024 aus. Kurz darauf verhandelten die Außenminister Armeniens und Aserbaidschans auf Initiative Baerbocks in Berlin. Den Besuch des deutschen Botschafters Ralf Horlemann in Bergkarabach Ende Mai, von wo wenige Monate zuvor 100 000 Armenier vertrieben worden waren, verbunden mit Glückwünschen zum Unabhängigkeitstag Aserbaidschans,[13] hat Baku zweifellos nicht nur als Verzicht auf Abschreckung, sondern als Einladung zu neuen Drohungen und neuer Gewalt verstanden.

Ordnungsmacht ohne Ordnungswillen – die USA

Dies wird nicht dadurch besser, dass Anfang Mai US-Botschafter Mark Libby vier Wochen zuvor ebenfalls das eroberte Bergkarabach besucht hatte, nachdem er zuvor von regimenahen aserbaidschanischen Medien unter Druck gesetzt worden war.[14]
Generell unterscheidet sich die Position der USA kaum von jener der EU. Washington und Brüssel stimmen ihre Positionen ab, die USA lagern das Thema Südkaukasus sogar bisweilen ganz an die EU aus. Außenminister Blinken widmet der Vermittlung zwischen Aserbaidschan und Armenien jedoch recht viel Zeit, wenn eine Eskalation drohte, griff er persönlich zum Telefonhörer, ebenso, wenn es Aussicht auf einen Durchbruch bei Verhandlungen gab. Er trat sogar als Gastgeber einiger mehrtägiger Gespräche zwischen den Außenministern der beiden Staaten auf. US-Sicherheitsberater Jake Sullivan hat Gespräche zwischen seinem armenischen Amtskollegen Armen Grigorjan und Alijews Außenpolitikberater Hikmet Hajiev vermittelt.

---

authoritarian ends. Oc-media.org, 22.12.2023, <https://oc-media.org/opinions/opinion-how-azerbaijan-uses-anti-colonialism-to-authoritarian-ends/>.
[12] Freedom House bewertet Aserbaidschan seit zwei Jahrzehnten als konsolidierte Autokratie, die Bewertung bei den politischen Rechten liegt bei 0 von 40, bei den bürgerlichen Freiheiten bei 7 von 60 Punkten. <https://freedomhouse.org/country/azerbaijan>.
[13] <https://x.com/geramb_baku/status/1795468591116034520?s=46&t=ddNYoTDUTqH-0T0c5jiVvA>.
[14] Shushi Unter Pressure from Baku. Civilnet, 7.5.2024.

War da was? Der deutsche Botschafter Horlemann in Bergkarabach. @GerAmb_Baku

Gespräche zwischen Baku und Erevan auf einer solch hohen Ebene hat es seit den gescheiterten Verhandlungen in Key West, Florida, im Jahr 2001 nicht mehr gegeben. Alleine die Ergebnisse sind auch heute bislang wenig beeindruckend. Die stellvertretende US-Außenministerin mit Zuständigkeit für Europa Yuri Kim hatte im September 2023 erklärt, die USA würden eine ethnische Säuberung in Bergkarabach nicht dulden.[15] Doch nach der Vertreibung der Armenier geschah schlicht nichts. Selbst die Vermittlerrolle der USA ist geschwächt, da Verhandlungen auf Druck Aserbaidschans mittlerweile fast immer bilateral ohne Beteiligung einer dritten Partei stattfinden.

Gleichwohl darf man die Bedeutung der USA als Löschtrupp nicht unterschätzen. In Zeiten wachsender Spannungen engagieren sich die USA stärker, um Baku abzuschrecken. Gleichwohl hat Alijew immer wieder getestet, wie weit er gehen kann. Möglicherweise wäre er ohne die verbalen Drohungen der USA noch weitergegangen. Aber nachdem das Überschreiten aufgezeigter roter Linien nicht geahndet wurde, ist die Wahrscheinlichkeit gestiegen, dass das Regime in Baku nach eigenem Gutdünken erneut Interessen mit Gewalt durchsetzt. Was die USA zu tun gedenkt, ist unklar.

Fortschritte in kleinsten Schritten gibt es bei den bilateralen Beziehungen. Der Status der Beziehungen zwischen den USA und Armenien ist auf das Niveau „Strategische Partnerschaft" gehoben worden. Im September 2023 gab es eine gemeinsame Militärübung. Auf die 200 Kilometer entfernt vom Truppenübungsplatz zur gleichen Zeit stattfindende Vertreibung der Armenier aus Karabach hatte dies jedoch keinen Einfluss. Im Bereich Rüstungskooperation lässt sich das Ausmaß der Zusammenarbeit daran ermessen, dass die USA bislang zugesagt haben, gepanzerte Ambulanzfahrzeuge an Armenien zu liefern.[16]

Gleichwohl setzt die Regierung Paschinjan, die jedes Vertrauen in Russland verloren hat, voll und ganz auf die USA. Denn wer sonst könnte Aserbaidschan vor weiterer Gewaltanwendung abschrecken? Einer der Gründe, warum Paschinjan zu vielen Konzessionen bereit ist, um noch im Jahr 2024 zu einem Friedensabkommen mit Aserbaidschan zu kommen, ist die Furcht, dass nach den Wahlen in den USA ein ins Präsidentenamt zurückgekehrter Donald Trump das Engagement der USA im Südkaukasus noch weiter reduzieren könnte und damit das Gesetz des Stärkeren noch mehr zur einzigen Regel in den zwischenstaatlichen Beziehungen in der Region wird.

Aus dem Englischen von Volker Weichsel, Berlin

Schlagwörter:
Armenien, Bergkarabach, Aserbaidschan, Sicherheitspolitik, Außenpolitik

---

[15] US will not tolerate „ethnic cleansing" in Nagorno-Karabakh, State Department official says. Civilnet.am, 15.9.2023.
[16] US to help Armenia modernize its military. Eurasianet, 16.4.2024.

Demokratie im Visier

Ein Gespräch mit Hana Antal über den Anschlag auf Ministerpräsident Robert Fico und die Lage danach

Das Attentat auf den slowakischen Ministerpräsidenten Robert Fico trifft das Land in einer stürmischen Zeit. Fico hat im Wahlkampf 2023 das Land mit populistischer Freund-Feind-Rhetorik gespalten und diese nach seinem Wahlsieg nicht gemildert. Die Parteien seiner Regierung bedienen antiwestliche Stereotype und biedern sich verbal an Russland an. In der Außenpolitik bleibt jedoch vieles Rhetorik. Anders in der Innenpolitik: Fico war auf dem Weg, ein illiberales Regime nach ungarischem Vorbild zu errichten. Es steht zu befürchten, dass die Politiker der Regierungskoalition den Anschlag nutzen, um diese Pläne nun erst recht voranzutreiben.

OSTEUROPA: *Am 15. Mai wurde der slowakische Ministerpräsident Robert Fico niedergeschossen. Was ist über den Tathergang bekannt?*

Hana Antal: Der Schütze gab in der Kleinstadt Handlová, wo Fico nach einer außerordentlichen Kabinettssitzung Menschen aus dem Ort begrüßte, aus nächster Nähe fünf Schüsse auf den Ministerpräsidenten ab. Er wurde schwerverletzt in ein Krankenhaus transportiert, nach einer mehrstündigen Operation hat sich sein Zustand stabilisiert, bleibt aber weiterhin ernst. Der Attentäter wurde unmittelbar nach den Schüssen festgenommen. Es handelt sich um den 71-jährigen Juraj Cintula aus der westslowakischen Stadt Levice. Dort hatte er einen Literaturklub gegründet und eigene Gedichte verfasst. Vor seiner Pensionierung arbeitete er als Wachmann in einem Einkaufszentrum. Die Untersuchungsbehörden sprechen davon, dass er in der Vergangenheit Kontakte zu der paramilitärischen Organisation *Slovenskí branci* (Slowakische Rekruten) gepflegt habe, die u.a. antiwestliche und migrantenfeindliche Propaganda verbreitet. Im Jahr 2016 habe der Attentäter versucht, eine politische Bewegung zu gründen, die sich angeblich gegen jede Form von Gewalt richten sollte.

Im Internet kursiert ein Bekennervideo, das mutmaßlich von einem Beamten des Verfassungsschutzes nach der Tat aufgenommen wurde. Es zeigt Cintula in Handschellen auf dem Flur einer Polizeistation. Er begründet seine Tat damit, dass er „mit der Politik der Regierung" nicht einverstanden sei, und zählt alle jene Dinge auf, über die in der Slowakei seit Robert Ficos Rückkehr in das Amt des Ministerpräsidenten im Oktober 2023 gestritten wurde.

OSTEUROPA: *Also eine politische Tat, aber von einem Einzeltäter?*

Hana Antal: Danach sieht es aus.

Hana Antal (geb. Rydza) (1992), Dr. phil., Politikwissenschaftlerin, Bratislava

OSTEUROPA, 74. Jg., 5/2024, S. 33–37   doi: 10.35998/oe-2024-033

Osteuropa: *In welcher politischen Situation hat das Attentat die Slowakei getroffen?*

Hana Antal: Die Stimmung ist extrem angespannt, die Gesellschaft stark politisiert und polarisiert. Dies hat damit zu tun, dass Regierungswechsel in der Slowakei in den vergangenen 30 Jahren stets fundamentale Richtungswechsel bedeuteten. Nach der Auflösung der Tschechoslowakei zum 1.1.1993 etablierte der damalige Ministerpräsident Vladimír Mečiar ein semiautoritäres System, erst als der Nationalpopulist 1998 bei Wahlen abgelöst wurde, war der Weg der Slowakei in die Europäische Union wirklich frei. Nach acht Jahren kam 2006 erneut eine populistische Regierung bei Wahlen ins Amt, nun unter Robert Fico und seiner Partei *Smer*. Von einer kurzen Unterbrechung zwischen 2010 und 2012 abgesehen, war Fico bis 2018 an der Macht. Populismus, also eine Feind-Freund-Rhetorik, bei der sich der Ministerpräsident als Beschützer des Volks und des kleinen Mannes präsentierte, war das zentrale Mittel zum Machterhalt. Zu Ficos Sturz führten erst massive gesellschaftliche Proteste nach dem Mord an einem jungen Journalisten und seiner Lebensgefährtin, die der Verstrickung höchster Regierungskreise mit der organisierten Kriminalität auf der Spur waren.

Und nun wieder Fico. Seine Partei *Smer* hat zwar nur knapp 23 Prozent der Stimmen erhalten, im stark zersplitterten slowakischen Parteiensystem wurde sie damit aber stärkste Partei. Zusammen mit ihrem Ableger *Hlas* – socialná demokracia (Stimme – Sozialdemokratie) kam Ficos Partei auf fast 40 Prozent und konnte eine Regierungskoalition mit der nationalpopulistischen *Slovenská národná strana* (Slowakische Nationalpartei, SNS) bilden. Nach den Wahlen haben Fico und andere Politiker seiner Regierung ihre Rhetorik aber nicht gemildert, sondern weiter angebliche innere und äußere Feinde gegeißelt.

Osteuropa: *Welche Rolle spielt Russlands Krieg gegen die Ukraine?*

Hana Antal: Eine erhebliche! Fico hat ja bereits den Wahlkampf 2023 mit der Ankündigung geführt, er werde die slowakischen Waffenlieferungen an die Ukraine einstellen. Er hat sich die Moskauer Deutung zu eigen gemacht, dass der Westen bei der Osterweiterung der NATO Russland getäuscht habe und es diesem im Krieg gegen die Ukraine um Sicherheit ginge.

Sein früherer Parteigenosse und enger Verbündeter Peter Pellegrini, dessen Partei Hlas-SD ja Regierungspartner von Fico ist, hat dergleichen im Wahlkampf vor den Präsidentschaftswahlen im Frühjahr 2024 getan. Pellegrini bezichtigte Ivan Korčok, den zweiten aussichtsreichsten Kandidaten auf die Nachfolge von Präsidentin Zuzana Čaputová, er wolle die Slowakei in den Krieg hineinziehen. Er, Pellegrini, stünde hingegen für Frieden. Es ist die gleiche nationalpopulistische Rhetorik, wie sie in Ungarn Viktor Orbán einsetzt. Die Ängste der Menschen werden geschürt und dann genutzt, indem man sich an den Aggressor anbiedert und sich auf diese Weise zur Friedenspartei stilisiert. Dies hat verfangen, Pellegrini hat im zweiten Wahlgang gegen den Diplomaten Korčok, der Botschafter in Deutschland, bei der EU und in Washington sowie von 2020 bis 2022 Außenminister war, mit 53,1 Prozent der Stimmen gewonnen.

Osteuropa: *Das verfängt also bei den Menschen?*

Hana Antal: Die Umfragen sagen: ja. Bei einer Umfrage des unabhängigen Instituts GLOBSEC gaben im Jahr 2023 die Hälfte der Befragten an, die USA seien eine ähnliche Bedrohung für die Slowakei wie Russland. 33 Prozent erklärten – mehr als in Bulgarien, und Ungarn –, die Slowakei solle die NATO verlassen. 59 Prozent taten kund, die Waffenlieferungen an die Ukraine seien Kriegstreiberei und eine Provokation gegen Russland. In keinem anderen EU-Land teilte ein so hoher Anteil der Befragten diese Ansicht.

OSTEUROPA: *Wie ist das zu erklären? Die Ukraine kämpft um nationale Unabhängigkeit – ein hohes Gut, das man auch in der Slowakei nicht verachtet . . .*

Hana Antal: Ein positives Russlandbild ist tief im slowakischen nationalen Selbstverständnis verwurzelt. Das beginnt mit dem frühmittelalterlichen Großmährischen Reich. Dieses Herrschaftsgebilde, das wie die Kiewer Rus christlichen Einflüssen aus Byzanz unterlag, wird als Wiege der Nation gesehen. Aus der Zeit der „nationalen Wiedergeburt" im 19. Jahrhundert ist der Panslawismus erhalten geblieben, Russland gilt als großer Bruder. Für das 20. Jahrhundert wird Russland die Befreiung vom Faschismus angerechnet. Eine wunderbare Gelegenheit, um zu verdrängen, dass der erste slowakische Staat 1939 als Vasallenstaat von Hitlers Gnaden entstand. Schließlich hat Moskau nach der Niederschlagung des Prager Frühlings – der auch ein Pressburger Frühling war – die Föderalisierung der Slowakei als einziges Ergebnis des Reformkommunismus nicht zurückgenommen. Und diese war die Grundlage für die Entstehung der heutigen Slowakei nach der Wende von 1989.

OSTEUROPA: *All dies findet man in Tschechien auch, in Ungarn gibt die Geschichte hingegen praktisch keine derartigen Anknüpfungspunkte her. Mit linearen Geschichtsbildern kommt man offenbar nicht weit.*

Hana Antal: So ist es. Betrachtet man die Politik der derzeitigen Regierungen, so stehen sich Prag und Bratislava fast diametral entgegen. In Prag steht die liberalkonservative Fünf-Parteien-Koalition unter Petr Fiala fest an der Seite der Ukraine und bemüht sich aktiv um deren Unterstützung. Das gleiche gilt für den Präsidenten Petr Pavel. Aber die Mehrheiten sind knapp. Die populistischen Oppositionsparteien – die Anti-Establishment-Partei ANO von Andrej Babiš und Tomio Okamuras rechtsradikale SPD – verbreiten ähnliche Dinge wie die seit Herbst 2023 amtierende slowakische Regierung. Und Umfragen zufolge wären sie derzeit in der Lage, bei Wahlen gemeinsam eine absolute Mehrheit der Mandate zu erringen. Man erinnere sich auch an Václav Klaus und Miloš Zeman, die viele Jahre als Präsidenten des Landes mit Erfolg populistische EU-Kritik verbreiteten und als Steigbügelhalter Moskaus fungierten.

OSTEUROPA: *Wird der populistische Brei in der Slowakei so heiß gegessen, wie er gekocht wird?*

Hana Antal: In der Außenpolitik nein, in der Innenpolitik ja. Abgeordnete von *Smer* und SNS schmähen täglich die EU und die NATO, aber einen Rückzug aus den beiden Organisationen will außer marginalen radikalen Kräften niemand, zu groß sind die Vorteile. Und nach Ficos Ankündigung im Wahlkampf, er werde weitere Hilfen für die Ukraine stoppen, stimmte er im März 2024 in Brüssel dem EU-Vorschlag für eine Ausdehnung der Militärhilfe an die Ukraine zu. Im April 2024 beschloss die slowakische Regierung bei einem gemeinsamen Treffen mit ihren ukrainischen Amtskollegen, die Integration der Ukraine in die EU und die NATO zu unterstützen. Fico sicherte Kiew volle Unterstützung zu, verurteilte Russlands Invasion und erkannte die Zugehörigkeit der Krim und des Donbass zur Ukraine an. Besonders deutlich wird das Doppelspiel, bei dem je nach Publikum und Gelegenheit einander wiedersprechende Dinge gesagt und getan werden, beim Thema Waffen. Mit Friedensrhetorik kann man das heimische Publikum becircen und Moskau gefallen, verbale Unterstützung für die Ukraine besänftigt die alarmierten westlichen Staaten – und wenn slowakische Unternehmen aus dem Verkauf von Waffen an die Ukraine Gewinne ziehen können, so ist auch dies willkommen.

Osteuropa: *Und die Innenpolitik?*

Hana Antal: Die ist des Pudels Kern. Die Regierung greift Grundpfeiler der liberalen Demokratie an. Das Modell ist überall das gleiche, ob in Ungarn, gegenwärtig in Georgien oder in Polen unter der PiS-Regierung. Oft geht dies mit einer Pro-Moskau-Rhetorik einher, das polnische Beispiel zeigt aber, dass dies nicht der Fall sein muss.
Immer geht es um die Kontrolle über die Justiz und über die Medien. Die slowakische Regierung will die Sonderstaatsanwaltschaft abschaffen, die sich mit der Verstrickung von Amtsträgern in die organisierte Kriminalität befasst. Noch gibt es Widerstände, aber mit dem Ende der Amtszeit von Präsidentin Čaputová werden sie kleiner werden. Ein Schritt ist bereits getan: Im April 2024 haben die Regierungsparteien mit ihrer parlamentarischen Mehrheit den Vorsitzenden des Justizrates, Jan Mazák, abberufen. Stimmt der Verfassungsgerichtshof der vom Parlament angenommenen Justizreform zu, werden die Strafen für Korruption erheblich gesenkt.

Osteuropa: *Und die Medien?*

Hana Antal: Am liebsten würde die Fico-Regierung den öffentlich-rechtlichen Rundfunk in einen von der Exekutive kontrollierten Kanal umwandeln. Praktisch wird mit der geplanten Gesetzesänderung *Rozhlas a Televizia Slovenska* aufgelöst und durch eine neue Einrichtung mit eigenem Namen und kontrolliertem Programmkonzept ersetzt. Ähnliches gilt für die Kultur. Ohne öffentliche Förderung gibt es keine lebendige Kultur. Bislang war der entsprechende Fonds der exekutiven Kontrolle entzogen. Nun will die Kulturministerin Martina Šimkovičová von der SNS den Fonds als politisches Instrument einsetzen. Nicht zufällig bedient sie sich der gleichen populistischen Rhetorik wie viele andere rechte Kräfte in ganz Ostmittel- und Osteuropa. Sie hat angekündigt, LGBTQI+-Organisationen würden keine finanzielle Unterstützung mehr erhalten. Das übergeordnete Ziel sei eine „Rückkehr zur Normalität". Dies alles erinnert an Ungarn – wo nach fast anderthalb Jahrzehnten autokratischer Herrschaft die Lage viel schlimmer ist. Zugleich klingt mit dem Schlagwort von der „Normalität" repressive Rhetorik der 1970er Jahre an, als die Kommunistische Partei ja ebenfalls von einer „Normalisierung" sprach.

Osteuropa: *Welche Folgen wird in dieser Situation das Attentat auf Fico für die politische Entwicklung in der Slowakei haben?*

Hana Antal: Alle führenden slowakischen Politiker haben erklärt, die Polarisierung und die aufgeheizte Stimmung der vergangenen Monate hätten das Klima geschaffen, in dem das Attentat stattfand. Die Oppositionsparteien *Progresivne Slovensko* und *Svoboda a Solidarita* (Freiheit und Solidarität, SaS) haben die vor dem Attentat angekündigten Proteste gegen die Abschaffung des öffentlich-rechtlichen Fernsehens RTVS abgesagt.

Progresivne Slovensko hat den Wahlkampf für die Europawahlen unterbrochen und an alle Politiker appelliert, mindestens 100 Tage auf politische Angriffe und auf Polarisierung zu verzichten. PS-Chef Michal Šimečka wollte gemeinsam mit Vertretern der Regierungsparteien vor die Presse treten, um symbolisch die politische Versöhnung zu demonstrieren.

Osteuropa: *Stehen die Zeichen auf Versöhnung?*

Hana Antal: Nein, die Regierungsparteien haben das abgelehnt. Es steht zu befürchten, dass die Schüsse auf den Ministerpräsidenten keineswegs zu der allseits geforderten Mäßigung führen werden. Denn die Regierungsparteien verstehen darunter nicht, dass sie ihre polarisierende Kampagne gegen die Opposition einstellen wollen. Vielmehr leiten sie aus dem Attentat und dem Bekennervideo ab, dass die Opposition an dem Attentat indirekte oder direkte Mitschuld trage und nun die Kritik an der Regierung und die Proteste gegen sie einstellen müsse.

Es gibt eine sehr große Verschwörungsszene in der Slowakei. Nach einer Umfrage der Akademie der Wissenschaften glauben mehr als 30 Prozent der Menschen daran, dass hinter verschiedenen Ereignissen gut organisierte, einflussreiche Kräfte mit einer klaren Agenda stünden. In diesem Fall reichen die Verschwörungsmythen von der Darstellung, der Attentäter habe im Sinne der liberalen politischen Kräfte, der Oppositionspartei *Progresivne Slovensko* oder der Präsidentin Čaputová gehandelt bis zu der Behauptung, er habe in deren Auftrag auf Fico geschossen.

Osteuropa: *Also droht eine Verschärfung des innenpolitischen Klimas?*

Hana Antal: Das werden wir sehen. So explizit sagen das Regierungspolitiker nicht, dass der Attentäter im Auftrag der Opposition gehandelt habe. Aber dass die Regierung das Attentat instrumentalisieren wird, um die Opposition zu schwächen und die Kontrolle über die Gesellschaft zu verschärfen, zeichnet sich bereits ab. Der stellvertretende Vorsitzende von *Smer*, Ľuboš Blaha, machte die „politische Opposition" und „die liberalen Medien", die angeblich Hass gegen Robert Fico verbreiteten, direkt für das Attentat verantwortlich. In einer Plenarsitzung des Parlaments sagte er zu den Abgeordneten der Opposition gewandt: „Dies ist eure Schuld". Der SNS-Abgeordnete Rudolf Huliak erklärte, „die liberalen Progressiven" und „die Journalisten" hätten „Ficos Blut an ihren Händen". Der SNS-Vorsitzende Andrej Danko hat von „neuen" Beziehungen zu den Medien gesprochen und sein Parteikollege Roman Michelko, der im Parlament dem Kulturausschuss vorsitzt, will das Pressegesetz ändern.

Eine gemeinsame Pressekonferenz des Verteidigungsministers Robert Kaliňák (Smer) und des Innenministers Matúš Šutaj Eštok (Hlas) verlief in gemäßigterem Ton. Positiv ist auch eine gemeinsame Pressekonferenz der scheidenden Staatspräsidentin Zuzana Čaputová und ihres designierten Nachfolgers Pellegrini zu bewerten. Gleichwohl steht zu befürchten, dass es nicht bei den Forderungen aus den Reihen der kleinsten Regierungspartei bleiben wird.

Das Gespräch führte Volker Weichsel am 20.5.2024.

Schlagwörter:
Slowakei, Robert Fico, Attentat, Innenpolitik, Außenpolitik, Medien

osteuropa

Russlands verlorene Kriege
Historische Niederlagen eines Imperiums

280 Seiten, 50 Abbildungen, 24.- €. OSTEUROPA, 3–4/2023

Nikolay Mitrokhin

Russlands Krieg gegen die Ukraine
Wochenberichte Frühjahr 2024

Russlands Angriff auf das Gebiet Charkiv ist gescheitert. Die ukrainischen Verteidiger konnten die Besatzungstruppen stoppen. Auch an anderen Frontabschnitten konnte Russland keine relevanten Geländegewinne verzeichnen. Auch deshalb setzt der Aggressor seine massiven Angriffe auf die ukrainische zivile Infrastruktur wie Kraftwerke und das Stromnetz fort, um die Bevölkerung mürbe zu machen. Besserung verspricht die Lieferung westlicher Luftabwehrsysteme. Nach hohen Verlusten fehlt es beiden Seiten an Reserven zur Durchführung von Offensivoperationen.

Eine neue Front im Gebiet Charkiv: die 115. Kriegswoche

Russland hat mit einem Angriff auf das Gebiet Charkiv eine neue Front eröffnet. Für eine Belagerung der Millionenstadt Charkiv reichen die zusammengezogenen Kräfte bei weitem nicht. Zweck des Angriffs ist ein Vorstoß in Richtung Süden auf die Stadt Kupjans'k und von dort in den Norden des Gebiets Donec'k. Westlich von Avdijivka gerät die ukrainische Armee in immer größere Probleme. Im Luftkrieg liefern sich beide Seiten einen permanenten Schlagabtausch mit Angriffen auf Kraftwerke und Raffinerien. Entscheidend für den Ausgang des Kriegs bleibt, ob die westlichen Staaten das Schwungrad ihrer Rüstungsindustrie in Gang bringen, bevor der Ukraine die Kraft zur Verteidigung ausgegangen ist.

Russland hat in der Ukraine eine neue Front eröffnet. Einen Tag nach der offiziellen Wiedereinführung von Vladimir Putin in das Amt des Präsidenten begann die Armee am 10. Mai einen Angriff auf mehrere Grenzdörfer im Gebiet Charkiv. Den Angriff führt die Gruppe „Nord", die in Propagandamedien auch „Nordwind" genannt wird. Sie überschritt die Grenze zwischen der nördlich von Charkiv gelegenen großen Siedlung

Nikolay Mitrokhin (1972), Dr. phil., Forschungsstelle Osteuropa, Universität Bremen
Von Nikolay Mitrokhin ist in OSTEUROPA u.a. erschienen: Der Krieg in der Ukraine 2023. Bilanz eines schrecklichen Jahres, in: OSTEUROPA, 12/2023, S. 17–34. – Russlands Krieg gegen die Ukraine. Wochenberichte aus dem Frühjahr 2024, in: OE, Russlands Krieg gegen die Ukraine. Wochenberichte aus dem Winter 2023/2024, in: OSTEUROPA, 12/2023, S. 57–78. – Russlands Krieg gegen die Ukraine. Wochenberichte aus dem Sommer und Herbst 2023, in: OSTEUROPA, 10–11/2023, S. 85–123. – Russlands Krieg gegen die Ukraine. Wochenberichte aus dem Sommer 2023, in: OSTEUROPA, 3–4/2023, S. 143–174.
Die Texte sind im Fokus „Russlands Krieg gegen die Ukraine" auf <zeitschrift-osteuropa.de> erschienen und werden dort fortgeführt.

doi: 10.35998/oe-2024-034

Lipcy und der knapp 40 Kilometer östlich davon gelegenen Stadt Vovčans'k. Am ersten Tag des Angriffs nahmen die Okkupationstruppen an drei Abschnitten der neuen Front fünf grenznahe Dörfer ein. Dort standen allerdings aufgrund des Artilleriebeschusses von russländischer Seite fast nur noch Ruinen. Am zweiten Tag des Angriffs eroberten die russländischen Einheiten nach eigenen Angaben einen Teil der wichtigen Siedlung Hlyboke. Diese liegt an der Straße, die über Lipcy nach Charkiv führt.

Am Abend des 13. Mai drangen sie in den Nordteil des vier Kilometer von der Grenze liegenden Vovčans'k ein und verbreiterten zugleich den Angriffskeil durch einen Vorstoß auf das fünf Kilometer westlich gelegene Dorf Starycja. Die meisten der zuletzt noch 3000 Einwohner von Vovčans'k sind geflohen. Westlich davon halten die Kämpfe zwischen Hlyboke und Lipcy weiter an. Die ukrainische Armee hat Truppen aus anderen Gebieten im Nordosten der Ukraine und aus südlicheren Teilen des Gebiets Charkiv an den Ort des Durchbruchs verlegt. Die ukrainische Armeeführung hatte einen Angriff auf das Gebiet Charkiv erwartet, doch offenbar nicht in diesem Ausmaß. Den angreifenden Truppen scheint es gelungen zu sein, die erste Verteidigungslinie bei Vovčans'k zu durchbrechen, der Vorstoß kann dort gegenwärtig nur gebremst werden, indem die Verteidiger die Häuser der Stadt als Deckung nutzen.

Russland hat in den vier Tagen dieser Offensive dem vorliegenden Foto- und Videomaterial nach zu urteilen rund zwei Dutzend Fahrzeuge verloren, darunter einige Panzer. Auf ukrainischer Seite gab es ebenfalls Verluste, mindestens zwei Panzer und mehrere Jeeps. Mehr als 50 ukrainische Soldaten sind in die Hände des Gegners gefallen, die meisten von ihnen aus der Territorialverteidigung von Konotop, offenbar aber auch Kämpfer der Einheit *Kraken* des Militärgeheimdiensts.

Die halboffiziellen russländischen Militärkanäle erklären, Ziel des Angriffs sei „die Schaffung einer Pufferzone". Gleichzeitig bedienen sie sich der üblichen Rhetorik von der „Befreiung russischen Lands". Militärisch betrachtet besteht der Zweck des Vorstoßes darin, Druck auf den nördlichsten Abschnitt der ukrainischen Verteidigung an der bestehenden Front auszuüben, also auf die bei Kupjans'k stehenden Truppen der Ukraine. Geht der Vorstoß nördlich von Charkiv weiter, können die russländischen Truppen diesen Einheiten in den Rücken fallen.

Der Frontverlauf ist bei Kupjans'k seit Dezember praktisch unverändert, nachdem einige Angriffe der Okkupanten mit der Zerstörung ganzer Fahrzeugkolonnen nordöstlich der Stadt geendet hatten. Erst Anfang Mai hatte Russland dort den Angriff wieder aufgenommen und die Ruinen zweier südöstlich von Kupjans'k gelegener Dörfer eingenommen. Strategisches Ziel ist allerdings nicht Kupjans'k selbst, sondern der Norden des Gebiets Donec'k, wohin die russländischen Truppen von Vovčans'k aus in südlicher Richtung durch große Waldgebiete gelangen würden, die sie im September-Oktober 2022 im Zuge der erfolgreichen ukrainischen Gegenoffensive hatten aufgeben müssen. Für einen Sturmangriff auf Charkiv, von dem viel die Rede ist, fehlt es Russland eindeutig an Soldaten und Technik. Für die Schlacht um eine Stadt dieser Größe müsste der Kreml mindestens 300 000 Soldaten dort zusammenziehen. Um auf Lyman und Izjum vorzurücken und Kupjans'k sowie den letzten ukrainisch kontrollierten Streifen des Gebiets Luhans'k einzunehmen, könnte die nach westlichen Angaben aus 35 000 Mann bestehende Gruppe „Nord" ausreichen, sofern sie nicht auf starke ukrainische Gegenwehr trifft.

Bislang sprechen aber der Umfang und die Geschwindigkeit des Vorstoßes bei Charkiv sowie das Ausbleiben eines gleichzeitigen massiven Angriffs im Gebiet Donec'k dafür, dass Russland mit beschränkten Reserven an Munition und Fahrzeugen operiert. Einige hochrangige ukrainische Militärs sind daher weiter der Ansicht, dass der Angriff auf das Gebiet Charkiv dazu diene, ukrainische Reservekräfte zu binden, die zur Verteidigung von Časiv Jar eingesetzt werden sollten, wo in den vergangenen Wochen der wichtigste Vorstoß der russländischen Truppen stattgefunden hat. Tatsächlich stehen die Chancen bislang gut, dass die Ukraine den Angriff im Gebiet Charkiv unter gewissen Gebiets-verlusten im grenznahen Bereich oder auch einiger dort gelegener Siedlungen zum Stehen bringen kann.

Die Angriffe im Donbass

Im Raum Pokrovs'k hat sich der Vormarsch der Okkupationstruppen deutlich verlang-samt. Gleichwohl erzielten sie einige Geländegewinne. Der ukrainischen Armee ist es nicht gelungen, die Wasserbecken westlich von Archangel's'ke zur Verteidigung zu nutzen, so dass die gegnerischen Truppen bis an den Ostrand der Siedlung Novoalek-sandrivka vorrücken konnten. Gelingt es ihnen, diese vollständig einzunehmen, dann haben sie die Straße von Pokrovs'k nach Kramatorsk unter Feuerkontrolle. Am West-ufer des Flusses Vovč'ja haben sie bereits die Siedlung Umans'ke eingenommen und sind damit weiter in den Befestigungsraum eingedrungen, den die ukrainische Armee dort nach dem Fall von Avdijivka geschaffen hatte. Zwischen Očeretine und Umans'ke ist ein neuer Kessel entstanden, in dem sich die dortigen ukrainischen Verteidigungs-truppen befinden.
Der ukrainischen Führung ist bewusst, dass sich die Lage an diesem Frontabschnitt ver-schlechtert. Davon zeugt die Ablösung des Kommandeurs der für diesen Bereich an der Schnittstelle zwischen dem Gebiet Donec'k und dem Gebiet Zaporižžja zuständigen Armeegruppe „Chortica". Sein Nachfolger ist der stellvertretende Leiter des General-stabs mit Zuständigkeit für die Soldatenausbildung Michail Drapatyj, der nun zwei Funktionen ausübt.

Der Luftkrieg

Nach einem erfolgreichen ukrainischen Angriff mit Seedrohnen auf Schiffe des russlän-dischen Geheimdienstes FSB in der Krimbucht am 6. Mai antwortete Russland erwar-tungsgemäß mit einem massiven Luftschlag. In der Nacht auf den 8. Mai wurden 50 Raketen auf die Ukraine abgefeuert, 39 davon konnte die ukrainische Luftabwehr ab-fangen. Von 21 angreifenden Drohnen erreichten 20 ihr Ziel nicht. Die 16 Raketen, die der Luftabwehr entgingen, schlugen in drei Kohlekraftwerke an verschiedenen Orten der Ukraine ein – in Dobrotvir im Gebiet Lemberg, in Ladyžins'k im Gebiet Vinnycja und in Burštyn im Gebiet Ivano-Frankivs'k. Ebenfalls getroffen wurden die Wasser-kraftwerke GES-1 bei Zaporižžja sowie jenes bei Kremenčuk und eine große Umspann-station im Gebiet Poltava.
Ebenso erwartbar war die ukrainische Antwort: Ein großer Drohnenangriff auf Raffine-rien und Treibstofflager. Bemerkenswert ist, dass eine Drohne in der Raffinerie bei Salafat in Baškortostan einschlug. Von dort sind es 1400 Kilometer bis zu einem mög-lichen Startplatz auf ukrainischem Territorium. Das Gebiet, das die ukrainische Armee

mit Drohnen angreifen kann, ist nun bereits doppelt so groß wie das Territorium der Ukraine. Sie ist also in der Lage, Objekte im Ural sowie im Bereich der mittleren Wolga anzugreifen, die zusammen das „Rückgrat" der russländischen Maschinenbauindustrie bilden. In den darauffolgenden Tagen gingen in weniger entfernten Regionen – auf besetztem ukrainischen Gebiet sowie im Bezirk Krasnodar und im Gebiet Kursk und im Gebiet Kaluga – weitere Öllager nach ukrainischen Drohnenangriffen in Flammen auf. Die Angriffe finden mittlerweile praktisch täglich statt. Am 12. Mai kam es zu einem Großbrand in einer Raffinerie in Volgograd, ebenfalls Ziel von Attacken wurde ein Öllager im Gebiet Kaluga sowie das Metallurgiekombinat in Novolipeck. Bei Angriffen auf besetztes Gebiet setzt die Ukraine nicht nur Drohnen, sondern auch die von den USA gelieferten ATACMS-Raketen ein. Und am 13. Mai griff die Ukraine mit westlichen Storm-Shadow-Raketen eine Radaranlage der Flugabwehr auf dem Aj-Petri-Berg im Süden der besetzten Krim an.

Rotation an der Spitze des russländischen Verteidigungsministeriums

Neuer Verteidigungsminister in der nach der Amtseinführung des Präsidenten umgebildeten Regierung in Moskau ist Andrej Belousov, der zuvor als stellvertretender Ministerpräsident amtiert hatte. Sein Vorgänger Šojgu, der das Amt seit 2012 bekleidet hatte, wurde auf den prestigeträchtigen, aber mit wenig Einfluss verbundenen Posten des Vorsitzenden des Sicherheitsrats gehievt. Damit ist er unmittelbarer Vorgesetzter des bei vielen unbeliebten Dmitrij Medvedev. Šojgu wurde auch das speziell zu diesem Zweck aus dem Verantwortungsbereich der Regierung ausgegliederte Amt für militär-technische Kooperation (Služba po voenno-techničeskoj kooperacii) übertragen. Aus dieser Quelle werden sich offensichtlich die Unterhaltskosten für Šojgus verschiedene Paläste sowie für sein Lieblingsobjekt speisen, den im Gebiet Moskau 2014 errichteten „Park der Patrioten".

Einen Tag nach der Bekanntgabe der Versetzung Šojgus wurden seine beiden langjährigen Stellvertreter Ruslan Calikov und Aleksej Krivoručko entlassen. Der Leiter der Hauptverwaltung Kaderrekrutierung des Ministeriums Jurij Kuznecov wurde verhaftet. Nimmt man hinzu, dass kurz zuvor bereits der stellvertretende Verteidigungsminister Timur Ivanov, der für die Liegenschaften der Armee verantwortlich gewesen war, in Polizeigewahrsam genommen wurde, so wird klar, dass die gesamte Šojgu-Gruppe von der Spitze des Ministeriums entfernt worden ist.

Diese Entscheidung Putins haben offenbar sämtliche Interessengruppen im Umfeld des Kreml begrüßt. Nicht nur galt Šojgu als zutiefst korrupt und inkompetent. Zudem genießt Belousov einen guten Ruf als Mann mit ökonomischem Sachverstand, der sich für staatliche Investitionen in Technologie-Sektoren einsetzt, worunter in Russland gegenwärtig vor allem die Rüstungsindustrie verstanden wird. Selbst die Militärblogger, die üblicherweise Personen ohne Schulterklappen skeptisch gegenüberstehen, lobten die Entscheidung und begannen, die Leistungen von Anatolij Serdjukov hervorzuheben, der in den Jahren 2007–2011 ohne vorherige Karriere in der Armee das Verteidigungsministerium geleitet hatte.

Für die Ukraine ist die Ernennung von Belousov zweifellos eine schlechte Nachricht. Es könnte ihm gelingen, mehr Mittel in die Ausrüstung der Armee fließen zu lassen statt sie für das Luxusleben der Generalität zu verwenden. Auch hat er das Potential, bürokratische Strukturen zu straffen und die Produktion neuer Waffensysteme voranzubringen, so dass sich der Rüstungswettlauf auch für die westlichen Partner der Ukraine verschärft. Zunächst stellt sich aber die Frage, ob die westlichen Staaten das Schwungrad ihrer Rüstungsindustrie rechtzeitig in Gang bringen, um die Ukraine mit mehr Waffen und Munition zu versorgen. Andernfalls wird die Ukraine diesen Krieg verlieren oder zu äußerst ungünstigen Bedingungen einstellen müssen.

15.5.2024

Vormarsch vorerst gestoppt: die 116. Kriegswoche

Der Ukraine ist es gelungen, ein weiteres Vordringen der russländischen Okkupationstruppen im Gebiet Charkiv zu verhindern. Auch an anderen Frontabschnitten konnte Russland keine neuen relevanten Geländegewinne verzeichnen. Die ukrainische Führung fürchtet jedoch, dass Russland bald mit einem weiteren Angriff von Norden versuchen könnte, die Stadt Charkiv und den gesamten Nordosten des Landes abzuschneiden. Um dem zuvorzukommen, benötigt die Ukraine dringend neue Soldaten. Doch immer mehr Männer entziehen sich der Einberufung in die Armee.

Die Ukraine hat den Vorstoß der russländischen Armee im Norden des Gebiets Charkiv mit herbeigeführten Reservekräften zum Stehen gebracht. An manchen Stellen des neuen Frontabschnitts ist dies an der ersten Verteidigungslinie in 2–3 Kilometer Entfernung von der Grenze gelungen, bei Vovčans'k und Lipcy hingegen erst an der zweiten oder dritten Linie. Bei Lipcy sind die neuen ukrainischen Kräfte zu Gegenangriffen in der Lage. Gleichwohl bleibt die Lage sehr ernst. Präsident Zelens'kyj hat eine Auslandsreise abgesagt und die militärische Führung gesteht Fehler bei der Sicherung der Grenze ein. Die ersten beiden ukrainischen Verteidigungslinien bieten nur einen schwachen Schutz. Es kursieren Fotos von Panzersperren, die sich im Grenzgebiet an Straßenrändern türmen, während die angrenzenden Felder ohne Hindernis passiert werden können. Ebenso gibt es Fotos von massiven Befestigungsanlagen aus Beton, die nicht fertiggebaut und nun bereits aufgegeben wurden. Natürlich sorgten auch die massiven russländischen Angriffe mit Drohnen und Artillerie dafür, dass solche Arbeiten nur langsam oder gar nicht vorankamen. Aber es ist davon auszugehen, dass die russländische Armeeführung wusste, wo die Grenze nicht gesichert ist und diese Stellen für den Angriff ausgewählt hat.
In Vovčans'k sind die Okkupationstruppen bis zum Fluss Vovča, einem Nebenfluss des Donec, vorgedrungen, der die Stadt in eine Nord- und eine Südhälfte teilt. Die ukrainische Nachrichtenagentur *Unian* zeigte bereits wenige Tage nach dem Verlust der Nordhälfte der Stadt mit großer Selbstverständlichkeit schwere ukrainische Luftangriffe auf das im besetzten Teil gelegene Krankenhaus, in dem sich die Besatzer verschanzt hätten.[1]
Zu den Schwierigkeiten trägt auch bei, dass die Ukraine sehr viele Fahrzeuge und Gerät verloren hat – deutlich mehr als üblicherweise bei der Verteidigung. Dies hat offenbar damit zu tun, dass das US-Unternehmen *Starlink* von Elon Musk die Satellitenkommunikation nach Beginn des Angriffs mit dem Verweis auf illegale Nutzung in einem

---

[1] <https://t.me/uniannet/134285>.

Kriegsgebiet für beide Seiten abgestellt hat, was eine koordinierte Abwehr der Angriffe erschwert hat.

Die ukrainische Führung befürchtet, dass der Angriff im Grenzabschnitt zwischen Vovčans'k und Lipcy nur dazu dient, die Verteidigungskraft der Ukraine an dieser Stelle zu testen und zugleich dort ukrainische Kräfte zu binden. Der Hauptangriff könne, so die Sorge, möglicherweise in vier Wochen dem Gebiet Sumy gelten. Ziel wäre ein Vorstoß in Richtung Donbass, um die Stadt Charkiv und den gesamten Nordosten der Ukraine vom Rest des Landes abzuschneiden. Ein Grund für diese Sorge ist, dass an dem Angriff auf das Gebiet Charkiv gegenwärtig nur 10 000 der rund 35 000 von Russland zusammengezogenen Soldaten der Gruppe Nord teilnehmen. Es gibt bereits erste Hinweise darauf, dass Russland Soldaten im Südosten des Gebiets Belgorod und im Gebiet Kursk stationiert. Bislang sind dies noch einzelne Nachrichten über kleinere Gruppierungen. Entscheidend ist die Frage, ob die Ukraine in der Lage ist, rechtzeitig neue Soldaten zu rekrutieren und auszubilden, die einen Durchbruch an dieser Stelle verhindern können.

Stillstand an anderen Frontabschnitten

Anders als vielfach befürchtet hat der Angriff im Norden des Gebiets Charkiv nicht dazu geführt, dass Russland seine Angriffe an den umkämpften Frontabschnitten in den Gebieten Donec'k und Zaporižžja intensiviert. Der Ukraine ist es gelungen, den Vorstoß bei Očeretine abzuschneiden. Die Gefahr, dass Russland die für die Truppenrotation sehr wichtige Straße von Pokrovs'k nach Kramators'k unter Kontrolle bringt, ist damit gebannt. Die Okkupationstruppen konnten an diesem Frontabschnitt in der gesamten Woche keine Geländegewinne mehr erzielen.

Leichte Gebietsverluste hat die ukrainische Armee jedoch im Raum der südwestlichen Peripherie von Donec'k zu verzeichnen. Dort konnten die russländischen Truppen bis zum Rand der westlich der zerstörten und besetzten Stadt Mar'inka gelegenen Siedlung Heorhievs'ka vordringen. Nun rücken sie in Richtung der Kleinstadt Kurachove vor. Auch leicht nördlich davon konnten die russländischen Truppen minimale Geländegewinne erzielen. Ähnlich ist die Lage im Gebiet Zaporižžja, wo bei Rabotine, Novomajors'ke und Urožajne heftig gekämpft wurde, ohne dass sich die Frontlinie verschoben hätte. Rabotine befindet sich allerdings jetzt in der „grauen Zone", die von keiner der beiden Seiten kontrolliert wird.

Entweder hat die russländische Armeeführung den Truppen nach den monatelangen schweren Kämpfen eine Pause verschrieben oder die Armee ist nicht in der Lage, zwei Angriffe von Truppen in Korpsstärke gleichzeitig logistisch zu bewältigen.

Ausweitung der ukrainischen Luftangriffe

Russland hat mit wochenlangen Luftangriffen auf ukrainische Kraftwerke und das Stromnetz erreicht, dass in der 116. Kriegswoche in der Ukraine nach einem festen Plan bestimmte Stromkunden abends vom Netz genommen werden mussten.

Erfolgreiche Luftangriffe konnte in der 115. Kriegswoche jedoch vor allem die Ukraine verzeichnen. Die Armee, der Militärgeheimdienst HUR und der Inlandsgeheimdienst SBU, welche die unterschiedlichen Attacken planen, nahmen sich vor allem zwei Ziele vor. Große Angriffsdrohnen, die Dutzende Kilogramm Sprengstoff tragen können, wurden in Schwärmen in Richtung Süd- und Zentralrussland sowie auf die besetzte Krim gelenkt, wo sie schwere Schäden an Industrieanlagen anrichteten. Getroffen wurden insbesondere Öltanks, Raffinerien und Umspannwerke. Die anderen Ziele, welche die Ukraine mit Raketen vom Typ ATACMS und Storm-Shadow sowie mit Drohnen angriff, waren Luftabwehrsysteme und Militärflugplätze auf der Krim sowie die Schwarzmeer-Flotte. Am 19. Mai wurde im Hafen von Sevastopol' entweder das Minenräumschiff Korovec oder nach anderen Angaben das Raketenboot *Ciklon* versenkt. Dazu reichten drei der zwölf abgefeuerten Raketen, die übrigen neun wurden abgefangen.

Erfolgreich war auch ein Angriff auf den nordwestlich von Sevastopol' gelegenen Flugplatz Bel'bek, wo ATACMS-Raketen mit Streumunition im Sprengkopf drei Militärflugzeuge und einen Treibstofftank zerstörten. Auch auf dem Militärflugplatz Kuščevskaja im Norden des Bezirks Krasnodar wurde ein Kampfflugzeug zerstört, zudem eine Anlage der Raffinerie in Tuapse am Schwarzen Meer sowie ein Umspannwerk, das für die Stromversorgung des Hafen von Novorossijsk von Bedeutung ist.

Einem ukrainischen Angriff mit unbemannten Booten ist Russland hingegen zuvorgekommen. Südwestlich von Sevastopol' zerstörte ein Hubschrauber auf offener See elf solcher Boote. Diese Möglichkeit der Abwehr wird Russland jedoch voraussichtlich nicht mehr lange zur Verfügung stehen. In der Ukraine und im Westen wird die Installation von Abschussrampen für Boden-Luft-Raketen auf unbemannten Booten erprobt. Langsam und niedrig fliegende Helikopter wären ein leichtes Ziel für solche Raketen, die auf den Rotor oder die Seitentür zielen.

Massive Probleme bei der Mobilmachung in der Ukraine

Präsident Zelens'kyj hat in der dritten Maiwoche ein Gesetz unterschrieben, mit dem die Ukraine dem immer gravierenderen Mangel an neuen Soldaten begegnen will. Verurteilte Straftäter können nun auf Bewährung freikommen, wenn sie sich den Streitkräften anschließen. Das Gesetz gilt anders als eine ähnliche Regelung in Russland nicht für Straftäter, die eine Reihe besonders schwerer Verbrechen begangen haben. Nach Angaben des ukrainischen Justizministers fallen etwa 10 000–20 000 der aktuell 35 000–40 000 Strafgefangenen in der Ukraine unter das Gesetz. 5000 hätten sich vor der Verabschiedung des Gesetzes in dem Sinne geäußert, dass sie eine entsprechende Gelegenheit nutzen würden.

Doch dies reicht bei weitem nicht aus, um den immer gravierenderen Mangel an Soldaten zu beheben. Ein erheblicher Anteil der einer Einberufung zur Armee unterliegenden ukrainischen Männer ist nicht bereit, an die Front zu gehen. Dies hat auch mit der inkonsequenten und daher als ungerecht empfundenen Mobilmachung zu tun, die immer häufiger kriminelle Züge annimmt, weil hohe Bestechungssummen zum Freikauf rekrutierter Männer gezahlt werden.

Die ukrainische Zeitung *Obozrevatel'* berichtet, dass die Behörden aus acht der 24 ukrainischen Regionen in den ersten vier Monaten des Jahres 2024 die Namen von zusammen 94 000 Männern zusammengetragen hätten, die sich dem Gestellungsbefehl entziehen. Nur 20 000 von diesen seien bereits ausfindig gemacht worden.[2] Bezeichnenderweise haben die Behörden genau jener Regionen den Journalisten keine Auskunft

---

[2] Ochota na uklonistov: v kakom regione Ukrainy postavili rekord i skol'kich uže dostavili v TCK. Obozrevatel', 20.5.2024.

gegeben, aus denen die meisten Nachrichten über brutale und unbegründete Verhaftungen auf offener Straße kommen, etwa die Gebiete Transkarpatien, Lemberg und Odessa. Rechnet man die vorhandenen Daten auf das gesamte Land hoch, so kommt man auf 380 000 wehrpflichtige Männer, von denen nur 75 000 eingezogen werden konnten. Da die neuen Regelungen des Wehrgesetzes vorsehen, dass Männer im Wehralter sich erneut bei den zuständigen Ämtern melden müssen und Untauglichkeitsbescheinigungen neu geprüft werden, ist davon auszugehen, dass die Zahl der Männer, die sich der Wehrerfassung entziehen, weiter steigen wird.

Ein Teil dieser Männer versucht, sich dem Wehrdienst durch Flucht ins Ausland zu entziehen. Die rumänische Grenzpolizei gibt an,[3] seit Februar 2022 seien 11 000 ukrainische Männer im Alter zwischen 18 und 60 Jahren beim Versuch, illegal die Grenze zu überschreiten, aufgegriffen worden. Nach einem Rückgang im Jahr 2023 seien alleine in den ersten vier Monaten des Jahres 2024 2370 Männer aufgegriffen worden. Beim Versuch, den Grenzfluss Tisa (Theiß) zu durchschwimmen oder im Winter über die Karpaten nach Rumänien zu gelangen, seien 19 Männer ertrunken oder erfroren. Nach Deutschland sind auf unterschiedlichem Wege seit Februar 2022 knapp 400 000 Männer[4] eingereist, von denen nach Angaben des Innenministeriums[5] Anfang 2024 210 000 zwischen 18 und 60 Jahren und 160 000 zwischen 27 und 60 Jahren alt waren. Der Anteil der Männer in dieser Altersgruppe an den monatlichen Zuzügen aus der Ukraine nach Deutschland betrug schon bald nach Russlands Überfall auf die Ukraine 25 Prozent und ist mittlerweile auf über 30 Prozent gestiegen.

Viele Männer, die das Land nicht verlassen haben, versuchen der Begegnung mit Mitarbeitern der Wehrämter oder der Polizei zu entgehen, indem sie ihre Wohnung nicht mehr verlassen. Dies hat bereits spürbare wirtschaftliche und soziale Folgen. In allen Sektoren, in denen männliche Angestellte nicht von der Einberufung ausgenommen sind, gibt es einen erheblichen Arbeitskräftemangel. Spürbar ist dies u.a. im Einzelhandel und im öffentlichen Nahverkehr. Ein besonderer Fall sind die Fernfahrer. Vor einiger Zeit machte in der Ukraine die Nachricht von mehreren LKW-Fahrern die Runde, die ihre beladenen Fahrzeuge nach der Rückkehr aus einem der angrenzenden EU-Staaten auf ukrainischer Seite der Grenze hatten stehen lassen, um diese wieder in Richtung Polen oder Slowakei zu überschreiten. Nun haben in der dritten Maiwoche Fernfahrer auf der vielbefahrenen Straße von Kiew nach Odessa eine große Protestaktion[6] gegen die Verhaftung von Kollegen aus ihrem LKW heraus durchgeführt. Hunderte LKWs aus allen Regionen des Landes blockierten die Strecke und verlangten, dass ihre Berufsgruppe von der Einberufung ausgenommen wird, weil sie zentral für die Logistik eines kämpfenden Landes sei.

22.5.2024

---

3   11.000 de bărbați ucraineni au încercat să scape de înrolare fugind în România. 19 au murit, dintre care 11 înecați în Tisa. Romania.europalibera.org, 9.5.2024.

4   Bevölkerung. Starker Zuwachs an ukrainischen Staatsbürgern seit Ende Februar 2022. Statistisches Bundesamt (Destatis), 2024, <https://www.destatis.de/DE/Im-Fokus/Ukraine/Gesellschaft/_inhalt.html>.

5   Im Krieg gegen Russland fehlen Soldaten: Union fordert Bürgergeld-Stopp für wehrpflichtige Ukrainer. Berliner Zeitung, 21.3.2024.

6   <https://t.me/uniannet/134273?single>.

Mit harten Bandagen: die 117. Kriegswoche

Russlands Angriff auf das Gebiet Charkiv ist gescheitert. Die ukrainische Verteidigung hat die Besatzungstruppen gestoppt, die zentralen Ziele wurden nicht erreicht. Auch an allen anderen Frontabschnitten kann Russland trotz heftiger Angriffe nur minimale Geländegewinne erzielen. Moskau setzt auf einen Abnutzungskrieg. Diesen führt es mit immer größerer Luftüberlegenheit. Die Ukraine fordert daher mehr Luftabwehrsysteme und die Erlaubnis, mit westlichen Waffen Kampfflugzeuge und militärische Infrastruktur in russländischem Luftraum und auf russländischem Boden angreifen zu können. Um den zögerlichen Westen dazu zu bewegen, kämpft Kiew mit harten Bandagen.

Russlands Angriff auf das Gebiet Charkiv ist steckengeblieben. Den Okkupationstruppen ist es seit Beginn der Offensive am 10. Mai nicht gelungen, die ukrainischen Verteidigungslinien zu durchbrechen. Mindestens zwei der drei anfangs von regimenahen Militärbloggern ausgegebenen Ziele wurden nicht erreicht. Die Besatzer konnten nicht in eine Tiefe von 20–30 Kilometern vordringen, um eine entsprechende „Pufferzone" zu errichten. Erst recht nicht wurde „Charkov befreit", wie es besonders hitzige Köpfe versprochen hatten.

Lediglich an zwei Stellen ist die Okkupationsarmee bis zur zweiten ukrainischen Linie gelangt: Nördlich von Charkiv ist sie bei Lipcy zehn Kilometer und nordöstlich davon bei Vovčans'k fünf Kilometer tief in ukrainisches Gebiet eingedrungen. Während der gesamten vierten Maiwoche wurde in Vovčans'k heftig gekämpft. Das Ergebnis: Russlands Armee ist um einige hundert Meter vorgerückt, hat aber offenbar den Fluss Vovča, der die Stadt teilt, nicht überschreiten können. Die Stadt ist durch Artilleriebeschuss komplett zerstört – ebenso wie alle anderen Städte, die Russland in den vergangenen zwei Jahren „befreit" hat. Dass die Ukrainer die Besatzer aufhalten konnten, ist zweifellos ein Verdienst der westlichen Partner Kiews, die der ukrainischen Armee sofort nach dem Angriff nördlich von Charkiv eine bedeutende Menge an Artilleriegranaten und Panzerabwehrwaffen geliefert haben.[7]

Auch das zweite Ziel, mit dem neuen Vorstoß bei Charkiv einen Durchbruch an anderen Frontabschnitten zu ermöglichen, hat Russland nicht erreicht. Einige der russländischen Militärkanäle bemühen sich, lokale Geländegewinne an der 1000 Kilometer langen Front als Erfolge auszugeben, die durch die Überlastung der ukrainischen Armee infolge des neuen Angriffs erzielt worden seien. Dies entspricht nicht den Tatsachen. An beiden Stellen, an denen vor einigen Wochen die ukrainischen Verteidigungslinien durchbrochen waren – nördlich von Avdijivka bei Očeretine und unweit davon bei Umans'ke, hat die ukrainische Armee den Vorstoß abgeschnitten. Im Verlaufe der gesamten 117. Kriegswoche konnte Russland trotz ununterbrochener Angriffe dort nur minimal vorrücken. Einen weiteren Durchbruch, der vergleichbar mit der Einnahme von Očeretine wäre, haben die ukrainischen Truppen verhindert. Brenzlig ist die Situation allerdings weiter bei Novoaleksandrivke, wo die Kämpfe um die Kontrolle der für die Truppenrotation sehr wichtigen Straße von Pokrovs'k nach Kramators'k anhalten.

---

[7] VCU ostanovili nastuplenie armii Rossii v Char'kovskoj oblasti: detali ot Bild. TSN.ua, 22.5.2024.

Gescheitert ist auch der Versuch der Besatzungstruppen, auf das westlich von Severo-donec'k und östlich von Slovjans'k gelegene Sivers'k vorzurücken. An einigen Abschnitten mussten sie erstmals seit Oktober 2023 sogar Positionen aufgeben. Ähnlich sieht es an den Frontabschnitten im Gebiet Zaporižžja aus. Russlands Truppen versuchen mit aller Kraft, die kleinen Geländegewinne zu annullieren, die die Ukraine im Laufe ihrer Sommeroffensive des Jahres 2023 gemacht hatte, konnten jedoch keine einzige Siedlung wieder unter ihre Kontrolle bringen. Wenig Erfolg hatten auch die Versuche, mit Geländemotorrädern sowie Quads Soldaten und Munition rasch in zuvor mit Artillerie beschossene Waldstreifen zu bringen, wo sie nicht von Drohnen angegriffen werden können. Sie endeten stets mit hohen Verlusten der Angreifer.

Einzig die Beseitigung des Brückenkopfs am linken Dnipro-Ufer bei Krynki können die Besatzer als Erfolg vermelden. Es ist jedoch gut möglich, dass die Ukraine diesen aufgegeben und die Soldaten evakuiert hat, weil sie zuvor die schweren Waffen am gegenüberliegenden hohen Ufer des Dnipro abgezogen hatte. Damit ergab die Aufrechterhaltung des Brückenkopfs, den Russland zuvor sieben Monate lang unter hohen Verlusten durch Beschuss aus ebenjenen Geschützen hatte beseitigen wollen, keinen Sinn mehr. Denn um von diesem Brückenkopf aus einen aussichtsreichen Vorstoß über das sehr stark verminte und leicht unter Beschuss zu nehmende Gelände zu planen, hatten der ukrainischen Armee die Kapazitäten gefehlt.

Das dritte Ziel der Offensive bei Charkiv, die Ukraine zur Heranführung von Reserven, darunter auch „strategischer" zu zwingen, ist zwar scheinbar erfüllt. Kiew hat tatsächlich erhebliche Truppen in den Nordosten des Landes verlagert. Doch was daraus folgen soll, ist unklar. Die ukrainische Armeeführung ist sich bewusst, dass Russland Truppen zusammenzieht, um westlich von Charkiv einen weiteren Angriff von Norden zu führen, der die Stadt von den übrigen Landesteilen abschneiden soll. Doch Kiew gibt sich gelassen. Tatsächlich würde Russland für einen Vorstoß in eine Tiefe von 50–70 Kilometern, der durch Waldgebiete führt und bei dem zahlreiche Flussläufe zu überwinden wären, eine Truppe von mindestens 100 000 Mann sowie eine riesige Anzahl an Fahrzeugen und Geschützen benötigen. Eine solche Operation hat Russlands Armee seit April 2022 nicht mehr unternommen. Wenn in russländischen Militärkanälen dennoch über Erfahrungen mit dem Überqueren von Flüssen diskutiert und nicht nur ein Vorstoß im Norden, sondern auch in den Gebieten Zaporižžja und Cherson versprochen wird, so geht es mit großer Wahrscheinlichkeit nicht um tatsächlich anstehende ernsthafte Durchbruchsversuche. Vielmehr ist davon auszugehen, dass Russland auf einen Abnutzungskrieg setzt, in dem die Fähigkeiten des Gegners zur Mobilisierung von Soldaten und zur Produktion oder Beschaffung von Waffen langfristig erschöpft werden soll.

Ukrainische Kampfdrohnen und Russlands strategische Nuklearmacht

Die Ukraine fordert immer eindringlicher, dass sie die ihr von westlichen Staaten zur Verfügung gestellten Waffen zur Zerstörung jener militärischen Infrastruktur nutzen darf, die Russland für Luftangriffe auf die Ukraine nutzt. Russlands ständige Angriffe auf ukrainische Kraftwerke und Umspannanlagen führen in den Abendstunden regelmäßig zu flächendeckenden Stromabschaltungen. Charkiv wird kontinuierlich brutal angegriffen. Am 26. Mai führte eine Attacke auf einen Baumarkt zu fast 20 Toten. Bislang greift die ukrainische Armee mit Himars- und ATACMS-Raketen jedoch lediglich Ziele in den besetzten Gebieten an. Eine einzige Rakete mit Mehrfachsprengkopf zerstörte kürzlich ein aus mehreren Komponenten bestehendes russländisches S-400-Flugabwehrsystem, das für Angriffe auf Ziele am Boden genutzt wurde.

Das zweite wichtige Thema für die Ukraine sind weitere westliche Luftabwehrsysteme, mit denen die Front sowie frontnahe Städte vor Angriffen mit schweren Fliegerbomben vom Typ KAB-500 geschützt werden können. Nach Angaben des ukrainischen Präsidenten Volodymyr Zelens'kyj wächst die Zahl solcher Gleitbomben, die Russland pro Monat von Flugzeugen im russländischen Luftraum startet, von Monat zu Monat. Im Mai 2024 seien es bereits 3200 gewesen, bei gleichbleibender Zunahme werde die Zahl im Juni auf 3500 wachsen. Mit Patriot-Luftabwehrraketen will die Ukraine einen Teil der Kampfbomber zerstören und die übrigen abschrecken.

In diesem Zusammenhang sind zwei ukrainische Drohnenattacken besonderer Art zu betrachten. Am 24. Mai 2024 griffen zwei schwere Kampfdrohnen bei Armavir im Gebiet Krasnodar eine Radaranlage vom Typ Voronež-DM an, die der strategischen Luftraumüberwachung dient. Zwei Tage später wurde im Gebiet Orenburg in der Nähe des bei Orsk in unmittelbarer Nähe zur Grenze mit Kasachstan gelegenen Dorfes Gor'kovskoe eine ukrainische Drohne abgefangen. Dort befindet sich seit 2017 ebenfalls eine solche Radaranlage. Nach anderen Angaben wurde das Fluggerät nicht abgeschossen, sondern richtete Schäden an der Überwachungsstation an. Fest steht, dass die Drohne auf direktem Weg von der Ukraine 1600 Kilometer geflogen ist, wenn sie kasachischen Luftraum umgangen hat, über 1800.

Die Ukraine hat damit erstmals Objekte angegriffen, die Russlands strategischer Raketenabwehr dienen und keine unmittelbare Bedrohung für die Ukraine darstellen. Die Anlage in Armavir erfasste zwar den Luftraum über der südlichen Krim – allerdings in einer solchen Höhe, dass es nahezu ausgeschlossen ist, dass mit ihr der Startort ukrainischer Raketen oder Flugzeuge lokalisiert werden kann.

Es ist offensichtlich, dass die Angriffe nicht der Beseitigung einer unmittelbaren Gefahr dienten. Öffentlich wird darüber nicht gesprochen, doch man kann davon ausgehen, dass ihr Ziel ist, die Debatte über den Einsatz westlicher Waffen gegen Ziele auf russländischem Territorium zu beeinflussen. Die Botschaft lautet: Wir können uns in die auf hoher Ebene laufende Abstimmung zwischen den USA und Russland einmischen – schließlich betrachtet der Kreml alles, was wir tun, als Erfüllung eines Auftrags aus Washington. Entweder erhalten wir also die Erlaubnis, zu unserer Verteidigung militärische Ziele auf russländischem Territorium bzw. Kampfflugzeuge in russländischem Luftraum anzugreifen, oder wir sehen uns zu anderen Schritten gezwungen. Auf solche Überlegungen deutet auch eine Bemerkung Zelens'kyjs hin, die er in einem am 21. Mai aufgezeichneten Interview mit Reuters-Journalisten[8] fallen ließ, das am 27. Mai in gekürzter Übersetzung in der *New York Times* erschien.[9] Dort erklärt Zelens'kyj, er hoffe doch, dass Russlands Überfall auf die Ukraine eine einsame Entscheidung des irrationalen Moskauer Diktators war und nicht zuvor hinter den Kulissen darüber gesprochen worden sei, wie der Westen reagieren werde und wie nicht.

28.5.2024

---

[8] <https://www.youtube.com/watch?v=KyVwZ16dqTU>.

[9] Transcript of Volodymyr Zelensky's Interview With The Times. The New York Times, 21.5.2024.

Viel Schatten, ein wenig Licht: die 118. Kriegswoche

Die ukrainische Armee hat kaum noch Reserven. Sie hat Russlands Angriff auf das Gebiet Charkiv zwar aufhalten können, die Probleme an anderen Frontabschnitten wachsen jedoch. Einen weiteren gefährlichen Durchbruch der Okkupationsarmee gibt es zwar noch nicht, aber die Erschöpfung der ukrainischen Truppen ist erkennbar. Die Erlaubnis, westliche Waffen gegen militärische Ziele auf russländischem Territorium einsetzen zu können, verspricht eine leichte Verbesserung der Lage. Im Luftkrieg geht der Schlagabtausch weiter, die Ukraine steht angesichts der fortschreitenden Zerstörung von Kraftwerken sowie des Stromnetzes vor schwierigen Abwägungen.

Die Abwehr des russländischen Angriffs im Norden des Gebiets Charkiv hat die ukrainische Armee an anderen umkämpften Frontabschnitten geschwächt. Bislang widersteht sie den permanenten Angriffen der Okkupationstruppen. Doch die Zahl der kleinen schlechten Nachrichten häuft sich. Dem Angreifer fehlt es allerdings an Truppen, um die Schwäche zu nutzen. Ein Einsatz neuer Kontingente ist nicht zu erkennen, die Angriffe werden mit Reserven aus dem unmittelbaren Frontgebiet und dem nahegelegenen rückwärtigen Raum geführt.

Im Norden des Gebiets Charkiv hat die Ukraine nach eigenen Angaben Mitte der letzten Maiwoche in Vovčans'k die Hälfte des dort von den russländischen Okkupationstruppen zuvor eingenommenen Gebiets zurückerobert. Die ukrainischen Medien zeigten in großer Zahl Fotos und Videos aus dem völlig zerstörten Nordteil der Stadt. Schwere Kämpfe finden westlich der Stadt nahe der Siedlung Starica statt, wo Russland unter schweren Verlusten leichte Geländegewinne erzielen konnte. Nach ukrainischen Angaben verteilt der Gegner hier Reservetruppen zwischen dem rückwärtigen Raum des gegenwärtigen Kampfgebiets bei Vovčans'k und dem im Gebiet Kursk gelegenen Kreis Sudža. Von dort könnte Russland möglicherweise einen weiteren Angriff, nun in Richtung Sumy, der Hauptstadt des gleichnamigen ukrainischen Gebiets, führen. In dieser Gegend hat die ukrainische Armee am 2. Juni auf russländischem Territorium in unmittelbarer Nähe zur Grenze eine ganze Kolonne von mindestens zwei Dutzend Militärfahrzeugen zerstört.[10]

Im Gebiet Donec'k verschlechtert sich westlich von Bachmut bei Časiv Jar die Lage der Ukraine zunehmend. Bereits vor zwei Wochen sind die Okkupationstruppen in den östlichen Stadtbezirk Kanal eingedrungen und setzen dort u.a. das schwere Flammenwerferfahrzeug Solncepek ein. Weiter südlich dringen die russländischen Truppen im Raum der nördlich von Avdijivka gelegenen Siedlung Očeretine langsam weiter vor, ebenso leicht südlich davon (westlich von Berdyči) – und nutzen so das Potential des Durchbruchs, der ihnen dort vor einigen Wochen gelungen ist. Kleine Geländegewinne erzielen sie auch südlich der bei der Eroberung zerstörten Stadt Mar'inka.

Weiter südlich haben die russländischen Truppen an der westlichen Peripherie der Stadt Donec'k den Sturm auf Krasnohorivka fortgesetzt. Sie greifen die um ein Ziegelwerk errichtete Stadt, die vor 2022 rund 15 000 Einwohner hatte, seit Anfang 2024 an. In den letzten Wochen haben sich die Attacken jedoch intensiviert. Anfang Juni sind sie offenbar bis zu den Verwaltungsgebäuden im Stadtzentrum vorgedrungen und haben den

---

[10] <https://t.me/Tsaplienko/54924>.

Südteil der Stadt erobert. Volodymyr Zelens'kyj hat davon gesprochen, dass die Ukraine keine Reserven für eine Rotation im Gebiet Donec'k mehr hat. Stimmt dies, wird Krasnohorivka wohl im Laufe des Monats fallen.

Im Gebiet Zaporižžja haben die Okkupationstruppen nach eigenen Angaben die zerstörten Dörfer Staromajors'ke und Urožajne erneut weitgehend eingenommen. Diese hatte die Ukraine im Laufe ihrer Sommeroffensive 2023 unter größten Mühen zurückerobert. Ganz im Süden der über 1000 Kilometer langen Front haben die russländischen Truppen begonnen, die Inseln im Delta des Dnipro anzugreifen. Diese hatte die ukrainische Armee im Winter und Frühjahr 2024 unter ihre Kontrolle gebracht. Voraussetzung dafür war gewesen, dass die Bäume in den Flussauen keine Blätter trugen und die aus der Luft leicht ausfindig zu machenden Einheiten des Gegners mit Drohnen und Artillerie angegriffen werden konnten. Jetzt können sich diese wieder unter dem Blätterdach verstecken. Daher hat die Ukraine auch Drohnentrupps abgezogen und ins Gebiet Charkiv verlegt.[11]

Die Okkupationstruppen, die nun versuchen, die Inseln wieder einzunehmen und ein mögliches Übersetzen ans rechte Ufer des Dnipro vorzubereiten, erleiden schwere Verluste. Die Gruppe Süd der ukrainischen Armee verbreitete über den von ihr betriebenen Telegram-Kanal Nikolaevskij Vanek Bilder von im Wasser liegenden Leichen gegnerischer Soldaten.[12] Möglicherweise hat ein Angriff der Ukraine auf kleinere Militärboote auf der Krim mit der Lage im Dnipro-Delta zu tun und sollte verhindern, dass Russland weitere Soldaten auf die Inseln und Teile der rechten Uferzone des Flusses bringt.

Der Angriff auf ein so unbedeutendes Ziel wie die Militärboote vom Typ *Tunec* zeigt, dass sich die Taktik des Angriffs auf große Schiffe mit unbemannten Booten erschöpft hat. Russland versteckt die großen Schiffe entweder in den fernen Häfen am Ostufer des Schwarzen Meers oder in jenen Häfen auf der Krim, die gut mit Luftabwehr abgedeckt und an der Einfahrt in die Reede mit Netzen geschützten Häfen auf der Krim. Sie werden praktisch nicht mehr an der Küste der Krim oder gar im westlichen Teil des Schwarzen Meers eingesetzt.

Dies ist zweifellos ein Erfolg der Ukraine. Doch damit gibt es keine Verwendung für die unbemannten Boote mehr. Und Russland entwickelt die Methoden zu deren Bekämpfung weiter. Anstelle der wenig erfolgreichen Versuche, sie von Hubschraubern oder gar von Flugzeugen aus abzuschießen, treten eine genauere Überwachung der Meeresoberfläche und anschließende Attacken mit Angriffsdrohnen. Diese können mit bis zu 120 Stundenkilometern fliegen und die unbemannten Boote sind für sie ein sicheres Ziel. Die Ukraine wird daher gewiss damit beginnen, unbemannte Unterwasserboote zu entwickeln.

Luftangriffe auf die Krim und die Halbinsel Taman'

In der Nacht vom 29. auf den 30. Mai hat die Ukraine mit acht ATACMS-Raketen den Hafen von Kerč im Osten der Krim angegriffen. Ziel waren die Auto- und Eisenbahnfähren Konro-Trejder und Avangard. Nach russländischen Angaben wurden die Raketen direkt über dem Ziel abgefangen und nur herabstürzende Trümmer richteten leichte Schäden an. Die Ukraine sprach von schweren Schäden oder sogar von einer Zerstörung der Fähren. Die vorhandenen Videoaufnahmen geben keine Klarheit.

---

[11] <https://t.me/uniannet/135499>.
[12] <https://t.me/Nikolaevskiy_vanekk>.

Am 31. Mai folgten zum wiederholten Mal Angriffe im Raum der Meerenge von Kerč. Mit Raketen vom Typ *Neptun* sowie Drohnen attackierte die ukrainische Armee den auf der Landzunge Čuška auf russländischem Gebiet gelegenen Hafen „Kavkaz". Im dortigen Ölterminal gingen Tanks in Flammen auf. Nahe der Siedlung Volna im Süden der Taman'-Halbinsel geschah das gleiche mit einigen Tankwagen eines dort stehenden Güterzugs des dortigen Öl und Gasunternehmens *Taman'neftegaz*. Auch das Umspannwerk bei Taman', das für die Stromversorgung der Krim eine Rolle spielt, wurde zum Ziel von Angriffen.

Der Hafen *Kavkaz* ist gemessen an der Umschlagskapazität nach jenem von Novorossijsk der zweitgrößte im Gebiet Krasnodar. Er dient vor allem dazu, die Krim mit Treibstoff zu versorgen. Mit den Angriffen versucht die Ukraine, die Versorgung der russländischen Truppen auf der Krim und in der Südostukraine zu unterbinden. Allerdings hat Russland mittlerweile auf dem Festland eine Bahnstrecke sowie eine Fernstraße gebaut, die von Taganrog über Mariupol' und Berdjans'k auf die Krim führt. Dies hat den Nutzen der Angriffe auf die Infrastruktur im Bereich der Krimbrücke reduziert.

Daher steht die Ukraine vor einer schwierigen Abwägung. Zweifellos ist sie völkerrechtlich berechtigt, zur Selbstverteidigung russländisches Territorium anzugreifen. Andererseits ist offensichtlich, dass Putin nervös auf alle Attacken auf die Krimbrücke und deren Umfeld reagiert. Die massiven Angriffe auf das ukrainische Energiesystem etwa begannen nach dem erfolgreichen ukrainischen Sprengstoffanschlag auf die Brücke am 8. Oktober 2022. Die Frage, die sich Kiew stellen muss, lautet: Rechtfertigt der erwartete Nutzen von Angriffen wie jenem auf den Hafen *Kavkaz* die erwartbaren Folgen in einer Situation, in der es an Flugabwehrgeschützen sowie an Flugabwehrraketen mangelt und die Stromversorgung des gesamten Landes nur noch an einem seidenen Faden hängt.

Unmittelbar nach dem Angriff auf Anlagen auf der Halbinsel Taman' griff Russland zu massiven Luftschlägen. In der Nacht auf den 1. Juni attackierten 53 Raketen und 47 Kampfdrohnen die Infrastruktur der Stromversorgung in den Gebieten Ivano-Frankivs'k, Dnipropetrovs'k, Kirovohrad, Donec'k und Zaporižžja. Getroffen wurden u.a. das gerade erst wiederhergestellte Wasserkraftwerk Zaporižžja-1 sowie das Kohlekraftwerk Burštyn im Gebiet Ivano-Frankivs'k. Es war der sechste Großangriff dieser Art seit Mitte März. Sie alle erfolgten nach ukrainischen Angriffen auf Belgorod oder Anlagen der russländischen Erdölindustrie, deren strategischer Nutzen gering ist.

Die offiziellen Informationen über die Schäden der jüngsten Attacke sind rar, es ist nur die Rede davon, dass zwei Wärme- und zwei Wasserkraftwerke sowie kritische Infrastruktur im Gebiet Lemberg getroffen worden seien. Dass die Raketen und Drohnen massive Schäden verursacht haben, zeigt sich jedoch daran, dass die ukrainische Stromgesellschaft einen Zusammenbruch des Verbundnetzes am folgenden Morgen nur durch Lastabwurf verhindern konnte, so dass es großflächig zu Stromausfällen kam. Auch wenn die Probleme bis zum Abend beseitigt werden konnten, gehören solche Abschaltungen mittlerweile zum Alltag. In einigen Landkreisen des Gebiets Charkiv gibt es überhaupt keinen Strom mehr. Die Ukraine hat durch den Raketenbeschuss rund acht Gigawatt installierte Kapazität verloren und die Versorgung hängt nun sehr stark von den Atomkraftwerken ab.[13] Allerdings liefern die sechs Blöcke in Zaporižžja seit 2022 keinen Strom mehr.[14]

Es verbleiben neun Blöcke an drei Standorten – Varaš (AKW Rivne, 2x 1000 MW, 2x 400 MW), Netišyn (AKW Chmel'nyc'kyj, 4x 1000 MW) und Južnoukrains'k (AKW Südukraine, 3x 1000 MW) – mit einer Gesamtkapazität von 9,8 Gigawatt sowie Stromimporte aus der EU, die stark zugenommen haben, aber gegenwärtig höchstens 1,7 Gigawatt ersetzen können. Reguläre Abschaltungen einzelner Blöcke zwecks Wartung sowie insbesondere der Beschuss von Umspannstationen und Fernleitungen vergrößern das Problem.

Gefangenenaustausch

Am 1. Juni haben die Ukraine und Russland erstmals seit Februar wieder 75 Kriegsgefangene sowie 212 Leichen gefallener Soldaten ausgetauscht. Den Austausch hatten die Vereinigten Arabischen Emirate vermittelt. Unter den zurückgekehrten Ukrainern waren 12 Soldaten, die vor fast zweieinhalb Jahren auf der Schlangeninsel in Gefangenschaft geraten waren, sowie zehn Menschen aus Mariupol', darunter Frauen. Der Austausch zeugt – ebenso wie die Fortsetzung der Erdgaslieferungen aus Russland nach Ostmitteleuropa über ukrainisches Territorium – davon, dass es weiter nicht-öffentliche Gesprächskanäle zwischen den beiden Kriegsparteien gibt. Ursprünglich hatten beide Seiten je 500 Gefangene freilassen wollen, dann hatte Russland der Ukraine vorgeworfen, bei der Zusammenstellung der Listen unbedeutende russländische Gefangene gegen bedeutende eigene austauschen zu wollen und die Gespräche abgebrochen. Eine Woche später fand der Austausch in verändertem Umfang statt. Insgesamt hat die Zahl der Kriegsgefangenen seit dem Angriff Russlands auf das Gebiet Charkiv auf beiden Seiten zugenommen, die Ukraine hat mittlerweile drei große Kriegsgefangenenlager.

Westliche Waffen zur Verteidigung des Gebiets Charkiv

Die USA – und in kurzer Folge auch deren Bündnispartner – haben in kurzer Zeit ihre Position geändert und erlauben Kiew nun offiziell, der Ukraine zur Verfügung gestellte Waffen für Schläge gegen militärische Ziele in Russland einzusetzen. Konkret geht es um die Abwehr der Angriffe aus dem Gebiet Belgorod auf das ukrainische Gebiet Charkiv. Zelens'kyj hatte zuvor öffentlich erklärt, die Ukraine habe keine Waffen mehr, um neue Reservebrigaden zu bilden, die weitere Angriffe Russlands aus dem Norden auf das Gebiet Charkiv, aber auch auf die Gebiete Sumy und Černihiv, abwehren könnten. Bereits zuvor wurden Artilleriegranaten, Drohnen und teilweise Flugabwehrsysteme aus westlicher Produktion bei den Kämpfen im grenznahen Gebiet eingesetzt. Belgorod wurde etwa mit tschechischen „Vampir"-Raketen beschossen. Nun kann die Ukraine jedoch deutlich mehr Waffentypen mit größerer Reichweite – bis zu 80 Kilometer in der Tiefe des russländischen Territoriums – zu ihrer Verteidigung verwenden. Damit kann die Ukraine den Aufmarsch neuer Truppen in grenznahen Landkreisen stören oder

---

[13] Bez ograničenyj budet složno obojtis': Galuščenko ne isključaet otključenija sveta. RBK-Ukrajina, 13.5.2024.
[14] Anna Veronika Wendland: Das Kernkraftwerk Zaporižžja. Kriegsschauplatz und Testfall der Reaktorsicherheit, in: OSTEUROPA, 10–11/2023, S. 125–161.

unterbinden. Doch es gibt weitere Beschränkungen, etwa beim Einsatz der schweren ATACMS-Raketen.[15]

Mit Himars-2-Raketen wurden jedoch bereits die auf einen solchen Angriff nicht vorbereiteten russländischen Truppen im genannten Raum beschossen. Die Ukraine zerstörte auf diese Weise eines der wertvollen S-400 Luftabwehrsysteme, das Russland eingesetzt hatte, um solche Raketen beim Anflug abzufangen. Bei diesem einen wichtigen Erfolg wird es nicht bleiben.[16]

5.6.2024

Tödliche Stabilität: die 119. und 120. Kriegswoche

An zahlreichen Abschnitten der 1000 Kilometer langen Front im Osten der Ukraine wird heftig gekämpft. Die russländische Besatzungsarmee kann kaum voranrücken, im Gebiet Charkiv ist die Ukraine zum Gegenangriff übergegangen. Gefahr für die Ukraine könnte von einem möglichen Angriff auf das Gebiet Sumy ausgehen. Grundsätzlich fehlt es beiden Seiten nach hohen Verlusten an Reserven für Offensivoperationen. Der zur Zermürbung des Gegners geführte Luftkrieg geht weiter.

Das Epizentrum der Kämpfe im Osten der Ukraine hat sich im Laufe des Juni in den Norden des Gebiets Charkiv verlagert. Die ukrainische Armee hat an der von Russland am 10. Mai eröffneten neuen Front den Angriff nicht nur abgewehrt. Sie ist dort mittlerweile zum Gegenangriff übergegangen. Die ukrainischen Truppen versuchen, die nördlich von Charkiv gelegene Siedlung Hluboke wieder unter Kontrolle zu bringen. Vor allem aber wird in und um Vovčans'k gekämpft. Nach ukrainischen Angaben hat die Armee bereits seit einiger Zeit auf einem Fabrikgelände im Nordteil der Stadt eine große Einheit des Gegners mit rund 400 Soldaten eingekesselt. Diese haben kaum noch Munition, mit Wasser und Lebensmitteln werden sie über Drohnen von ihrer Hauptgruppe versorgt, die sich bislang einige Stadtviertel weiter nordwestlich halten kann. Russländische Militärblogger berichten, ohne Einzelheiten zu nennen, von „schweren Kämpfen im Umkreis der Aggregatoren-Fabrik".

Heftige Kämpfe finden auch im Donbass nördlich von Očeretine statt. Dort sind die russländischen Truppen teilweise in die Siedlung Novoaleksandrivka eingedrungen. Gelingt es ihnen, diese vollständig einzunehmen, sind sie dem Ziel, zur Straße von Pokrovsk nach Konstantynivka vorzustoßen, ein nicht unerhebliches Stück näher gekommen. Bis dahin wären nur noch sieben Kilometer und eine Siedlung zu überwinden. Diese Straße ist die Hauptroute zur Versorgung der ukrainischen Truppen, die westlich von Bachmut stehen, u.a. in Časiv Jar und in Konstantynivka. Etwas gelindert wird die Gefahr dadurch, dass die Straße an der gefährdeten Stelle einen Bogen nach Osten macht. Sollte die Okkupationsarmee die Route an dieser Stelle unter Beschuss nehmen können, hätten die ukrainischen Truppen die Möglichkeit, den gefährdeten Abschnitt durch eine weiter westlich zu schaffende Stichtrasse zu vermeiden. Die Lage dort zeigt gleichwohl, dass es der Ukraine bislang nicht gelungen ist, die Lücke in ihrer Verteidi-

---

[15] <https://t.me/uniannet/135716>.
[16] <https://t.me/uniannet/135695>.

gungslinie zu schließen, die durch den Fall von Avdijivka und die Aufgabe von Očeretine entstanden ist. Die Verlegung von Einheiten ins Gebiet Charkiv macht sich somit weiter negativ im Gebiet Donec'k bemerkbar.

An anderen umkämpften Frontabschnitten kommt die Okkupationsarmee jedoch kaum voran. Westlich von Svatove, in der Gegend von Terny westlich von Kreminna, im Stadtbezirk „Kanal" von Časiv Jar, westlich von Avdijivka, bei Krasnohorivka westlich von Donec'k und an anderen Stellen des Frontabschnitts bei Vuhledar, bei Rabotine im Gebiet Zaporižžja – überall sind die russländischen Truppen in der zweiten Juniwoche allenfalls einige hundert Meter vorgerückt. Auch auf den Inseln im Delta des Dnipro gibt es keine wesentlichen Veränderungen.

Die Ukraine berichtet ihrerseits von einem Vorstoß um rund einen Kilometer im südwestlich von Kreminna gelegenen Waldgebiet bei Serebrjanka. Um dieses wird bereits seit Oktober 2022 heftig gekämpft, weil seine Eroberung den ukrainischen Truppen Zugang zu einem wichtigen Knotenpunkt der Verteidigungslinie der Okkupationsarmee verschaffen würde.

Diese Situation an der Front, in der es beiden Seiten an Soldaten und Material für erfolgversprechende Offensivaktionen mangelt, nutzen sowohl die ukrainische Seite als auch die russländische Besatzungsarmee zum weiteren Ausbau ihrer Stellungen. Dies macht größere Territorialgewinne noch unwahrscheinlicher.

Besorgniserregend sind allerdings die Nachrichten aus dem Norden der Ukraine. Es steht weiter im Raum, dass Russland mit einem Angriff auf das Gebiet Sumy eine weitere Front eröffnet. Am 11. Juni ist ein russländisches Überfallkommando in die 60 Kilometer nordwestlich der Gebietshauptstadt Sumy gelegene grenznahe Siedlung Ryživka eingedrungen. Es könnte sich um eine Finte, aber auch um einen Erkundungszug oder um eine Vorbereitung auf einen geplanten großen Angriff in dieser Gegend gehandelt haben. Die ständigen Raketenangriffe auf das Gebiet Poltava im rückwärtigen Raum des Gebiets Sumy lassen jedenfalls befürchten, dass die russländische Armee tatsächlich einen Angriff plant.

Gleichwohl gilt, dass auch Russland keine Reserven für Angriffc hat, die die ukrainische Armee in sehr große Schwierigkeiten bringen könnten. Daran wird sich auf längere Zeit nichts ändern. Selbst wenn die benötigten Fahrzeuge und Waffen beschafft werden könnten, fehlt es immer noch an Soldaten. Putin hat auf dem Petersburger Wirtschaftsforum Anfang Juni erklärt, es werde keine weitere Mobilmachung geben. Und immer weniger Männer begeben sich freiwillig in die Hölle. Mittlerweile tauchen in verschiedenen Telegram-Kanälen wieder deutlich mehr Videos und Kopien von Chats auf, in denen Soldaten der russländischen Truppen über die riesigen Verluste berichten oder sich darüber beklagen, dass die Vorgesetzten sie wie Vieh behandeln würden. Wegen enormer Verluste wurden etwa am 6. Juni und am 10. Juni zwei motorisierte Schützendivisionen aus Vovčans'k im Gebiet Charkiv zurückgezogen. Mittlerweile setzt Russland immer mehr Söldner aus Afrika ein. Kürzlich präsentierte sich ein solcher mit einem Abzeichen der Bewegung „Indigene Völker Biafras", die für eine Unabhängigkeit von Nigeria kämpft.[17]

---

[17] <https://t.me/rybar/60787>.

Der Luftkrieg

Russland und die Ukraine haben auch im Juni ihre Luftangriffe unvermindert fortgesetzt. Beide Seiten setzen in erster Linie Flugkörper ein, über die sie entweder in großer Zahl verfügen, oder solche, die der Luftabwehr des Gegners die größten Schwierigkeiten bereiten.

Bei einem russländischen Luftangriff auf die ukrainische Industriestadt Krivyj Rih starben am 12. Juni neun Menschen in einem mehrstöckigen Haus, 29 wurden verletzt, darunter fünf Kinder. Am gleichen Tag löste ein Raketenangriff auf eine Industrieanlage im Gebiet Kiew – genaue Angaben über den Ort macht die Ukraine nicht – einen Großbrand aus, der auch nach vier Tagen noch nicht gänzlich gelöscht war. Auch die Erdgasspeicher bei Stryj im Gebiet Lemberg wurden erneut Ziel von Angriffen. Am 16. Juni folgte eine Luftschlag auf den Flugplatz in Myrhorod im ukrainischen Gebiet Poltava, wo ein ukrainisches Jagdflugzeug beschädigt wurde, sowie auf eine S-300-Stellung nahe einer östlich der Stadt gelegenen Siedlung. Mindestens zwei Komponenten wurden zerstört. Der Einschlag wurde von einer russländischen Drohne aufgezeichnet, die 150 Kilometer tief in den ukrainischen Luftraum hatte eindringen können.

Am 14. Juni gelangte ein Schwarm von 70 ukrainischen Drohnen zum Flugplatz Morozovsk im Gebiet Rostov, wo mindestens fünf SU-34-Bomber der russländischen Luftwaffe stationiert sind, die für den Abwurf schwerer Bomben auf ukrainische Stellungen eingesetzt werden. Zu Kriegsbeginn verfügte Russland über knapp 150 dieser Flugzeuge, mindestens 13 davon wurden in den vergangenen zwei Jahren abgeschossen. Nach russländischen Angaben wurden alle 70 Drohnen in der Luft abgefangen, die ukrainische Seite hat Luftaufnahmen vorgelegt, die belegen sollen, dass zumindest einige der Flugkörper Hangars auf dem Flugplatz beschädigt haben. Möglicherweise befanden sich dort ein oder zwei Flugzeuge.

Die übrigen waren jedoch nach dem Luftalarm gestartet und befanden sich auf dem Weg zu anderen Flugplätzen. Einige ukrainische Quellen vermuten, Russlands Luftstreitkräfte würden sich nicht mehr auf die Luftabwehr verlassen und die Flugzeuge in ständiger Kampfbereitschaft halten, um sie bei Alarm starten zu lassen. Tatsächlich ist offensichtlich, dass die Luftabwehr mit großen Drohnenschwärmen nicht zurechtkommt, insbesondere wenn diese auf niedriger Höhe anfliegen. Dies hätte allerdings Folgen für den Zustand der Flugzeuge und auch Auswirkungen auf die Piloten. Von der Krim hat Russland offenbar bereits alle Flugzeuge zurückgezogen, dort greift die Ukraine mit Raketen und Drohnen nunmehr die verbliebenen Luftabwehrstellungen an.

Am 10. Juni etwa erging ein solcher Angriff mit mindestens 12 ATACMS-Raketen auf Einheiten der 31. Luftabwehrdivision, die an drei Orten in den Landkreisen Džankoj und Saky im Norden und Westen der Halbinsel stationiert ist. Selbst die russländischen Militärblogger geben zu, dass keine einzige der anfliegenden Raketen abgefangen wurde. Nach Angaben des ukrainischen Generalstabs wurde ein System vom Typ S-400 sowie zwei des Typs S-300 zerstört. Anderen Angaben zufolge wurden nur die Radaranlagen getroffen. Am 12. Juni folgte ein Angriff auf drei Systeme vom Typ S-300 und S-400 auf dem Flugplatz Bel'bek nahe Sevastopol'. Angeblich wurden mindestens zwei Radarstationen zerstört. So stellt sich die Frage, wie viele funktionsfähige Luftabwehrsysteme Russland auf der Krim noch stationiert hat, denn unendlich ist deren Zahl keineswegs.

17.6.2024

Bedrängnis und Aussicht auf Besserung: die 121. Kriegswoche

Russland kann an den verschiedenen Fronten im Norden und Osten der Ukraine trotz Übermacht keine großen Erfolge erzielen. An verschiedenen Frontabschnitten im Donbass ist die Lage der ukrainischen Armee jedoch heikel. Dies führt zu Spannungen und Schuldzuweisungen. Russland hat einen erheblichen Teil der konventionellen Kraftwerke der Ukraine sowie des Stromnetzes zerstört, fast täglich kommt es zu Notabschaltungen. Aussicht auf Besserung verspricht die Lieferung westlicher Luftabwehrsysteme, die in Gang gekommen ist. Vorrangiges Ziel sind neben Raketen die russländischen Kampfbomber, die schwere Gleitbomben auf Städte, Industrieanlagen und ukrainische Stellungen an der Front abwerfen.

Die Lage an der Front

Die Ukraine versucht im Gebiet Charkiv weiter, die eingedrungenen Einheiten der Okkupationsarmee zu vertreiben. Nach Kiewer Angaben erleidet Russland große Verluste, nach Moskauer Darstellung verhält es sich umgekehrt. Informationen über die vermutlich in der Aggregatorenfabrik von Vovčans'k eingekesselte Einheit der russländischen Armee gibt es nicht.[18]

In Časiv Jar haben die Besatzer die nördliche Hälfte des Stadtteils Kanal im Westen der Stadt eingenommen. Auch im Umkreis der Stadt haben sie den unter ihrer Kontrolle stehenden Bereich ausgeweitet. Nördlich von Bachmut haben die russländischen Truppen bei Severs'k kleine Geländegewinne erzielt, ebenso westlich von Horlivka in der Nähe von Torec'k. Dort haben sie Verteidigungsanlagen durchbrochen, die bereits seit 2014 bestanden. Hinter der eingenommenen kleinen Siedlung Tiška befinden sich allerdings zwei große Abraumhalden, auf denen sich die wichtigsten ukrainischen Befestigungsanlagen befinden. Diese werden weiter von der Ukraine gehalten.

Weiter südwestlich setzte Russland westlich von Očeretine die Angriffe auf Novoaleksandrovka fort. Ziel ist die Kontrolle über die weiter westlich gelegene Straße von Pokrovs'k nach Konstantynivka. Die Nachrichtenlage ist widersprüchlich, offenbar stehen russländische Einheiten in Novoaleksandrovka, werden aber vom nördlichen und südlichen Rand der Siedlung von den dort weiter die Verteidigung haltenden ukrainischen Truppen beschossen.

Auch in den Gebieten Zaporižžja und Dnipropetrovs'k steht die Lage der ukrainischen Armee nicht zum Besten. Russland hat nach eigenen Angaben die Siedlung Staromajors'ke vollständig erobert. Dies hat vor allem symbolische Bedeutung, denn sie stand im Sommer 2023 im Zentrum des ukrainischen Versuchs, die Verteidigungslinien der Besatzungsarmee zu durchbrechen. Am linken Ufer des Dnipro versuchen die russländischen Truppen nach der Aufgabe des ukrainischen Brückenkopfs nicht nur, die Inseln im Delta des Flusses wieder unter Kontrolle zu bringen. Ziel von Sturmtrupps sind nun auch die Inseln, die flussabwärts des zerstörten Damms von Nova Kachovka im Abschnitt der Siedlungen Krynki und Kozači Laheri liegen. Von eindeutigen Erfolgen kann jedoch noch keine Rede sein.[19]

---

[18] Tödliche Stabilität. Russlands Krieg gegen die Ukraine: die 119. und 120. Kriegswoche, <https://zeitschrift-osteuropa.de/blog/toedliche-stabilitaet/>.

[19] <https://t.me/DeepStateUA/19757>.

Gleichwohl löst die Lage an der Front Nervosität aus, die sich in zunehmenden Schuldzuweisungen zeigt. Der vielgelesene proukrainische Kanal *Deep State*, der aktuelle, sehr genaue Karten des Frontverlaufs veröffentlicht, kritisierte etwa die Führung der 110. Mechanisierten Brigade der Ukraine.[20] Sie kaschiere durch falsche Angaben zum Frontverlauf in Novoaleksandrovka, dass sie Einheiten der Territorialverteidigung in Positionen geschickt habe, die bereits verloren waren – und so den unnötigen Tod von Soldaten verschuldet habe.

Der Aktivist Serhij Sternenko und die Abgeordnete der Verchovna Rada Mar'jana Bezuhla, die als inoffizielle Sprecherin der Präsidialverwaltung in Kriegsfragen gilt, beschuldigten den Kommandierenden der Vereinigten Streitkräfte der ukrainischen Armee Jurij Sodol' der Inkompetenz. Er sei für schwere Verluste und Gebietseinbußen verantwortlich. Sodol' ist für den östlichen Frontabschnitt verantwortlich und trägt seit 2022 den Titel „Held der Ukraine". Der Leiter des Stabs „Azov" Bohdan Krotevič sendete eine Eingabe an die Staatliche Untersuchungsbehörde, in der er verlangt, dass untersucht wird, ob Sodol' für russländische Dienste arbeitet. Es ist kaum zu bestimmen, in welchem Ausmaß der Verlust von Avdijivka und Očeretino, der Durchbruch Russlands bei Horlivka und andere negative Entwicklungen auf den generellen Mangel an Soldaten und Material zurückzuführen sind, der sich nach der Verlegung von Truppen an die neue Front bei Charkiv verschärft hat – und in welchem Maße Sodol' unter schlechten Bedingungen schlechte Entscheidungen getroffen hat. Am 24. Juni ersetzte Zelens'kyj Sodol' durch den Brigadegeneral Andrij Hnatov. Dieser kommt auch aus der Marineinfanterie und hat die erfolgreiche Verteidigung von Mykolajiv organisiert.

Personalrotation im Moskauer Verteidigungsministerium

In Russland hat es im Verteidigungsministerium unter dem neuen Minister Belousov einen Kahlschlag gegeben. Sämtliche dem Kreis des früheren Verteidigungsministers Šojgu zugerechneten Männer wurden in den Ruhestand versetzt, einige verhaftet. Neuer stellvertretender Verteidigungsminister ist Leonid Gornin. Pavel Fradkov (1981), ein Sohn des ehemaligen Ministerpräsidenten und Chef des Auslandsgeheimdiensts SVR Michail Fradkov, übernimmt die Verantwortung für die Verwaltung der Liegenschaften des Ministeriums. Er ist eng mit den Geheimdiensten verbunden und war in den vergangenen neun Jahren zunächst stellvertretender und dann erster stellvertretender Leiter der Präsidialkanzlei. Anna Civileva (1972), geborene Putina, soll als stellvertretende Verteidigungsministerin für die soziale Absicherung der Soldaten sorgen. Sie kommt aus Ivanovo, wo sie als Psychiaterin arbeitete. Nachdem der Mann, der – zufällig oder nicht – den gleichen Familiennamen wie sie trägt, in den Kreml eingezogen war, machte sie eine steile Karriere als Unternehmerin in einem staatlichen Unternehmen für Medizintechnik. Seit 2007 ist sie mit Sergej Civilev verheiratet, der nach sechs Jahren an der Spitze des Gebiets Kemerovo im Mai 2024 zum neuen Energieminister ernannt wurde. Investigativ arbeitende Journalisten haben berichtet, dass das Ehepaar im Jahr 2012 von Putins Freund Genadij Timčenko zu einem symbolischen Preis Aktien des im Kuzbass tätigen Kohleunternehmens *Kolmar* erhalten haben, dessen Vorstandsvorsitzende

---

[20] <https://t.me/DeepStateUA/19753>.

Civileva bis vor kurzem war. Seit April 2023 leitet sie auch den per Präsidialerlass geschaffenen „Fonds zur Unterstützung von Teilnehmern der Spezialoperation ‚Vaterlandsverteidiger‘".

Die Bilanz des Verteidigungsministeriums der vergangenen Monate sieht damit so aus: Minister Šojgu: entlassen und auf einen Vorruhestandsposten versetzt; erster stellv. Minister Calikov: entlassen; stellv. Minister Ivanov (Bauverwaltung): verhaftet; stellv. Minister Sadovenko (Apparat des Ministeriums): entlassen; stellv. Ministerin Ševcova (Finanzen): entlassen; stellv. Minister Pankov (Staatssekretär): entlassen; stellv. Minister Popov (Innovationen): entlassen; Leiter der Hauptverwaltung Personalentwicklung Kuznecov: verhaftet; Leiter der Hauptverwaltung Kommunikation Šamarin: verhaftet, Leiter der Abteilung Rüstungsaufträge Verteleckij: verhaftet; Pressesprecherin Markovskaja: entlassen. Den Familiennamen der meisten neuen Stellvertreter sowie deren vorherigen Posten nach zu urteilen, ist es mit der Korruption im Verteidigungsministerium alles andere als vorbei. Das politische Gewicht der „Neulinge" ist vielmehr höher als das des „Šojgu-Teams". Dies lässt erwarten, dass der Diebstahl noch größere Dimensionen annehmen wird – ganz gleich, welcher Ruf dem neuen Minister Belousov vorauseilt.

Der Luftkrieg

Russland und die Ukraine haben den Luftkrieg in der 121. Kriegswoche unvermindert fortgesetzt. Die Ukraine griff täglich Ziele vor allem auf der Krim und in Südrussland an, Russland attackierte die Ukraine vor allem mit Raketen.

In der Nacht auf den 20. Juni wurde in Tambov mindestens ein Öltank getroffen, in der Republik Adygeja schlugen mindestens fünf Drohnen in der Raffinerie *Ėnemskaja* ein. In der Nacht auf den 21. Juni meldete Russland 114 ukrainische Drohnen, die in mehreren Wellen die Krim, den Bezirk Krasnodar und die besetzten Teile der ukrainischen Gebiete Zaporižžja und Cherson anflogen. Dies sind nur die vermeldeten Abschüsse, wie viele ukrainische Drohnen ihr Ziel erreichten, ist unklar. Fest steht, dass die Raffinerien in Afipskij, Il'skij, Krasnodar und Astrachan' attackiert wurden. Die schwersten Schäden entstanden auf einem Trainingszentrum der russländischen Luftabwehr auf dem Flugfeld bei Ejsk im Bezirk Krasnodar. Nach ukrainischen Angaben wurden 120 Drohnen verschiedenen Typs zerstört, einige Ausbilder und Techniker kamen ums Leben. Satellitenaufnahmen zeigen tatsächlich stark zerstörte Hangars auf dem Flugfeld.[21] In der Nacht auf den 23. Juni flogen mehr als 30 ukrainische Drohnen Industrieanlagen in den Gebieten Brjansk, Smolensk, Lipeck und Tula an. Nach russländischen Angaben wurden die meisten abgefangen.

Im Zuge eines bei Tag geführten ukrainischen Angriffs mit fünf ATACMS-Raketen auf ein Zentrum für Satellitenkommunikation in der Siedlung Vitino nahe Evpatorija auf der Krim schlug eine Rakete auf einem belebten Strand bei Sevastopol' ein. Vier Menschen starben, darunter zwei Kinder, 151 wurden verletzt, darunter 25 Kinder. Nach russländischen Angaben handelte es sich um eine der fünf ATACMS-Raketen, nach

---

[21] <https://t.me/uniannet/137357>.

ukrainischen, mit Fotobeweis untermauerten Angaben um eine Abfangrakete der russländischen Luftabwehr (Tor-M2 – 9K332).[22]

Unmittelbar darauf beschoss Russland Odessa mit zwei Iskander-K-Raketen, die offenbar auf ein Unternehmen für Kranbau zielten. Bereits in der Nacht zuvor waren russländische Raketen in der West- und Zentralukraine niedergegangen.

Die ukrainischen Kapazitäten zur Erzeugung und Verteilung von Strom sind massiv beschädigt. Die Nachrichtenagentur UNIAN meldete am 23. Juni, bei den letzten sieben Angriffen auf Kraftwerke seien neun Gigawatt installierte Leistung zerstört worden. Das entspricht etwa der installierten Kapazität in Hessen. Die Folgen zeigen sich bei den häufigen Notabschaltungen. Am 23. Juni etwa kam es in Kryvyj Rih zu einem Unfall im größten Hüttenbetrieb der Ukraine. Schwere Rauchwolken legten sich ausgehend von der dem Konzern *ArcelorMittal* gehörenden Kokerei über die Stadt.

Auch die Zerstörung von Charkiv geht weiter. Russland wirft fast täglich schwere Gleitbomben über der Stadt ab. Nach einem Treffer fiel zum wiederholten Mal in der halben Stadt der Strom aus, U-Bahnen und Straßenbahnen fuhren nicht mehr.

Einiges spricht jedoch dafür, dass sich das Blatt wendet. Die massive Zerstörung der Kraftwerke und anderer Infrastruktur sowie die zivilen Opfer haben die westlichen Unterstützerstaaten dazu bewogen, der Ukraine neue Raketenabwehrsysteme zur Verfügung zu stellen. Rumänien hat angekündigt, ein modernes Patriot-System zu übergeben, das hohe Abfangraten bei taktischen ballistischen Raketen und Marschflugkörpern erreicht. Auch die Niederlande haben gemeinsam mit einem nicht genannten Staat ein Patriot-System versprochen. Sollte die Ukraine am Ende des Sommers tatsächlich über jene sieben Systeme verfügen, von denen Präsident Zelens'kyj immer wieder gesprochen hat, verändert sich die Lage erheblich. Die Ukraine kann mit diesen Systemen in viel größerer Zahl ballistische Raketen abfangen und zudem die russländischen Bomber abschießen, die bislang die schweren Gleitbomben abwerfen. Dies hat auch Auswirkungen auf den Kampf am Boden.

Rüstungswettlauf

Für diesen macht sich die Ukraine Hoffnung auf eine größere Zahl der 2-CT Hawkeye Mobile Howitzer System. Eine solche mobile Haubitze hat das US-amerikanische Rüstungsunternehmen AM General zu Trainingszwecken geliefert.

Sie verfügt über eine 105mm-Kanone, die nach nur 90 Sekunden einsatzbereit ist und in den ersten drei Minuten acht Schüsse abgeben kann, die in Abhängigkeit von den eingesetzten Granaten eine Reichweite von 11,5 bzw. 19,5 Kilometern haben. Allerdings sind die Haubitzen nur leicht gepanzert und könnten zum Ziel der Lancet-Drohnen werden, die Russland bis in eine Entfernung von 15 Kilometern hinter der Frontlinie einsetzen kann.

Russland hat im Rüstungswettlauf eine besonders schwere Gleitbombe (FAB-3000 M-54 UMPK) mit einem Gewicht von drei Tonnen und einem 1,2-Tonnen schweren Sprengkopf entwickelt und am 20. Juni bei einem Angriff auf die Siedlung Lipcy im Gebiet Charkiv eingesetzt. Die Explosion führt im Umkreis von 35 Metern zu Total-

---

[22] Ne ATACMS: analitiki identificirovali rakety, kotoraja vzorvalas' na pljaže v Krymu. Unian, 23.6.2024.

zerstörung, im Umkreis von 150 Metern wird jegliches Leben ausgelöscht. Die ukrainischen Mannschaften, die die neuen Patriot-Systeme der Ukraine bedienen, werden die vorrangige Aufgabe haben, jene Flugzeuge abzuschießen, die diese Bombe abwerfen.

26.6.2024

Aus dem Russischen von Volker Weichsel, Berlin

Hinweis zu den Quellen: Die Berichte stützen sich auf die Auswertung Dutzender Quellen zu den dargestellten Ereignissen. Einer der Ausgangspunkte sind die Meldungen der ukrainischen sowie der russländischen Nachrichtenagenturen UNIAN und RIA. Beide aggregieren die offiziellen (Generalstab, Verteidigungsministerium, etc.) und halboffiziellen Meldungen (kämpfende Einheiten beider Seiten, ukrainische Stadtverwaltungen, etc.) der beiden Kriegsparteien. Der Vergleich ergibt sowohl übereinstimmende als auch widersprüchliche Meldungen und Darstellungen.

Zur kontrastierenden Prüfung ukrainischer Meldungen wie jene von Deep State (https://t.me/DeepStateUA/19452) – werden auch die wichtigsten russländischen Telegram- und Livejournal-Kanäle herangezogen, in denen die Ereignisse dieses Kriegs dargestellt und kommentiert werden, darunter „Rybar'" (https://t.me/rybar), Dva Majora (https://t.me/dva_majors), und „Colonel Cassad" (Boris Rožin, https://colonel cassad. livejournal.com/). Wichtige Quellen sind auch die Berichte, Reportagen und Analysen von Meduza und Novaja Gazeta Europe. Ebenfalls berücksichtigt werden die täglichen Analysen des Institute for the Study of War (www.understandingwar.org), das auf ähnliche Quellen zurückgreift.

Die Vielzahl der abzugleichenden Quellen wäre ohne Hilfe nicht zu bewältigen. Dem Autor arbeiten drei Beobachter zu, die für Beratung in militärtechnischen Fragen, Faktencheck und Sichtung russisch- und ukrainischsprachiger Publikationen aus dem liberalen Spektrum zuständig sind und dem Autor Hinweise auf Primärquellen zusenden. Die jahrelange wissenschaftliche Arbeit zu den ukrainischen Regionen sowie zahlreiche Reisen in das heutige Kriegsgebiet erlauben dem Autor, den Wahrheitsgehalt und die Relevanz von Meldungen in den sozialen Medien einzuschätzen.

osteuropa

Russlands Krieg gegen die Ukraine
Propaganda, Verbrechen, Widerstand

336 Seiten, 67 Abbildungen, 2 Karten: 28.- €. zeitschrift-osteuropa.de

Reinhard Flogaus

„Heiliger Krieg" und „Katechon" Russland

Das Moskauer Patriarchat auf dem Weg in die Häresie

Das Moskauer Patriarchat hat sich den neoimperialen und revisionistischen Plänen des Kreml verschrieben. Unter Rückgriff auf das Narrativ der „Heiligen Rus'" und die apokalyptische Kriegsideologie des 16. Jahrhunderts legitimiert es Russlands Krieg gegen die Ukraine. Die Kirchenführung unter Patriarch Kirill hat den Krieg zum „Heiligen Krieg" erklärt und betreibt die Apotheose des Soldatentodes.

Die autokephalen Orthodoxen Kirchen der byzantinischen Tradition haben sich bislang stets als eine in der theologischen Lehre und weitgehend auch im kirchlichen Ritus geeinte Orthodoxe Kirche verstanden. Auch wenn die Orthodoxie jurisdiktionell und organisatorisch seit Jahrhunderten in verschiedene selbständige Lokalkirchen unterteilt ist, versteht sie sich aufgrund dieser Einheit im Glauben in ekklesiologischer Hinsicht als eine einzige Orthodoxe Kirche. Obwohl im Deutschen oft von der „Rumänisch-Orthodoxen Kirche" oder der „Serbisch-Orthodoxen Kirche" die Rede ist und somit der Eindruck erweckt wird, als handle es sich um national unterschiedliche Formen der Orthodoxen Kirche, wäre im Deutschen die Bezeichnung „Rumänische Orthodoxe Kirche" bzw. „Serbische Orthodoxe Kirche" dem ekklesiologischen Selbstverständnis dieser Kirchen angemessener.

Im Falle der Russischen Orthodoxen Kirche (ROK) kommen inzwischen allerdings zunehmend Zweifel an dieser Glaubenseinheit mit den übrigen Orthodoxen Kirchen auf. Schon zu Beginn des 21. Jahrhunderts hatten Teile der Hierarchie der ROK einen Weg eingeschlagen, bei welchem das Russisch-Nationale in einer solchen Weise mit dem Christlichen verknüpft wurde, dass der „Glaube an Russland" und Russlands besondere weltgeschichtliche Mission gleichberechtigt neben dem Glauben an Gott und die Kirche stand. Seit Beginn des Krieges gegen die Ukraine im Jahr 2014 hat diese zunächst gesamtkirchlich und gesamtgesellschaftlich wenig wahrgenommene patriotisch-nationalistische Richtung der ROK erheblich an Bedeutung gewonnen und wird inzwischen auch von Patriarch Kirill und den Mitgliedern des Hl. Synods offen unterstützt.

In diesem Zusammenhang steht auch die am 27. März 2024 vom Weltkonzil des Russischen Volkes in der Christ-Erlöser-Kathedrale in Moskau beschlossene Grundsatzerklärung (russ: *nakaz*; Anweisung, Edikt) zur „Gegenwart und Zukunft der Russischen Welt".[1] Für manche ökumenischen Beobachter waren die Aussagen dieses Dokuments,

---

Reinhard Flogaus (1965), PD, Dr. theol., Kirchenhistoriker mit Schwerpunkt Ostkirchenkunde, Humboldt-Universität zu Berlin

[1] Nakaz XXV Vsemirnogo Russkogo Narodnogo Sobora „Nastojaščee i buduščee russkogo Mira". Vsemirnyj Russkij Narodnyj Sobor, 27.3.2024, <https://vrns.ru/news/nakaz-xxv-

doi: 10.35998/oe-2024-035

wonach in der Ukraine in „spiritueller und moralischer Hinsicht" ein „Heiliger Krieg" stattfinde, anscheinend überraschend.[2] In der Erklärung heißt es, „Russland und sein Volk" verteidigten den „einheitlichen geistigen Raum der Heiligen Rus'" und erfüllten zugleich die Mission des „Zurückhalters" („Katechon", vgl. 2 Thes 2,6f), um so die Welt „vor dem Ansturm des Globalismus und dem Sieg des Westens, der dem Satanismus verfallen" sei, zu schützen. Schon etwas weniger überraschend dürfte die Forderung des unter dem Vorsitz des Patriarchen beschlossenen Dokuments gewesen sein, dass nach Ende des Krieges „das gesamte Territorium der modernen Ukraine in eine Zone des ausschließlichen Einflusses Russlands übergehen" solle. Doch tatsächlich verfügt sowohl die Rede von einem „Heiligen Krieg" als auch die Idee, Russland fungiere als eschatologischer „Katechon", der die Herrschaft des Antichrist noch „aufhalte", über eine bis ins 16. Jahrhundert zurückreichende Tradition in Russland.

Weltkonzil des Russischen Volkes und die „Russische Doktrin"

Das Weltkonzil des Russischen Volkes (WKRV) wurde 1993 auf Veranlassung des damaligen Metropoliten von Smolensk und Kaliningrad – des gegenwärtigen Patriarchen Kirill – von der Russischen Orthodoxen Kirche gegründet und zählt zahlreiche hochrangige Vertreter aus Staat, Politik, Militär und Gesellschaft zu seinen Mitgliedern. Seit seiner Wahl zum Patriarchen im Jahr 2009 ist Kirill der Vorsitzende dieser Staat und Kirche verbindenden Organisation, der über 100 Bischöfe der ROK und zahlreiche Priester sowie 17 Gouverneure, zehn Senatoren, fünf Abgeordnete der Staatsduma, zehn Vorsitzende der gesetzgebenden Versammlungen der Subjekte der Russländischen Föderation, 16 Hochschulrektoren und viele andere Repräsentanten des Staates angehören.[3] Der *Nakaz* ist zwar nicht ein offizielles Dokument der ROK, doch waren bei der

---

vsemirnogo-russkogo-narodnogo-sobora-nastoyashchee-i-budushchee-russkogo-mira/>. Auf Deutsch in Auszügen: Gegenwart und Zukunft der Russischen Welt. „Anweisung" des 25. Weltweiten Russischen Volkskonzils, 27. März 2024, in diesem Heft S. 77–83. – Englisch: Order of the XXV World Russian People's Council „Present and Future of the Russian World". Risu.ua, 3.4.2024.

[2] So der Generalsekretär des Ökumenischen Rats der Kirchen Jerry Pillay, am 12.4.2024 zur Erklärung des Weltkonzils des Russischen Volkes: WCC statement on Decree of XXV World Russian People's Council. World Council of Churches, 12.4.2024, <www.oikoumene.org/resources/documents/wcc-statement-on-decree-of-xxv-world-russian-peoples-council>. Kirills Position hatte er zuvor anders eingeschätzt. In einem Interview vom 25.1.2023 hatte er erklärt: „In Gesprächen mit der Leitung der Russischen Orthodoxen Kirche wurde deutlich, dass man dort den Krieg keinesfalls unterstützt. Dort verurteilt man den Krieg genauso, wie wir das tun." ÖRK-Generalsekretär Pillay hofft weiter auf Frieden in der Ukraine. Evangelische Friedensarbeit, 25.1.2023, <www.evangelische-friedensarbeit.de/epd-meldungen/oerk-generalsekretaer-pillay-hofft-weiter-auf-frieden-der-ukraine>. Ähnlich äußerte sich am 11.4.2023 auch der Vorsitzende des Zentralausschusses des ÖRK, Landesbischof Heinrich Bedford-Strohm: „Patriarch Kyrill etwa hat ausdrücklich erklärt, dass es nie einen Heiligen Krieg geben kann." „Wenigstens die Kirchen sollten Brücken bauen". Reformiert.info, 11.4.2023, <https://reformiert.info/de/recherche/oekumenischer-rat-der-kirchen-will-russische-und-ukrainische-kirchenvertreter-an-einen-tisch-bringen-22031.html>. Allerdings war ihm bekannt, dass es innerhalb der Hierarchie der ROK durchaus auch andere Meinungen gab, vgl. Fn. 50.

[3] Die Zahlen basieren auf dem Rechenschaftsbericht von Konstantin Malofeev bei der WKRV-Versammlung am 27.3.2024. Sojuz ženskich sil, <https://союзженскихсил.рф/ news/10986/>. Der Bericht ist von den Webseiten des WKRV verschwunden.

einstimmigen Annahme dieser Erklärung durch die 488 Delegierten mehr als 20 Bischöfe und 60 Priester der ROK anwesend, darunter sechs ständige Mitglieder des Heiligen Synods sowie der Patriarch als Vorsitzender des Weltkonzils des Russischen Volkes.[4] Somit hat faktisch eine Mehrheit der ständigen Mitglieder des Heiligen Synods der ROK dieser Erklärung zugestimmt. Im Übrigen ist davon auszugehen, dass der gesamte Text der Erklärung im Vorfeld eng mit dem Patriarchen abgestimmt bzw. von ihm redigiert worden ist. Infolgedessen ist er sowohl auf der Internetseite des WKRV als auch auf jener der ROK veröffentlicht worden.[5] Maßgeblich an der Abfassung dieser Grundsatzerklärung beteiligt war höchstwahrscheinlich auch der russische Oligarch und Inhaber von Cargrad-TV Konstantin Malofeev, den Kirill 2019 zum stellvertretenden Vorsitzenden des WKRV hatte wählen lassen. Malofeev gehört nicht nur dem ultranationalistischen Lager an, sondern war auch einer der Hauptsponsoren der Separatisten und Insurgenten in der Ostukraine, weshalb er schon seit 2014 auf der Sanktionsliste der EU steht. Die Grundsatzerklärung des Weltkonzils des Russischen Volkes, die neben der „Militärischen Spezialoperation", der „Russischen Welt" und der russländischen Außenpolitik auch die Familien- und Bevölkerungspolitik, die Migrationspolitik, Bildung und Erziehung, Raum- und Stadtentwicklung sowie die wirtschaftliche Entwicklung behandelt, folgt in fast all diesen Punkten der sogenannten „Russischen Doktrin" aus dem Jahr 2005.[6] Dieser mehr als 900 Seiten umfassende Text wiederum war mit finanzieller Unterstützung der Russischen Unternehmerstiftung vom Zentrum für Dynamischen Konservatismus, einer Vorgängerorganisation des Izborskij-Klubs, unter Mitarbeit eines ca. 70 Personen umfassenden Autorenkollektivs erarbeitet worden.[7] 2006 verlieh die Moskauer Geistliche Akademie diesem Dokument das Gütesiegel, dass es „als nicht im Widerspruch zum Geist und zu den Lehren der Orthodoxie stehend bewertet werden" könne.[8] Ein Jahr später befasste sich auf Initiative des damaligen Leiters des Kirchlichen Außenamtes und heutigen Patriarchen das Weltkonzil des Russischen Volkes mit der „Russischen Doktrin" und erklärte, dass diese „in vielerlei Hinsicht" mit den Initiativen des WKRV übereinstimme und „ein wichtiger Beitrag zur Weltanschauung und zur politischen Selbstbestimmung Russlands" sei.[9]

In der 2007 erarbeiteten Kurzfassung dieses Dokuments, der „Transformation Russlands. Eine Erklärung der Russischen Doktrin", die auch dem WKRV vorlag, wird Russland als eine „Zivilisation von Kriegern" bezeichnet, die einem „kämpferischen Ideal" folge. Das „geistig-politische Ideal Russlands" sei „das Ideal des heiligen Kriegers und des rechtschaffenen Kämpfers für den Glauben".[10] Auch schon in diesem Dokument wurde behauptet, es sei die besondere „Mission des russischen Volkes", im Kampf gegen das Böse die Funktion des endzeitlichen „Katechon" zu übernehmen. Russland

4   Blog von Andrej Kuraev unter <https://diak-kuraev.livejournal.com/4484544.html>.
5   Nakaz XXV Vsemirnogo russkogo narodnogo sobora „Nastojaščee i buduščee Russkogo Mira". Patriarchia.ru, 27.3.2024, <http://www.patriarchia.ru/db/text/6116189.html>.
6   Russkaja Doktrina TEKST RD (oglavlenie), <www.rusdoctrina.ru/page95507.html>.
7   Zum Izborskij-Klub: Roland Götz: Die andere Welt. Im *Izborsker Klub*. Russlands antiwestliche Intelligencija, in: OSTEUROPA, 3/2015, S. 109–138.
8   Moskovskaja Duchovnaja Akademija: O russkoj doktrine <www.rusdoctrina.ru/page95538.html>.
9   Vgl. das Abschlussprotokoll der Anhörung zur „Russischen Doktrin" im Rahmen des WKRV am 20.8.2007, <www.rusdoctrina.ru/page95520.html>.
10 Russkaja Doktrina, Abschnitt 3.6 <www.rusdoctrina.ru/page95784.html>.

habe „das Recht und die Pflicht, ein Träger und ein Instrument der göttlichen Macht" zu sein. In der Geschichte Russlands habe diese Rolle des „Katechon" zwar „in erster Linie der Zar" übernommen, „in zweiter Linie" aber auch „die Krieger" und „zu einem großen Teil auch alle anderen".[11]

Die „Russische Doktrin" geht so weit zu erklären, Russland sei

> für sein Volk ein geistiges Symbol, das mit Gott, der Kirche und dem Glauben gleichrangig ist. Das Symbol des Glaubens an Russland ist das Credo des Patrioten, für den Russland das höchste Juwel seines Lebens ist, das dem Leben einen veredelnden Sinn gibt.

Das Land selbst sei „ein Heiligtum" und der „Glauben an Russland" könne Menschen aller Religionen – und selbst Agnostiker – vereinen.[12]

Schließlich wird bereits in diesem Text von 2007 die Eigenstaatlichkeit der Ukraine in Frage gestellt und behauptet, Russland habe „ein historisches und moralisches Recht" auf die „Wiedervereinigung" mit den Gebieten des „historischen Russlands", insbesondere mit Belarus, der Ukraine und Kasachstan. Diese Gebiete „sollten als ‚subsidiär' zur russländischen Staatlichkeit betrachtet werden, da sie im Rahmen ‚Russland-UdSSR' aus verwaltungstechnischen Gründen geschaffen" worden seien „und dementsprechend eine Grundlage nur in der Existenz und der Anerkennung durch Russland" hätten.[13] Diese Staaten sollten Russland „schrittweise beitreten, zunächst mit dem Sonderstatus eines ‚Beitrittsstaates'. Das Endergebnis des Prozesses der Wiedereingliederung des historischen Russlands sollte jedoch die Umwandlung der verschiedenen Subjekte oder ihrer Teile in ‚Länder' Russlands sein."[14]

Mit der Anerkennung dieser irredentistischen „Russischen Doktrin" durch das Weltkonzil des Russischen Volkes waren bereits 2007 auf Betreiben von Kirill alle wesentlichen ideologischen Elemente des jetzigen *Nakaz* als mit der orthodoxen Lehre vereinbar anerkannt worden. Das Recht der Ukraine auf Eigenstaatlichkeit wurde bestritten, die Sakralisierung des Krieges betrieben und damit einhergehend die Idee einer militanten Orthodoxie in Russland propagiert, der Westen hingegen dämonisiert und eine besondere göttliche Mission für Russland reklamiert: Russland sei der endzeitliche Zufluchtsort und Katechon.

Die Heilige Rus' als Katechon

Die Vorstellungen von Russland als endzeitlicher Zufluchtsort und Katechon sind tief in der russischen Ideengeschichte verwurzelt. Mit dem Aufkommen der Idee von Moskau als dem „Dritten und letzten Rom" und dem Gedanken einer „Translatio Imperii"[15] verband sich schon im Russland des 16. Jahrhunderts die Vorstellung von der

---

[11] Russkaja Doktrina, Abschnitt 1.7 <www.rusdoctrina.ru/page95782.html>; 3.6 <www.rusdoctrina.ru/page95784.html> sowie Begriffserklärungen <www.rusdoctrina.ru/page95513.html>.

[12] Russkaja Doktrina, Abschnitt 1.7 <www.rusdoctrina.ru/page95782.html>.

[13] Russkaja Doktrina, Abschnitt 2.3.4 <www.rusdoctrina.ru/page95783.html>.

[14] Russkaja Doktrina, Abschnitt 3.1 <www.rusdoctrina.ru/page95784.html>.

[15] Hildegard Schaeder: Moskau, das Dritte Rom: Studien zur Geschichte der politischen Theorien in der slawischen Welt. Darmstadt 1957. – Frank Kämpfer: Autor und Entstehungszeit der Lehre „Moskau das Dritte Rom", in: Da Roma alla Terza Roma. IX seminario internazionale di studi storici. Relazioni e comunicazioni, Bd. 1. Roma 1989, S. 63–83.

Auserwähltheit des russischen Volkes als des neuen Israels, als eines endzeitlichen Gottesvolkes unter einem christlichen Herrscher.[16] Da es ein viertes Rom nicht geben würde, galten nach diesem Narrativ die „Heilige Rus'" als letzter Hort der Rechtgläubigkeit und der Zar als der letzte orthodoxe Herrscher, der gewissermaßen für den Bestand der gesamten Menschheit verantwortlich war. Denn sollte wie zuvor schon das alte und das neue Rom einst auch Moskau fallen, so dachte man, dann würde die Zeit des Antichrist anbrechen.[17] Am deutlichsten tritt diese Staatsideologie der von Gott erwählten Rus' im sogenannten „Stufenbuch" („Stepennaja kniga") zutage, welches wohl auf Veranlassung von Metropolit Makarij von Moskau und der der ganzen Rus' (1542–1563, * ca. 1482) in den sechziger Jahren des 16. Jahrhunderts entstanden ist. Hier wird die politische Erfolgsgeschichte der Rurikiden bis zu Zar Ivan IV. als Erfüllung des göttlichen Heilsplanes präsentiert.

Mit der Eroberung von Kazan' im Jahr 1552 begann nicht nur der Wandel der „Heiligen Rus'" zu einer imperialen, auch nichtchristliche Gebiete umfassenden Großmacht, sondern es entstand auch eine russische Kriegsideologie, welche die Eroberungskriege des Zaren theologisch legitimieren sollte und sich mit der Vorstellung des endzeitlichen Gottesvolkes unter einem orthodoxen Herrscher verband. Der Zar und seine Heere übernahmen nach dieser Vorstellung die Rolle des den Antichrist bekämpfenden „Katechon".

> Der rechtgläubige Zar mit seinem Heer wird so zum ausgewählten Akteur im göttlichen Heilsplan und zum Instrument Gottes im bis zur Apokalypse andauernden kosmischen Kampf zwischen dem Guten und Bösen.[18]

Diese „sakrale Überhöhung des vom Moskauer Zaren geführten Krieges als Teil des kosmischen Kampfes gegen die Widersacher Gottes"[19] sollte im weiteren Verlauf der russländischen Geschichte zu einem festen Topos werden. Bildhafter Ausdruck dieser christlichen Kriegsideologie war die Entstehung eines neuen Ikonentyps, der Ikone „Gesegnet sei das Heer des himmlischen Herrschers". Diese zeigt die von der Eroberung Kazan's zurückkehrenden Soldaten, teilweise mit einem Märtyrernimbus gekrönt, wie sie zum himmlischen Jerusalem und der dort thronenden Gottesmutter ziehen. Im Zentrum der Komposition steht an der Spitze des Heeres der Erzengel Michael, gefolgt von einem Heerführer mit Konstantinsfahne, bei dem es sich mutmaßlich um den jugendlichen Zar selbst handelt.[20] Schon zu Zeiten Ivans IV. wurde diese christliche Kriegsideologie ergänzt durch die Dämonisierung der Gegner, durch die Behauptung einer früheren Zugehörigkeit

---

[16] Hildegard Schaeder: Das Neue Israel Gottes: Neues und Drittes Rom. Einhorn und Doppeladler, in: Alexander Fischer, Günter Moltmann, Klaus Schwabe (Hg.): Rußland – Deutschland – Amerika. Festschrift für Fritz T. Epstein zum 80. Geburtstag. Wiesbaden 1978, S. 1–9, hier S. 5. – Daniel B. Rowland: Moscow – The Third Rome or the New Israel? In: The Russian Review, 55/1996, S. 591–614. – Joel Raba: Moscow – The Third Rome or the New Jerusalem? In: Forschungen zur Osteuropäischen Geschichte, 50/1995, S. 297–307.

[17] Hans Hecker: Propagierte Geschichte. Die „Stepannaja Kniga" (Stufenbuch) und die Herrschaftsideologie der Moskauer Rus' (16. Jahrhundert), in: Johannes Laudage (Hg.): Von Fakten und Fiktionen. Mittelalterliche Geschichtsdarstellungen und ihre kritische Aufarbeitung. Köln, Weimar, Wien 2003, S. 371–388, hier S. 381.

[18] Reinhard Frötscher: Das Bild des Krieges im Moskauer Reich im 16. Jahrhundert, in: Ders., Markus Osterrieder: Das Bild des Krieges im Moskauer Reich und Polen-Litauen im 16. Jahrhundert. München 1995, S. 12–85, hier S. 25.

[19] Frötscher, Das Bild [Fn. 18], S. 27.

[20] Frötscher, Das Bild [Fn. 18], S. 24–26.

der eroberten Gebiete zum Russischen Reich bzw. zur „Heiligen Rus'" – Motive, die ganz ähnlich auch heute im staatlichen und kirchlichen Diskurs begegnen – sowie durch Geschichten über göttliche Wunder, welche sich angeblich im Rahmen der Kriegszüge der „Heiligen Rus'" ereignet haben sollen.[21] Ivan IV. hat diese christliche Kriegsideologie des Moskauer Reichs selbst mit folgenden Worten umrissen:

> Wie nach . . . Mose der Erzengel Michael Fürsprecher war für Josua und ganz Israel, also wandelte in Frömmigkeit im neuen Gnadenbund unter dem ersten christlichen Zaren Konstantin unsichtbar der Fürsprecher Erzengel Michael seinem Heere voraus und besiegte alle seine Feinde, und seitdem steht er bis zum heutigen Tag allen frommen Zaren bei. So haben wir nun als Fürsprecher Michael und Gabriel und alle übrigen [seligen] Geister.[22]

An anderer Stelle schrieb Ivan seine militärischen Erfolge dann sogar – nach dem Vorbild Konstantins – unmittelbar der Kraft des heiligen Kreuzes bzw. des Kreuzbanners zu, der sich all jene kampflos beugen würden, die ohne Sünde seien. Nur jene, die unter der Herrschaft der Sünde stünden, würden sich der „Heiligen Rus'" widersetzen und zu den Waffen greifen. Auch hier taucht übrigens mit dem Verweis auf den Sieg der Israeliten über Amalek (Ex 17,12f) eine als Präfiguration des Kreuzes verstandene Erzählung aus der Geschichte Israels auf.[23]

Nicht nur der Erzengel Michael und das Kreuzesbanner garantieren nach dieser frühneuzeitlichen Ideologie eines „Heiligen Krieges" den militärischen Erfolg des russischen Heeres, sondern auch die Gottesmutter, unter deren besonderem Schutz man die „Heilige Rus'" wähnte, so dass diese, allen äußeren Feinden zum Trotz, unbesiegbar sein würde. Im 16. Jahrhundert waren es zwei in Russland besonders verehrte Marienikonen, die Vladimirskaja und die Tichvinskaja, die vom Heiligen Land, wo die Heilsgeschichte ihren Anfang genommen hatte, nach Zwischenstationen in Rom und Konstantinopel nun in das „Neue Heilige Land", die „Heilige Rus'" gelangt waren, um diese bis zur Wiederkehr Christi vor ihren Feinden zu beschützen.[24]

All diese mit der Moskauer Kriegsideologie im 16. Jahrhundert verknüpften Motive finden sich ganz ähnlich auch heute in den Predigten und Ansprachen des Moskauer Patriarchen wieder. Im zentralen Militärkrankenhaus von Krasnogorsk forderte Kirill im Juni 2022 die verwundeten Soldaten auf, dem Erzengel Michael, dem obersten himmlischen Heerführer und „Schutzpatron aller, die mit Waffen umgehen", zu vertrauen, damit ihnen „im Kampf des Guten gegen das Böse" auch die nötige „göttliche Unterstützung für ihre Taten . . . durch den heiligen obersten Heerführer Gottes" zuteilwerde. Auch schenkte der Patriarch dem Krankenhaus eine Ikone des Hl. Michael sowie eine Ikone des Hl. Georg.[25]

---

[21] Frötschner, Das Bild [Fn. 18], S. 29 u. 37–39.

[22] Karl Stählin (Hg.): Der Briefwechsel Iwans des Schrecklichen mit dem Fürsten Kurbskij (1564–1579). Leipzig 1921, S. 72.

[23] Ebd., S. 102 u. 104f.

[24] Reinhard Frötschner: Heilige Rus' – Neues Israel – Drittes Rom. Die Verehrung der Gottesmutterikone von Tichvin als Element der politischen Mythologie des Moskauer Reiches unter Großfürst Vasilij III. und Zar Ivan IV., in: Jahrbücher für die Geschichte Osteuropas, 52/2004, S. 188–234, hier S. 231.

[25] Svjatejšij Patriarch Kirill posetil Central'nyj voennyj kliničeskij gospital' im. A.A. Višnevskogo v Krasnogorske. Patriarchia.ru, 21.6.2022, <www.patriarchia.ru/db/text/5938567.html>.

Inspiration für die Armee: die Ikone der Gottesmutter von Augustóv. Foto: patriarcha.ru

Dem Beistand des Drachentöters schreibt Patriarch Kirill übrigens auch Russlands Sieg im Großen Vaterländischen Krieg zu.[26]

Für andere Siege Russlands gegen seine westlichen Feinde verweist Kirill hingegen meist auf den Beistand der Gottesmutter, so etwa für den Sieg über die Polen 1612 und über die Napoleonische Armee 200 Jahre später. Am 14. Oktober 2022, anlässlich des Festes des schützenden Schleiers der Gottesmutter, erklärte er, dass ebenso wie im Falle dieser früheren „brutalen Invasionen aus dem Westen" auch heute durch aufrichtige Gebete zur Himmelskönigin Russland „der Sieg zuteil" werde und es seine Freiheit, seine Unabhängigkeit und seine Traditionen bewahren werden könne.[27] Und wenige Tage nach Beginn des massiven Angriffs Russlands auf die Ukraine überreichte Kirill am 13. März 2022 Viktor Zolotov, dem Kommandeur der Russländischen Nationalgarde, eine Ikone der Gottesmutter von Augustóv, welche 1914 Soldaten der zarischen Armee vor einer erfolgreichen Schlacht bei dieser polnischen Stadt erschienen war. Diese Ikone möge die Soldaten zur Verteidigung des Vaterlandes inspirieren, sagte Kirill, worauf Zolotov dem Patriarchen dankte und erklärte: „Diese Ikone wird die Russländische Armee schützen und schneller unseren Sieg herbeiführen."[28] Am 4. November 2023 überraschte der Patriarch die Öffentlichkeit mit der Mitteilung, er habe die 1904 aus der Kazaner Kathedrale am Roten Platz entwendete und seither verschollene wundertätige Ikone der Gottesmutter von Kazan', in seiner Residenz in Peredelkino wiederentdeckt. Dieses „Nationalheiligtum" habe das russische Volk stets in schwierigen Zeiten bewahrt

---

[26] Patriaršaja propovec' v den' pamjati velikomučenika Georgija Pobedonosca posle Liturgii v Chrame Christa Spasitelja. Patriarchia.ru, 6.5.2022, <www.patriarchia.ru/db/text/5923691.html>.

[27] Patriaršaja propoved' v prazdnik Pokrova Presvjatoj Bogorodicy posle Liturgii v Pokrovskom monastyre v Moskve. Patriarchia.ru, 14.10.2022, <www.patriarchia.ru/db text/5967443.html>.

[28] Patriaršaja propoved' v Toržestva Pravoslavija posle Liturgii v Chrame Christa Spasitelja. Patriarchia.ru, 13.3.2022, <www.patriarchia.ru/db/text/5908325.html> – Patriarch of Moscow: Gifted icon of the Theotokos to the army to win the war against Ukraine. Orthodoxtimes.com, 14.3.2022, <https://orthodoxtimes.com/patriarch-of-moscow-gifted-icon-of-the-theotokos-to-the-army-to-win-the-war-against-ukraine/>.

und vor seinen äußeren Feinden geschützt. Die Wiederentdeckung dieses wundertätigen Bildes just in diesem schwierigen Moment sei bestimmt kein Zufall.[29]

Ebenso wie es für die Kriegsideologie des 16. Jahrhunderts wesentlich war, dass an der Spitze des russischen Volkes ein frommer orthodoxer Herrscher stand, der über göttlichen Beistand verfügte, so wird auch jetzt Patriarch Kirill nicht müde zu betonen, dass „an der Spitze des Vaterlandes, an der Spitze der Armee" ein „orthodoxer getaufter Gläubiger" oder „ein orthodoxer Mann" steht. Dies sei die Garantie dafür, dass Russland „niemals Kriegsverbrechen begehen wird" und „vor jeder Art von militärischen Abenteuern sicher sein" könne. Unter einem solchen Staatsoberhaupt, so der Patriarch, werde Waffengewalt nur dann eingesetzt, „wenn es moralisch, sittlich und sogar geistlich gerechtfertigt ist."[30] Der oberste Hierarch der ROK legitimiert somit theologisch unter Verweis auf den sich öffentlich zum orthodoxen Glauben bekennenden Präsidenten de facto Russlands Angriff auf die Ukraine. Eine solche „Symbiose von Macht, das heißt Wissenschaft, Technologie und Streitkräften, mit tiefem Glauben", so Kirill, sei „Ausdruck der ultimativen Stärke einer Nation, die alles erreichen kann – Siege auf dem Schlachtfeld und alle anderen Siege".[31]

Die Sakralisierung des Krieges

Der Moskauer Patriarch hat zwar bislang den Krieg in der Ukraine noch nicht explizit als „Heiligen Krieg" bezeichnet, doch sakralisierte er diesen gleich zu Beginn der russländischen Invasion insofern, als er ihn zu einem Kampf zwischen Licht und Finsternis erklärte, zwischen göttlichem Gesetz und menschlicher Sünde, zwischen dem Festhalten und der Verleugnung der „Wahrheit Gottes", ja zu einem Kampf um den „orthodoxen Glauben" und „das Heil des Menschen". Russland, so Kirill, sei in einen Kampf eingetreten, „der keine physische, sondern eine metaphysische Bedeutung" habe. Der Westen wolle

> den Menschen mit Gewalt die Sünde aufzwingen, die durch das Gesetz Gottes verurteilt wird, was bedeutet, die Menschen mit Gewalt zur Leugnung Gottes und seiner Wahrheit zu zwingen.[32]

Weil die „Heilige Rus'" die christlichen Werte und ihren Glauben bewahre, so der Patriarch, richte sich der „gegenwärtige Kampf nicht gegen Blut und Fleisch, sondern

---

[29] Patriaršee slovo ob obretennoj čudotvornoj Kazanskoj ikone Božiej Materi. Patriarchia.ru, 4.11.2023, <www.patriarchia.ru/db/text/6074436.html>. – Roždestvenskoe interv'ju Svjatejžego Patriarcha Kirilla telekanaly „Rossija 1". Patriarchia.ru, 7.1.2024, <www.patriarchia.ru/db/text/6091171.html>.

[30] Slovo Svjatejžego Patriarcha Kirilla v denk' pamjati blavovernych knjazej Daniila Moskovskogo i Aleksandra Nevskogo posle Liturgii v Danilovom monastyre. Patriarchia.ru, 12.9.2022, <www.patriarchia.ru/db/text/5958411.html>.

[31] Slovo Svjatejžego Patriarcha Kirilla v Nedelju 4-ju po Pasche posle Liturgii v glavnom chrame Vooružennych sil Rossii. Patriarchia.ru, 26.5.2024, <www.patriarchia.ru/db/text/6132104.html>.

[32] Patriaršaja propoved' v Nedelju syropustnuju posle Liturgii c Chrame Christa Spasitelja. Patriarchia.ru, 6.3.2022, <www.patriarchia.ru/db/text/5906442.html>. – Deutsch dokumentiert: Predigt des Patriarchen Kirill zum Vergebungssonntag, 6.3.2022, in: OSTEUROPA, 3–4/2023, S. 235–238.– Dazu: Joachim Willems: Ein Diener zweier Herren. Patriarch Kirill und seine Kriegspredigten, in: OSTEUROPA, 3–4/2023, S. 221–260.

gegen die Weltbeherrscher der Finsternis dieses Zeitalters, gegen die Geister des Bösen unter dem Himmel (vgl. Eph 6,12)".[33] Und Ende April 2023 verkündete der Moskauer Patriarch, in der westlichen Welt gebe es keine Lebensperspektive, sondern nur den „Tod der Zivilisation", „denn alles, was dort heute als Ideal präsentiert wird, ist vom Antichristen, vom Dämon und gegen Christus".[34] Entsprechend, wenngleich etwas knapper, hat nun das Weltkonzil des Russischen Volkes in seinem *Nakaz* die Diagnose formuliert, der Westen sei „dem Satanismus verfallen". Und in ähnlicher Weise hatte zuvor Präsident Putin die „Militärische Spezialoperation" als einen Kampf für christlich-traditionelle Werte und gegen den Satanismus des Westens verteidigt.[35]

Den Gegenpol zu diesem antichristlichen und satanischen Westen bildet die „Heilige Rus'". Deren Heiligkeit wird von Kirill in erster Linie nicht mit der orthodoxen Glaubenslehre begründet, sondern mit dem Festhalten an den vermeintlich traditionellen christlichen Werten – Ehe, Familie, Volk, Religion und Patriotismus –, was eine Rezeption dieses politischen Narrativs auch durch kirchenfernere Bevölkerungsschichten ermöglicht.[36] Im Übrigen sieht nicht nur das Weltkonzil des Russischen Volkes, sondern eben auch der Patriarch in Russland den „Katechon" – jene endzeitliche Macht, die einstweilen den Antichrist noch aufhält. Solange es Russland noch gelänge, „Widerstand gegen all diese zerstörerischen Tendenzen" zu leisten und in Treue zum Glauben und zur Tradition das Vaterland Russland als eine „Insel der Freiheit" zu erhalten, so lange, so Kirill, werde auch

> der Rest der Welt ein Zeichen der Hoffnung auf eine Chance haben, den Lauf der Geschichte noch zu ändern und ein globales apokalyptisches Ende zu verhindern.[37]

---

[33] Svjatejšij Patriarch Kirill: Rossija stremitsja sochranit' svoju samobytnost', svoju veru, svoju sistemu cennostej. Patriarchia.ru, 9.4.2023, <www.patriarchia.ru/db/text/6017763.html>.

[34] Svjatejšij Patriarch Kirill: Važno, čtoby naš narod sochranjal svoju vnutrennjuju svobodu. Patriarchia.ru, 30.4.2023, <www.patriarchia.ru/db/text/6023595.html>.

[35] Vladimir Putin: Rede anlässlich der Unterzeichnung des Vertrags über die Aufnahme der „Volksrepubliken" Doneck und Lugansk und der Gebiete Zaporož'e und Cherson in die Russländische Föderation. Moskau, 30.9.2022, in: OSTEUROPA, 9–10/2022, S. 219–229. Im Original unter <http://kremlin.ru/events/president/news/69465>. – Ähnlich hatte sich Putin bereits 2013 auf dem Valdaj-Forum geäußert: Zasedanie meždunarodnogo diskussionnogo kluba „Valdaj". Kremlin.ru, 19.9.2013, <http://kremlin.ru/events/president/news/19243>.

[36] Kathy Rousselet: The Russian Orthodox Church and the Russkii Mir, in: Thomas Bremer, Alfons Brüning, Nadieszda Kizenko (Hg.): Orthodoxy in Two Manifestations? The Conflict in Ukraine as Expression of a Fault Line in World Orthodoxy. Berlin 2022, S. 121–144, hier S. 123. Zur Kritik des Mythos des „Heiligen Russlands": Joshua T. Searle: A Theological Case for Ukraine's European Integration: Deconstructing the Myth of „Holy Russia" versus „Decadent Europe", in: International Journal of Public Theology, 16/2022, S. 289–304, hier S. 291–293.

[37] Doklad Svjatejžego Patriarche Kirilla na plenaronom zasedanie XXIV Vsemirnogo russkogo narodnogo sobora. Patriarchia.ru, 25.10.2022, <www.patriarchia.ru/db/text/5971182.html>. – Roždestvenskoe interv'ju Svjatejžego Patriarcha Kirilla telekanalu „Rossija 1". Patriarchia.ru, 7.1.2024, <www.patriarchia.ru/db/text/5992951.html>. Zur „Katechon"-Ideologie, die das Zentrum für Dynamischen Konservatismus bereits 2005 propagierte: Maria Engström: Contemporary Russian Messianism and New Russian Foreign Policy, in: Contemporary Security Policy, 35/2014, S. 356–379, hier S. 363–373. – Michael Hagemeister: Der „Nördliche Katechon" – „Neobyzantinismus" und „politischer Hesychasmus" im postsowjetischen Russland. Erfurt 2016, S. 10–16. Ders.: „Bereit für die Endzeit". Neobyzantinismus in Russland, in: OSTEUROPA, 11–12/2016, S. 15–43. – David G. Lewis: Apocalypse Delayed: Katechontic Thinking in Late Putinist Russia, in: Ders.: Russia's New Authoritarianism: Putin and the Politics of Order. Edinburgh 2020, S. 193–214.

Jener „metaphysische Kampf" zwischen Gut und Böse, zwischen Orthodoxie und Satanismus, von dem der Patriarch so häufig spricht, ist freilich engstens verknüpft mit dem blutigen Krieg in der Ukraine. Im Rahmen einer im postsowjetischen Russland entstandenen „Theologie des Krieges"[38] werden militärische Konflikte als irdische Folge eines „himmlischen, heiligen Kampfes" interpretiert und dadurch ethisch legitimiert. Durch diese Rückbindung an einen kosmischen Kampf zwischen göttlicher Ordnung und satanischem Chaos „erhalten auch die irdischen Kriege, die ein Spiegelbild der ‚himmlischen heiligen Schlacht' sind, den Nimbus des ‚Heiligen'."[39] Neben den himmlischen Gestalten des Archistrategen und Erzengels Michael und des Hl. Georg sind es vor allem die irdischen Kriegerfürsten Aleksandr Nevskij (1221–1263) und Dmitrij Donskoj (1350–1389), die dieses russische Ideal eines heiligen Kriegers verkörpern und dementsprechend häufig von Patriarch Kirill als Vorbilder für die orthodoxen Gläubigen erwähnt werden.[40] Der Patriarch ließ seit Beginn der Invasion Russlands übrigens keinen Zweifel daran, dass der Kampf keineswegs nur auf der spirituellen Ebene, sondern auch politisch und militärisch zu führen sei. So sagte er:

> Heute steht Russland vor der Aufgabe, aus dem Kampf, den die Mächte des Bösen gegen uns entfesselt haben, siegreich hervorzugehen. Und wir sollten die Komplexität des Augenblicks nicht bagatellisieren! Wir brauchen heute die Mobilisierung aller Kräfte, der militärischen und der politischen. Und natürlich muss zuallererst die Kirche mobilisiert werden.[41]

---

[38] Josef Thesing, Rudolf Uertz (Hg.): Grundlagen der Sozialdoktrin der Russisch-Orthodoxen Kirche. Sankt Augustin 2001, S. 18f. (II.2f) u. S. 63–67 (VIII.1–4). – Boris Knorre: „Bogoslovie vojny" v postsovetskom rossijskom pravoslavie: Stranicy: bogoslovie, kul'tura, obrazovanie, 19/2015, S. 559–578. – Ders.: The Culture of War and Militarization within Political Orthodoxy in the Post-soviet Region, in: Transcultural Studies 12/2016, S. 15–38. – Ders., Aleksei Zygmont: „Militant Piety" in 21st Century Orthodox Christianity: Return to Classical Traditions or Formation of a New Theology of War? In: Religions, 2/2020, S. 1–17. – Regula Zwahlen, Krieg, Frieden und die Russische Kirche, in: RGOW, 4–5/2022, S. 5–8.

[39] Knorre, „Bogoslovie vojny" [Fn. 38], S. 563, der hierfür auf Mark Juergensmeyer, Sacrifice and Cosmic War. London 1992, S. 112, verweist. Auch in die maßgeblich von Kirill formulierten „Grundlagen der Sozialdoktrin" [Fn. 38], S. 63 (VIII.1), ist dieser Gedanke eingegangen: „Die im Hochmut und in der Auflehnung gegen den Willen Gottes wurzelnden Kriege auf Erden sind nur eine Widerspiegelung des Kampfes im Himmel."

[40] Laut Aleksej Osipov: Mir i meč: pravoslavnyj vzgljad. Odinblago.ru, 1998, <www.odinblago.ru/pravoslavie/osipov_mir_i_mech/>, sind von den männlichen russischen Heiligen rund die Hälfte Kriegerheilige. Zu Aleksandr Nevskij: Frithjof Benjamin Schenk: Die Nationalisierung des kulturellen Gedächtnisses? Das Aleksandr Nevskij-Bild in Rußland im 19. Jahrhundert, in: Martin Schulze Wessel (Hg.): Nationalisierung der Religion und Sakralisierung der Nation im östlichen Europa. Stuttgart 2006, S. 51–71. Zu Kirill: Oleksandr Lukyanenko: Distortion of Religious History in the Concept of „Russian World", in: Occasional Papers on Religion in Eastern Europe, 8/2023, S. 64–80, sowie folgende Predigten und Ansprachen Kirills: 20.3.2022, <www.patriarchia.ru/db/text/5909901.html>, 8.5.2022 (5924172; auf Deutsch bei Willems, Diener [Fn. 32], S. 247–251); 23.5.2022 (5928249), 18.7.2022 (5944861), 12.9.2022 (5958411), 18.10.2022 (5968673), 6.12.2022 (5983239), 17.3.2023 (6011285), 9.4.2023 (6017763), 12.9.2023 (6058732), 8.10.2023 (6065687). Die Zahlen in Klammern beziehen sich auf die variable Ziffer der entsprechenden Webseite des Patriarchats.

[41] Patriaršaja propoved' posle Liturgii v den' pamjati blagovernogo knjazja Aleksandra Nevskogo v Aleksandro-Nevskoj lavre. Patriarchia.ru, 12.9.2023, <www.patriarchia.ru/db/text/6058732.html>. Dazu auch Fn. 31.

Es geht ihm nicht nur um den Sieg des Guten über das Böse, sondern mindestens ebenso auch um den Sieg auf dem Schlachtfeld. Damit verklärt der Patriarch Russlands Krieg gegen die Ukraine zu einem eschatologischen Kampf in göttlichem Auftrag.

Sowohl mit seiner Stilisierung von Russland als „Katechon" als auch mit der Forderung eines Kampfes auf allen Ebenen folgt Kirill Ideen, welche schon Jahre zuvor von Vertretern der „Politischen Orthodoxie" und insbesondere von dem radikalen Nationalisten und Fernsehjournalisten Egor Cholmogorov propagiert worden waren. In seinem Aufsatz „Religionen der Endzeit" hatte dieser erklärt, die eigentliche Bedeutung von Russland als dem „Dritten Rom" sei das „hagiopolitische Projekt Heilige Rus'". Nach Rom und Byzanz übernehme jetzt die russische Staatlichkeit (russkaja gosudarstvennost') die Rolle des „Katechon", der „mit rechtlichen und militärischen Mitteln" die „Inthronisierung des Antichristen" verhindere. Um einen endzeitlichen militärischen Krieg zu führen und eine „orthodoxe missionarische Ausbreitung" zu ermöglichen, bedürfe es daher einer „Armee von Heiligen".[42]

Der Krieg in der Ukraine als „Heiliger Krieg"

Die Aussagen des auf dem Weltkonzil des Russischen Volkes vom März 2024 beschlossenen *Nakaz* sind somit alles andere als überraschend. Der Patriarch und die ROK hatten schon seit langem den Weg der Sakralisierung des Krieges eingeschlagen. Dass hier erstmals auch mit dem Segen des Patriarchen im Hinblick auf die Ukraine von einem „Heiligen Krieg" gesprochen wird, dürfte allein darauf zurückzuführen sein, dass nur fünf Tage zuvor Kremlsprecher Dmitrij Peskov verkündet hatte, dass die „Militärische Spezialoperation" durch das Eingreifen des Westens auf Seiten der Ukraine inzwischen tatsächlich zu einem „Krieg" geworden sei.[43] Kirill hatte schon in seiner Zeit als Vorsitzender der Abteilung für Kirchliche Außenbeziehungen, parallel zum Aufbau einer eigenen Synodalabteilung der ROK für die Zusammenarbeit mit den Streitkräften, im Jahr 1995 vom 2. Weltkonzil des Russischen Volkes eine Erklärung „Über die Heiligkeit des Militärdienstes und die heilige Pflicht, die Integrität, Ehre und Würde Russlands zu schützen" beschließen lassen. In ihr heißt es, die ROK sei gekennzeichnet „durch einen besonderen Typ von Heiligkeit – den der heiligen Fürsten, Verteidiger des Vaterlandes und der Kirche." Wie später in den unter seiner Ägide beschlossenen „Grundlagen der Sozialdoktrin" verweist auch die Erklärung von 1995 auf Joh 15,13, um das Lebensopfer eines Soldaten auf dem Schlachtfeld als höchste christliche Tugend zu preisen.[44] Nach Putins Ankündigung der Teilmobilisierung im September 2022 spitzte der Patriarch diese Interpretation dahingehend zu, dass ein Soldat, der „bei der Erfüllung seiner militärischen Pflichten stirbt", ein Opfer bringe, welches „alle Sünden abwäscht,

---

[42] Egor Cholmogorov: Religii poslednego vremeni, in: Strategičeskij žurnal, 2/2006: Političeskoe pravoslavie, S. 51–72, hier S. 68–71.

[43] Special operation being turned into war does not mean state of war de jure – Kremlin. Tass.com, 22.3.2024, <https://tass.com/politics/1763755>.

[44] „O svjatosti ratnogo služenija i svjaščennom dolge bljusti celostnost', čest' i dostoinstvo Rossii. Dokument des 2. WKRV, 1.–3.2.1995, <https://vrns.ru/documents/dokumenty-rassmotren-nye-na-sektsiyakh-ii-vsemirnogo-russkogo-sobora/>. – Grundlagen [Fn. 38], S. 63f (VIII.2).

die der Mensch begangen hat".[45] Mit dieser Aussage, nach der nicht nur der Kreuzestod Jesu Christi sündenvergebende Wirkung habe, sondern auch der Opfertod eines Soldaten, hat der russische Patriarch nach Meinung vieler orthodoxer, katholischer und evangelischer Theologen die Grenze zur Häresie, ja zur Blasphemie überschritten.[46]
Einzelne Theologen der ROK verteidigten schon in den 1990er Jahren die Idee des „Heiligen Krieges". So kritisierte etwa 1998 der bekannte Theologe Aleksej Osipov, Professor der Moskauer Geistlichen Akademie, dass es im 20. Jahrhundert vonseiten der nichtchristlichen, modernen Welt zu einer „gezielten Diskreditierung" der „Idee des Opfers für das eigene Volk" und der „Idee eines gerechten, heiligen Krieges" gekommen sei. Tatsächlich könne durchaus „aus christlicher Sicht der Krieg eine heilige Sache

---

[45] Patriaršaja propoved' v Nedelju 15-ju po Pjatidesjatnice posle Liturgii v Aleksandro-Nevskom skitu. Patriarchia.ru, 25.9.2022, <www.patriarchia.ru/db/text/5962628.html>. Ähnlich äußerte sich Kirill in einer Weihnachtsansprache vor Kindern am 7.1.2023: Slovo Svjatejšego Patriarcha Kirilla na Roždestvenskoj elke v Chrame Christa Spasitelja. Patriarcha.ru, 7.1.2023, <www.patriarchia.ru/db/text/5993811.html>. – Slovo Svjatejšego Patriarcha Kirilla na vstreče s aktivom Komiteta semej voinov Otečestva. Patriarchia.ru, 12.12.2023, <www.patriarchia.ru/db/text/6083736.html>. Implizit ist dieser Gedanke bereits in der Sozialdoktrin der ROK enthalten, wo in Abschnitt II.2 der Hl. Filaret von Moskau (1782–1867) mit den im Kontext der napoleonischen Invasion gesprochenen Worten zitiert wird: „. . . stirbst du für Glaube und Vaterland, empfängst du Leben und Kranz im Himmel" Grundlagen [Fn. 38], S. 19. Ähnlich hatten sich im Ersten und Zweiten Weltkrieg auch protestantische und katholische Theologen geäußert, z.B. Adolf v. Harnack (1851–1930) und der Münsteraner Bischof Clemens August Graf von Galen (1878–1946). Adolf v. Harnack: Eine Betrachtung und ein Gedicht ins Felde geschickt [Aus „Christbaum und Schwert", Weihnachten 1915], in: ders.: Schriften über Krieg und Christentum. Norderstedt 2021, S. 228–230, hier S. 230: „Den Sterbenden aber, die willig für uns sterben und hier auf Erden den Sieg nicht sehen, gilt das Wort: ‚Sie sind vom Tode zum Leben hindurchgedrungen; denn sie liebten die Brüder.'" – Clemens August Graf von Galen: Fastenhirtenbrief, 1.2.1944, in: Peter Löffler (Hg.): Bischof Clemens August Graf von Galen. Akten, Briefe und Predigten 1933–1946. Mainz 1988, S. 1032–1045, hier S. 1042: „Es steht ja nach der wohlbegründeten Lehre des hl. Kirchenlehrers Thomas von Aquin der Soldatentod des gläubigen Christen in Wert und Würde ganz nahe dem Martertod um des Glaubens willen, der dem Blutzeugen Christi sogleich den Eintritt in die ewige Seligkeit öffnet."

[46] Vassa Larin: On „Heresy" and the Commemoration of Patriarch Kirill. Publicorthodoxy.org, 12.4.2024. Larin, Nonne der Russischen Orthodoxen Kirche im Ausland, erachtet die Rede vom „Heiligen Krieg", die Propagierung der „Russischen Welt" sowie die soteriologische Deutung des Soldatentodes als häretisch. Ähnlich der ukrainische orthodoxe Theologe Serhii Šumylo: Serhii Shumylo: „Orthodox Shahidism" and Moscow Patriarch Kirill's neo-pagan theology of war. Orthodoxtimes.com, 11.12.2022, und die belarussische Theologin Natallia Vasilevich: Patriarch: Gefallenen Soldaten werden Sünden erlassen. ORF.at, 26.9.2022, <https://religion.orf.at/ stories/3215269/>. – Im März 2022 warfen über 1500 orthodoxe Theologinnen und Theologen dem Moskauer Patriarchen Häresie und Blasphemie vor <www.polymerwsvolos. org/2022/03/24/erklarung_zur_lehre_von_der_russischen/>, im April 2022 äußerten sich 400 ukrainische orthodoxe Priester entsprechend <https://publicorthodoxy.org/2022/04/26/open-appeal-of-uoc-priests/#more-11270>. – Kurienkardinal Kurt Koch beschuldigte den Moskauer Patriarchen im Juni 2022 der Häresie, <www.katholisch.de/artikel/39899-kardinal-koch-wirft-patriarch-kyrill-i-haeresie-vor>. Die EKD-Ratsvorsitzende Annette Kurschus bezeichnete im März 2022 Kirills Rechtfertigung des Krieges als „gotteslästerlich". <www.ekd.de/ekd-ratsvorsitzende-friedensethik-nie-richtig-oder-falsch-72636.htm>. In seiner Rede zur Eröffnung der 11. Vollversammlung des ÖRK am 31.8.2022 in Karlsruhe sprach Bundespräsident Steinmeier davon, dass der Moskauer Patriarch seine Kirche auf „einen schlimmen, ja geradezu glaubensfeindlichen und blasphemischen Irrweg" geführt habe, <www.bundespraesident.de/SharedDocs/Reden/DE/Frank-Walter-Steinmeier/Reden/2022 /08/220831-Vollversammlung-Oekumenischer-Kirchenrat.html>.

sein", so Osipov.[47] Es war dann der damalige Leiter der Abteilung für Beziehungen zwischen Kirche und Gesellschaft der ROK und stellvertretende Vorsitzender des Weltkonzils des Russischen Volkes, Vsevolod Čaplin (1968–2020), der 2015 im Hinblick auf Russlands militärisches Eingreifen in Syrien erstmals von einem „heiligen Kampf" (svjaščennaja bor'ba) sprach, was jedoch zum Teil innerhalb der ROK, aber vor allem beim Rum-Orthodoxen Patriarchat Antiochien auf Ablehnung stieß. Patriarch Kirill übernahm zunächst nicht Čaplins Diktion, sondern sprach im Hinblick auf Syrien nur von einer „gerechten Aktion". Doch einige Monate später, am 6. Mai 2016, kurz vor dem Tag des Sieges, bezeichnete Kirill dann nicht nur den Großen Vaterländischen Krieg explizit als einen „Heiligen Krieg", der von einer „Christusliebenden Armee" um die „Wahrheit" geführt worden sei, sondern erklärte auch, dass der jetzige „Krieg gegen den Terrorismus" im Nahen Osten ein solcher „Heiliger Krieg" sei.[48] Insofern überrascht es nicht, dass bei der bislang letzten offiziellen Begegnung der EKD und der ROK im Dezember 2015 in München, die dem Gedenken des 70. Jahrestages des Endes des Zweiten Weltkriegs gewidmet war, der damalige Vorsitzende der Abteilung für Kirchliche Außenbeziehungen, Metropolit Hilarion Alfeev, gegenüber der evangelischen Seite die Auffassung vertrat, dass es nach christlichem Verständnis selbstverständlich „Heilige Kriege" gebe, dass der Große Vaterländische Krieg ein solcher gewesen sei[49] und dass auch künftig die Verteidigung des Vaterlandes durch wahre Patrioten ein „Heiliger Krieg" sein werde.[50]

Mit der Großinvasion in der Ukraine verschwand die Zurückhaltung gegenüber diesem Begriff. Inzwischen ist der Terminus svjaščennaja vojna in Kirche und Gesellschaft recht verbreitet. Schon im April 2022 erklärte der Vorsitzende der Stiftung „Russkij Mir", der Molotov-Enkel und Duma-Abgeordnete Vjačeslav Nikonov, die „Militärische Spezialoperation" in der Ukraine sei ein „Heiliger Krieg" und ein „Kampf zwischen Gut und Böse". Russland müsse gegen die „Kräfte des absolut Bösen, das durch die ukrainischen Nazi-Bataillone verkörpert wird", unbedingt gewinnen.[51] Die Synodalabteilung

---

[47] Osipov, Mir i meč [Fn. 40].

[48] Čaplins Charakterisierung des Großen Vaterländischen Krieges als „Heiliger Krieg": „Bog byl s našim narodom v svjaščennoj vojne". Patriarchia.ru, 4.7.2015, <http://www.patriarchia.ru/db/text/4148402.html>; seine entsprechende Äußerung zu Syrien: – Rešenie Rossii ispol'zovat' BBC i Sirii sootvetstvuet osoboj roli RF na Bližnem Vostoke, zajavljajut v Cerkvi. Interfax, 30.9.2015, <https://web.archive.org/web/20151002214731/http://www.interfax-religion.ru/?act=news &div=60391>. – Zu Kirills Aussagen zu Syrien: Roždestvenskoe interv'ju Svjatejšego Patriarcha Kirilla telekanaly „Rossija". Patriarchia.ru, 7.1.2016, <www.patriarchia.ru/db/text/4327642.html>, seine Predigt zum Georgstag: Slovo Svjatejšego Patriarcha Kirilla v den' pamjati velikomučenika Georgija Pobedonosca posle Liturgii v Georgievskom chrame na Poklonnoj gore. Patriarchia.ru, 6.5.2016, <www.patriarchia.ru/db/text/4461534.html> sowie seine erneute Relativierung dieser Äußerung: V zaveršenie vizita v Velikobritaniju Predstojatel' Russkoj Pravoslavnoj Cerkvi otvetil na voprosy predstavitelej rossijskich i zarubežnych SMI. Patriarchia.ru, 19.10.2016, <www.patriarchia.ru/db/text/4644339.html>.

[49] Dazu die Internetseite der Synodalabteilung für die Zusammenarbeit mit den Streitkräften „Svaščennaja vojna". Old.Pobeda.ru, 8.5.2014, <https://old.pobeda.ru/istoriya-voennogo-duhovenstva/svyashhennaya-voyna.html>.

[50] Der Autor dankt Herrn Prof. Christfried Böttrich (Greifswald) für diese Mitteilung. Die Delegation der EKD wurde von Landesbischof Prof. Dr. Heinrich Bedford-Strohm geleitet.

[51] „Es wird keine Gnade geben". Russische TV-Stars senden düstere Drohung in Richtung Europa. Bzbasel.ch, 22.4.2022. Gegen Nikonov und die Stiftung sind seit Sommer 2022 Sanktionen verhängt. Amtsblatt der Europäischen Union L 193 vom 21.7.2022, S. 189f.

des Moskauer Patriarchats für die Zusammenarbeit mit den Streitkräften und den Sicherheitsorganen veröffentlichte im April 2022 ein Werbevideo, in welchem die „militärische Spezialoperation" als eine „große historische und spirituelle Mission" bezeichnet wurde, bei der „Orthodoxie und russische Krieger" gemeinsam gegen „jenseitige höllische Mächte" kämpften. In den Reihen der ukrainischen Streitkräfte gebe es „Fälle von offenem Satanismus und Heidentum" und unter den „radikalsten Nazis" seien sogar Opfer verbreitet, weshalb es des Gebets und der Unterstützung Gottes bedürfe.[52]

In Stavropol' im Nordkaukasus fand im Dezember 2022 ein regionales Forum des Weltkonzils des Russischen Volkes zum Thema „Heiliger Krieg – Transformation Russlands" statt.[53] In seinem Eröffnungsvortrag wiederholte Metropolit Kirill Pokrovskij von Stavropol' und Nevinnomyssk weitgehend die Kriegspropaganda des Kreml, wonach in der Ukraine derzeit „ein Krieg mit Nazismus, Satanismus und dem Antichristen" stattfinde, und verwies auf die Laster und Unzucht der westlichen liberalen Gesellschaften, der er – unter Berufung auf Dostoevskij – die Heiligkeit des russischen Volkes gegenüberstellte.[54] Nachdem Metropolit Kirill Pokrovskij im April 2023 an die Spitze der Synodalabteilung für die Zusammenarbeit mit den Streitkräften berufen worden war, wiederholte er im August 2023 auf dem „2. Antifaschistischen Kongress" zum Thema „Der Nazismus in der Ukraine" vor Delegierten aus der Russländischen Föderation und Belarus seine Aussage, die „Militärische Spezialoperation" in der Ukraine sei „ein Heiliger Krieg" und „ein Krieg gegen den Satanismus".[55] Am 19. Oktober 2023 fand dann ein weiteres Regionalforum in Stavropol' statt, bei dem der Film „Heiliger Krieg" des Militärkorrespondenten des Fernsehsenders *Spas*, Andrej Afanasev, gezeigt wurde.[56] Am 25. Januar 2024 schließlich veranstaltete der Metropolit im Zentralhaus der Russländischen Armee in Moskau abermals einen Kongress zum Thema „Heiliger Krieg – Transformation Russlands".[57]

---

[52] Voennoe duchovenstvo. Old.pobeda, 17.4.2022, <https://old.pobeda.ru/novosti/voennoe-duhovenstvo.html>. Die Website trägt den Namen „Pobeda" –„Sieg".

[53] Mitropolit Kirill vozglavil plenarnoe zasedanie IX Stavropol'skogo foruma Vsemirnogo Russkogo Narodnogo Sobora. Stavropol'skaja Mitropolija, 13.12.2022, <http://stavropol-eparhia.ru/mitropolit-kirill-vozglavil-plenarnoe-zasedanie-ix-stavropolskogo-foruma-vsemirnogo-russkogo-narodnogo-sobora/>.

[54] Doklad mitropolita Stavropol'skogo i Nevinnomysskogo Kirills na Plenarnom zasedanii Stavropol'skogo Foruma VRns „Svjaščennaja vojna – Preobraženie Rossii". Stavropol-eparhia.ru, 14.12.2022, <http://stavropol-eparhia.ru/doklad-mitropolita-stavropolskogo-i-nevinnomysskogo-kirilla-na-plenarnom-zasedanii-stavropolskogo-foruma-vrns-svyashhennaya-vojna-preobrazhenie-rossii/>.

[55] Mitropolit Kirill prinjal učastie vo II Meždunarodnom antifažistskom kongresse i konferencii „Nacizm na Ukraine: vzgljad čerez prizmu special'noj voennoj operacii". Old.pobeda.ru, 19.8.2023, <https://old.pobeda.ru/novosti/mitropolit-kirill-prinyal-uchastie-vo-ii-mezhdunarodnom-antifashistskom-kongresse-i-konferenczii-nacizm-na-ukraine-vzglyad-cherez-prizmu-speczialnoj-voennoj-operaczii.html>.

[56] Mitropolit Kirill vozglavil rabotu kruglogo stola „Služenie duchovenstva v zone SVO". Old.pobeda.ru, 20.10.2023, <https://old.pobeda.ru/novosti/mitropolit-kirill-vozglavil-rabotu-kruglogo-stola-sluzhenie-duhovenstva-v-zone-svo.html>. Der Film mit Kriegsszenen aus der Ukraine ist abrufbar unter <https://rutube.ru/video/f3cccf9bbbad8e5ccd2b9f4c9c28c83a/>.

[57] Prjamaja transljacija plenarnogo zasedanija MNP konferencii „Svjaščennaja vojna: Preobraženie Rossii". Old.pobeda.ru, 24.1.2024, <https://old.pobeda.ru/novosti/pryamaya-translyacziya-plenarnogo-zasedaniya-mnp-konferenczii-svyashhennaya-vojna-preobrazhenie-rossii.html>.

Abgesegnet: Putin tritt seine fünfte Amtszeit an. Foto: kremlin.ru

Fazit

Die ROK steht am Scheideweg. Sie kann nicht gleichzeitig zwei Herren dienen. Hält sie an ihrer angeblichen heilsgeschichtlichen Mission als endzeitlicher „Katechon" fest und verteidigt weiterhin den völkerrechtswidrigen Angriffskrieg Russlands auf die Ukraine als einen „Heiligen Krieg" zur Abwehr der gottlosen und satanischen Zivilisation des Westens, wird sie sich endgültig von den übrigen Orthodoxen Kirchen isolieren. Die theologische Kluft zur nichtrussischen Orthodoxie, aber auch zur Christenheit insgesamt, droht dann unüberbrückbar zu werden. Nimmt sie hingegen die Friedensbotschaft Jesu Christi ernst und setzt sich für ein sofortiges Schweigen der Waffen und einen Rückzug der russländischen Streitkräfte aus der Ukraine ein, muss sie mit staatlichen Vergeltungsmaßnahmen und einem Machtverlust rechnen. Die derzeitige Moskauer Kirchenleitung hat sich offenbar schon seit längerem den neoimperialen und revisionistischen Plänen des Kreml verschrieben und versucht unter Rückgriff auf das Narrativ der „Heiligen Rus'" und die apokalyptische Kriegsideologie des 16. Jahrhunderts ihren Teil zur Verwirklichung dieser Pläne beizutragen. Doch dies führt geradewegs in die Häresie, wie sich an der Sakralisierung des Krieges sowie der Apotheose des Soldatentodes in aller Deutlichkeit zeigt.

Schlagwörter:
Russische Orthodoxe Kirche, ROK, Moskauer Patriarchat, Religion, Ukrainekrieg, Patriarch Kirill

osteuropa

Gewagter Schnitt
Kirchenkonflikt um die Ukraine

160 Seiten, 16 Abb., 5 Karten: 12.- €. zeitschrift-osteuropa.de

Gegenwart und Zukunft der *Russischen Welt*

„Anweisung" des 25. Weltkonzils des Russischen Volks

27. März 2024

1. Die militärische Spezialoperation[1]

Die militärische Spezialoperation ist eine neue Etappe im nationalen Befreiungskampf des russischen Volkes gegen das verbrecherische Kiewer Regime und den hinter ihm stehenden kollektiven Westen, der seit 2014 auf dem Gebiet der Südwestlichen Rus' geführt wird. Bei der militärischen Spezialoperation verteidigt das russische Volk mit der Waffe in der Hand sein Leben, seine Freiheit, seine Staatlichkeit, seine zivilisatorische, religiöse, nationale und kulturelle Identität sowie das Recht, auf seinem eigenen Boden in den Grenzen eines geeinten Russländischen Staates zu leben. In geistig-moralischer Hinsicht ist die militärische Spezialoperation ein Heiliger Krieg, in dem Russland und sein Volk durch die Verteidigung des geeinten geistigen Raumes der Heiligen Rus' die Mission des „Katechon" erfüllen, der die Welt vor dem Druck des Globalismus und einem Sieg des in Satanismus verfallenen Westens beschützt.
Nach dem Abschluss der militärischen Spezialoperation muss das gesamte Territorium der heutigen Ukraine der exklusiven Einflusszone Russlands angehören. Es muss definitiv ausgeschlossen werden, dass auf diesem Territorium ein russophobes, Russland und seinem Volk feindlich gesinntes politisches Regime bestehen kann, oder ein politisches Regime, das von einem Russland feindlich gesinnten äußeren Zentrum aus gelenkt wird.

2. Die Russische Welt

Russland ist Schöpfer, Stütze und Verteidiger der Russischen Welt. Die Grenzen des geistigen und kulturell-zivilisatorischen Phänomens Russische Welt sind wesentlich weiter als die Staatsgrenzen der heutigen Russländischen Föderation und auch des großen historischen Russlands. Neben den Angehörigen der über die ganze Welt verstreuten russischen Ökumene schließt die Russische Welt auch all jene Menschen ein, für die die russische Tradition, die Heiligtümer der russischen Zivilisation und die große russische Kultur der höchste Wert und Sinn des Lebens sind.
Höchster Daseinszweck Russlands und der von ihm geschaffenen Russischen Welt – ihre geistige Mission – ist es, der globale „Katechon" zu sein, der die Welt vor dem

---

[1] Quelle: <https://vrns.ru/documents/nakaz-xxv-vsemirnogo-russkogo-narodnogo-sobora-nasto
    yashchee-i-budushchee-russkogo-mira>.

OSTEUROPA, 74. Jg., 5/2024, S. 79–85   doi: 10.35998/oe-2024-036

Bösen bewahrt. Die historische Mission lautet, ein ums andere Mal jene zum Scheitern zu bringen, die eine universelle Hegemonie errichten und die Menschheit einem unifizierten Prinzip des Bösen unterordnen wollen.

Die 1000 Jahre alte russländische Staatlichkeit ist die höchste politische Schöpfung der russischen Nation. Eine Spaltung und Schwächung des russischen Volkes, ein Verlust seiner geistigen und vitalen Kräfte hat immer zu Schwächung und Krise des Russländischen Staates geführt. Daher ist die Wiederherstellung der Einheit des russischen Volkes sowie seines geistig und vitalen Potentials eine Grundvoraussetzung für das Überleben und die erfolgreiche Entwicklung Russlands und der Russischen Welt im 21. Jahrhundert.

Die Familie ist das Fundament des russischen nationalen Daseins und die innere Stütze der Tradition der Russischen Welt. Sie ist die stabilste und konservativste gesellschaftliche Instanz und sorgt von Generation zu Generation für die Weitergabe der grundlegenden Vorstellungen von der Welt und den Menschen, für die Vermittlung der wichtigsten sozialen Kompetenzen und Rollen (Mann und Frau, Vater und Mutter, Staatsbürger usw.), für die Bewahrung und Weitergabe der Weltanschauung unserer Zivilisation, der nationalen Idee sowie der traditionellen geistigen und moralischen Werte. Als wichtigste Schule der Persönlichkeitsbildung hilft die Familie dem Menschen nicht nur, die Welt um sich herum zu erkennen, sie lehrt ihn auch Liebe, Güte und Mitgefühl, vermittelt ihm elementare Moralvorstellungen und gibt ihm Orientierung.

3. Außenpolitik

Russland muss zu einem führenden Zentrum der multipolaren Welt werden und im gesamten postsowjetischen Raum an der Spitze von Integrationsprozessen stehen sowie für Sicherheit und eine stabile Entwicklung sorgen. Als geopolitisches Zentrum Eurasiens an der Schnittstelle der globalen West-Ost- und Nord-Süd-Achsen muss Russland für ein Gleichgewicht der verschiedenen strategischen Interessen sorgen und als Fundament von Sicherheit und einer gerechten Weltordnung in der neuen multipolaren Welt wirken.

Die Wiedervereinigung des russischen Volkes ist eine der vorrangigen Aufgaben von Russlands Außenpolitik. Russland muss zu der seit mehr als drei Jahrhunderten bestehenden Doktrin von der Dreieinheit des russischen Volkes zurückkehren. Das russische Volk besteht aus Großrussen, Kleinrussen und Weißrussen, diese sind Zweige (Subethnien) *eines* Volkes und der Begriff „russisch" umfasst alle Ostslawen, die Nachkommen der historischen Rus'. Die Dreieinheits-Doktrin muss nicht nur in der nationalen Wissenschaft anerkannt und weiterentwickelt, sondern auch gesetzlich verankert und zum festen Bestandteil des russländischen Rechtssystems werden. Die Dreieinheit muss in einen verbindlichen Kanon der geistig-moralischen Werte Russlands aufgenommen werden und einen entsprechenden Rechtsschutz genießen.

Russland muss zu einem Zufluchtsort für alle Landsleute weltweit werden, die unter dem Vormarsch des westlichen Globalismus, unter Krieg und Diskriminierung leiden. Zudem kann unser Land auch eine Zufluchtsstätte für Millionen von Ausländern werden, die traditionelle Werte hochhalten, Russland gegenüber loyal sind und bereit sind, sich sprachlich und kulturell in unser Land zu integrieren.

4. Familien- und Bevölkerungspolitik

Die größte Bedrohung für die Existenz und die Entwicklung Russlands ist die demographische Katastrophe, die unser Land erlebt. Um im 21. Jahrhundert zu überleben, seine Souveränität und seine zivilisatorische Identität zu bewahren, braucht Russland ein nachhaltiges und vor allem intensives natürliches Bevölkerungswachstum. Dieses Problem kann nur gelöst werden, wenn in Russland die traditionelle kinderreiche Familie und auch die traditionellen Familienwerte wiederbelebt werden. Die starke, kinderreiche Familie, ihr Schutz und ihr Wohlergehen, die Steigerung der Geburtenrate und der Kampf gegen Abtreibungen müssen im Zentrum aller staatlichen Politik stehen. Die Familie und ihr Wohlergehen müssen zum zentralen nationalen Entwicklungsziel und zur strategischen nationalen Priorität der Russländischen Föderation erklärt werden. Die wichtigsten strategischen Planungsdokumente der Russländischen Föderation müssen entsprechend geändert werden.
Es muss ein Bündel von Maßnahmen entwickelt und umgesetzt werden, die Anreize für Ehepaare schaffen, ein drittes Kind und weitere Kinder zu bekommen. Eine solche Maßnahme könnte die teilweise oder vollständige Befreiung von Hypothekenlasten nach der Geburt weiterer Kinder, etwa von 50 % nach Geburt des dritten, 75 % nach dem vierten und 100 % nach dem fünften Kind.
[. . .]

Die Russländische Föderation braucht ein neues bevölkerungspolitisches Konzept, in dem die wichtigsten demographischen Indikatoren radikal überdacht werden. Ausgerüstet mit der These des großen russischen Wissenschaftlers D. I. Mendeleev, dass „das höchste Ziel der Politik am deutlichsten in der Entwicklung der Voraussetzungen für menschliche Vermehrung zum Ausdruck kommt", sollte sich der Staat das langfristige strategische Ziel setzen, die Bevölkerung Russlands innerhalb von hundert Jahren durch ein stetiges demographisches Wachstum auf die „Mendeleevschen" 600 Millionen Menschen zu bringen.
Der Staat muss umfassende Maßnahmen ergreifen, um die Familie und die Familienwerte vor der Abtreibungspropaganda, sexueller Zügellosigkeit und Ausschweifung sowie vor Sodomie und verschiedenen sexuellen Perversionen zu schützen. In Russlands Gesellschaft muss wieder die traditionelle Keuschheit und Tugendhaftigkeit des russischen Volkes einziehen. Die gesamte Kultur und insbesondere die Massenkultur sollte darauf hinarbeiten, in der Gesellschaft einen Kult der Familie, des Kinderreichtums, der ehelichen Treue, der verantwortungsvollen Elternschaft und der Attraktivität des Familienlebens hervorzubringen. Die Vorbereitung auf die Gründung einer Familie und auf das Familienleben sollte Ziel der schulischen Erziehung sein. Die moralischen Grundlagen des Familienlebens (Familienlehre) sollten an den Schulen Pflichtfach werden.
[. . .]

5. Migrationspolitik

Eine effektive Bevölkerungspolitik ist nicht möglich ohne eine neue Migrationspolitik.

Der unkontrollierte Massenzustrom ausländischer Arbeitskräfte führt zu einer Senkung der Löhne bei der autochthonen Bevölkerung und in der Folge dazu, dass diese in ganzen Wirtschaftssektoren durch Migranten ersetzt werden. Der massenhafte Zustrom von Migranten, die die russische Sprache nicht beherrschen und keine ausreichenden Vorstellungen von der russländischen Geschichte und Kultur haben und daher nicht zur Integration in die russländische Gesellschaft fähig sind, verändert das Antlitz von Russlands Städten, was zu einer Deformation des einheitlichen Rechts-, Kultur- und Sprachraums führt. In den Großstädten entstehen geschlossene ethnische Enklaven, die sich aktiv weiterentwickeln und Brutstätten für Korruption, organisierte ethnische Kriminalität und illegale Migration sind. Da sie ihren eigenen Gesetzen folgen, sind sie ein Nährboden für Extremismus und Terrorismus sowie eine Quelle kolossaler gesellschaftlicher Spannungen.

[Aufzählung der Rechtsbereiche, in denen Änderungen vorgenommen werden sollen, von der Verfassung über das Aufenthaltsrecht und das Staatsbürgerrecht bis zum Strafrecht]

Die Prioritäten der neuen Migrationspolitik der Russländischen Föderation sollten sein:

1.   der Schutz russländischer Familien, ihrer sozioökonomischen Rechte und Interessen; die Schaffung von Bedingungen, die die Beschäftigung von Bürgern der Russländischen Föderation und ein hohes Einkommensniveau für russländische Familien garantieren;

2.   der Schutz der Identität der russländischen Zivilisation sowie der Einheit des Rechts-, Kultur- und Sprachraums des Landes; der Schutz der Rechte und legitimen Interessen des russischen Volkes und der anderen indigenen Völker Russlands;

3.   der Schutz des heimischen Arbeitsmarktes, die Gewährleistung der wissenschaftlich-technologischen Weiterentwicklung von Russlands Wirtschaft und die Steigerung der Arbeitsproduktivität;

4.   die Durchsetzung einer effektiven staatlichen Kontrolle externer Migrationsströme sowie deren Planung und Steuerung;

5.   die Schaffung günstiger Bedingungen für die massenhafte Repatriierung von Landsleuten nach Russland sowie der Zuzug hochqualifizierter ausländischer Spezialisten, Wissenschaftler, Investoren und ihrer Familienmitglieder, die Russland gegenüber loyal und bereit sind, sich sprachlich und kulturell zu integrieren;

6.   eine erhebliche Einschränkung der Zuwanderung kulturfremder, geringqualifizierter ausländischer Arbeitskräfte in die Russländische Föderation. Einführung des Prinzips maximaler wirtschaftlicher und rechtlicher Verantwortung der Arbeitgeber für die von ihnen herangezogenen Arbeitskräfte aus anderen Kulturen;

7.   Gewährleistung von Sicherheit vor Terrorattacken, Maßnahmen gegen illegale Migration und ethnische Kriminalität.

6. Bildung und Erziehung

Zur nationalen Ausrichtung der gegenwärtigen Eliten Russlands sowie für die Erziehung künftiger Generationen russländischer Bürger ist die Aneignung der weltanschaulichen Ideen und der geistig-moralischen Werte der russischen Zivilisation von entscheidender Bedeutung. Die Umsetzung dieses Ziels erfordert die Schaffung eines souveränen nationalen Bildungssystems. Die Bildungs- und Erziehungsprogramme müssen von destruktiven ideologischen – vor allem westlichen – Konzepten und Anschauungen gereinigt werden, die dem russländischen Volk fremd sind und die russländische Gesellschaft zerstören. In den Sozial- und Geisteswissenschaften sollte ein neues Paradigma entwickelt und angewandt werden, das auf der russländischen zivilisatorischen Identität und den traditionellen russländischen spirituell-moralischen Werten fußt. Die Entwicklung eines solchen Paradigmas erfordert:

- westliche wissenschaftliche Theorien und Schulen (vor allem im Bereich der Sozial- und Geisteswissenschaften) müssen kritisch darauf geprüft werden, ob sie im Einklang mit der souveränen russländischen Weltanschauung stehen und nützlich oder schädlich für die Stärkung des nationalen Selbstbewusstseins sind;

- eine Revision des Bestandes an humanwissenschaftlichen Kenntnissen, allgemein anerkannten Theorien und Konzepten mit Blick auf ihre Vereinbarkeit mit dem System der weltanschaulichen Ideen und moralischen Werte der russischen Zivilisation;

- eine Umgestaltung der Didaktik, der Bildungsstandards sowie der Bewertungssysteme ohne Bezugnahme auf internationale (de facto vom Westen aufgezwungene) Kriterien und Modelle;

- eine Reform des Bildungssystems mit dem Ziel, dieses mit den grundlegenden Parametern der souveränen russländischen Weltanschauung in Einklang zu bringen.

[. . .]

7. Raumplanung und städtebauliche Entwicklung

Für einen signifikanten Anstieg der Geburtenrate bedarf es einer räumlichen Neuordnung Russlands, eines grundlegenden Wandels der Raum- und Stadtplanung.
In der Praxis bedeutet dies:

- eine Abkehr von der Schaffung großer städtischer Agglomerationen und Megastädte, vom massenhaften Geschosswohnungsbau sowie der Überkonzentration von Arbeits- und Produktivkräften in Megastädten;

- Rückkehr zu der traditionellen gleichmäßigen Verteilung der Bevölkerung und der Produktivkräfte über das gesamte Staatsgebiet durch Massenumsiedlung von Stadtbewohnern in gut ausgestattete stadtnahe Siedlungen mit Eigenheimen;

- eine Veränderung der Prioritätensetzung des Baugewerbes zugunsten einer massiven Steigerung der Errichtung von Fertigeinzelhäusern, auf die in zehn bis 15

Jahren mindestens 70–80 % des Gesamtvolumens des neu geschaffenen Wohn-
raums entfallen sollten.
[. . .]

Das neue Hauptziel der neuen Regionalpolitik, der Raum- und Stadtplanung sowie der
Entwicklung des Baugewerbes muss darin bestehen, ein nachhaltiges natürliches
Wachstum der russländischen Bevölkerung zu gewährleisten, das durch hohe Geburten-
raten erreicht wird (demographisches Prinzip). Zum zentralen Kriterium für die Wirk-
samkeitskontrolle in den genannten staatlichen Tätigkeitsfeldern muss die Entwicklung
der Gesamtfruchtbarkeitsrate gemacht werden.
[. . .] Aus einem Territorium mit 16 Megastädten und riesigen entvölkerten Gebieten
muss sich Russland bis 2050 in ein gleichmäßig besiedeltes Land mit 1000 wiederbe-
lebten, von Einfamilienhäusern geprägten mittelgroßen und kleinen Städten verwandeln, in eine Gardarike des 21. Jahrhunderts.[2] Stadtnahe Siedlungen sollten zum Haupt-
siedlungstyp in Russland werden, 80 % der Bevölkerung (oder mehr als 30 Millionen
Familien) sollten in ihrem Eigenheim auf ihrem eigenen Grund und Boden leben. Bei
der Besiedlung und Erschließung des Baulands muss den Themen Sicherheit, Arbeits-
markt, Realeinkommen, intakte Umwelt, gesunde Ernährung, komfortables Wohnen,
Zugang zu Hochtechnologie und auch zu Kommunikations-, Sozial- und Verkehrsinf-
rastruktur vorrangige Aufmerksamkeit gewidmet werden. Das Leben auf einem eigenem Stück Land, unter guten ökologischen und komfortablen Umständen, im behagli-
chen Eigenheim, in dem man eine Familie gründen und drei oder mehr Kinder zur Welt
bringen und aufziehen kann, muss zur sichtbaren Verkörperung der Ideen der Russischen Welt werden.

8. Wirtschaftliche Entwicklung

Russland benötigt eine souveräne und effektive Volkswirtschaft, die auf der vollständigen
Kontrolle über die Geldströme und das Finanzsystem beruht, sowie auf der zu einem
Vorsprung führenden Entwicklung von Sektoren, Technologien und Produkten der
neuen (sechsten) Technologiewelle.
Hauptziele der Volkswirtschaft müssen die Steigerung des realen Wohlstands der russländischen Familien, eine Erhöhung der Zahl der Arbeitsplätze, eine Steigerung der Geburtenrate, eine Besiedlung und Erschließung der riesigen Räume Russlands, die Gewährleistung der Souveränität und Verteidigungsfähigkeit des Landes sowie die Wett-
bewerbsfähigkeit russländischer Technologien, Waren und Dienstleistungen auf dem
Binnenmarkt wie auf anderen Märkten sein.
Vorschläge, die der Erreichung der genannten Ziele dienen, hat der Sozial- und Wirt-
schaftsausschuss des Weltkonzils des Russischen Volks in einem Programm für eine
ein- und überholende sozioökonomische Entwicklung Russlands mit dem Titel „Soziale
Gerechtigkeit und Wirtschaftswachstum" erarbeitet.

Aus dem Russischen von Andrea Huterer, Berlin

---

[2] Gardarike ist die altnordische Bezeichnung für die Kiewer Rus aus dem 13. Jahrhundert. –
Anm. d. Übers.

Ratskongress des Weltkonzils der Russischen Volkes am 27. März 2024 im Saal der Kirchenräte der Christ-Erlöser-Kathedrale in Moskau. Fotos: patriarchia.ru

Thomas Bremer

Russische Welt heute und morgen

Zum Dokument des Weltkonzils des Russischen Volks

Ende März 2024 veröffentlichte das Weltkonzil des Russischen Volks eine Instruktion, die für Aufsehen sorgte: In ihr wurde die „militärische Spezialoperation" in der Ukraine zum „Heiligen Krieg" erklärt, eine demographische Wende in Russland gefordert und erstmals versucht, die *Russische Welt* (russkij mir) zu definieren. Sie wird als ein „spirituelles und kulturell-zivilisatorisches Phänomen" verstanden, dessen Grenzen die des „großen historischen Russland" überschreiten. Die *Russische Welt* ist eng mit der russischen Staatlichkeit verbunden und stellt sich gegen das Böse, das mit dem Westen identifiziert wird. Eine theologische Argumentation fehlt. Der Begriff ist Teil eines spezifischen historischen und politischen Weltbilds, das gefährliche revisionistische Implikationen hat. Das zeigt der Krieg gegen die Ukraine.

Am 27. März 2024 publizierte das Weltkonzil des Russischen Volks (Vsemirnyj russkij narodnyj sobor) ein Dokument mit dem Genre-Titel „nakaz" (eigentlich: Anweisung, Belehrung, Instruktion) und der Überschrift „Gegenwart und Zukunft der Russischen Welt".[1] Das Weltkonzil des Russischen Volks wurde 1993 auf eine kirchliche Initiative gegründet. Laut Satzung ist der jeweilige russische Patriarch der Vorsitzende; viele hochrangige Vertreter der Russischen Orthodoxen Kirche sind, neben gesellschaftlichen und politischen Akteuren, Mitglieder. Somit ist es ein prominent besetztes Organ, das allerdings eigentlich eine private Institution ist, die weder im Kirchenrecht noch im staatlichen Recht oder in der Politik einen offiziellen Platz hat. In westlicher Terminologie könnte man es als „Nichtregierungsorganisation" bezeichnen. Doch faktisch ist es ein Gremium von Gewicht, da es – neben dem Patriarchen und den Kirchenvertretern – von (fast nur) Männern dominiert wird, die in der Regel zwar keine hohen politischen Posten innehaben, doch gesellschaftliche Bedeutung haben.

Thomas Bremer (1957), Dr. theol., katholischer Theologe, bis 2022 Professor für Ostkirchenkunde an der Universität Münster

Von Thomas Bremer erschien zuletzt in OSTEUROPA: Mythos „Russische Welt". Russlands Regime, die ROK und der Krieg, in: OE, 3–4/2023, S. 261–274. – Zeit der Wirren. Die Kirchen und der Krieg gegen die Ukraine, in: OE, 1–3/2022, S. 185–196. – Konflikt der Patriarchen. Über Orthodoxie und Autokephalie, in: OE, 8–9/2018, S. 99–108. – Diffuses Konzept. Die Russische Orthodoxe Kirche und die „Russische Welt", in: OE, 3/2016, S. 3–18. – Das Jahrhundert der Kriege. Die Russische Orthodoxie, der Krieg und der Friede, in: OE, 2–3/2014, S. 279–290.

[1] Das Dokument ist auf der Seite des Weltkonzil des Russischen Volks zugänglich: <https://vrns.ru/documents/nakaz-xxv-vsemirnogo-russkogo-narodnogo-sobora-nastoyashchee-i-budushchee-russkogo-mira/>. Es wurde auch auf der Seite des Patriarchats veröffentlicht: <www.patriarchia.ru/db/text/6116189.html>.

OSTEUROPA, 74. Jg., 5/2024, S. 87–95   doi: 10.35998/oe-2024-037

Das genannte Dokument hat einiges Aufsehen erregt, weil es erklärte, die „Spezialoperation" in der Ukraine sei ein „Heiliger Krieg", was mit einigen theologischen Versatzstücken begründet wurde. Auch bietet das Dokument eine kurze Definition des Begriffs *Russische Welt*. Der weitaus größte Teil des Texts ist jedoch anderen Themen gewidmet, vor allem der zukünftigen Rolle Russlands in der Welt und seiner inneren Entwicklung, wobei hier wiederum der Demographie mit Abstand die größte Aufmerksamkeit geschenkt wird. Der Text konstruiert dabei für die Zukunft das romantische Bild eines ländlichen Russland, in dem kinderreiche Familien in ihren eigenen Häusern nach den traditionellen Wertvorstellungen leben, die ebenfalls in dem Dokument dargestellt werden. Nach der Absicht der Autoren soll die Bevölkerung Russlands in den nächsten einhundert Jahren von jetzt etwa 140 Millionen auf 600 Millionen Menschen anwachsen. Um dieses Ziel zu erreichen, sollen nicht nur einschneidende Maßnahmen zur Förderung der demographischen Entwicklung vorgenommen werden, sondern es sollen auch Gebiete an Russland angegliedert werden, die heute nicht dazugehören. Gleichzeitig ist geplant, die Einwanderung von „kulturfremden" (inokul'turnye) Arbeitsmigranten aus dem Ausland zu beenden und gegen sie Einreise- und Aufenthaltsbeschränkungen zu verhängen.

Das Dokument ist geprägt von einer Gegenüberstellung Russlands und des Westens, die in statischen Kategorien gedacht wird – ein gegenseitiger Einfluss wird ebenso wenig berücksichtigt wie historische Entwicklungen. Die acht Abschnitte des Textes sind von unterschiedlicher Länge; etwa drei Viertel des Dokuments befassen sich mit Demographie, Migration und der Entwicklung des russischen Raumes. Die Aussagen zum Ukrainekrieg und zur „Russischen Welt", auf die sich diese Analyse beschränkt, nehmen zusammen gerade einmal gut zehn Prozent des Gesamtumfangs ein. Allerdings wird in den anderen Passagen zuweilen auf die Vorstellung von der „Russischen Welt" zurückgegriffen.

Der Krieg gegen die Ukraine

Der erste Abschnitt ist mit „Die militärische Spezialoperation" überschrieben. Der Krieg wird als Befreiungskampf des russischen Volkes gegen das „verbrecherische Kiewer Regime und den hinter ihm stehenden kollektiven Westen" charakterisiert. Interessant ist die Beschreibung des Krieges „aus spirituell-moralischer Perspektive" als „Heiliger Krieg", in dem das russische Volk „die Mission des ‚Aufhaltenden' erfüllt, der die Welt gegen den Ansturm des Globalismus und den Sieg des Westens, der in Satanismus verfallen ist, verteidigt." Die politische Folge dieser Situation ist für die Autoren des Textes, dass die gesamte Ukraine in der russischen Einflusszone bleiben muss.

In dieser Erläuterung sind aus theologischer Perspektive mehrere Punkte besonders bemerkenswert:

- Der *Heilige Krieg*. Der Orthodoxie ist eigentlich diese Kategorie fremd.[2] In den Äußerungen von russischen Kirchenvertretern vor März 2024 wurde der Begriff fast immer nur auf das aus dem Zweiten Weltkrieg stammende Lied „Der

---

[2] Volodymyr Bureha verweist darauf, dass sich die russische Kirche im Zusammenhang mit dem Krieg in Syrien 2014/15 explizit gegen den Begriff ausgesprochen hat: Volodymyr Bureha: The Moscow Patriarchate and the „Struggle for War". Public Orthodoxy, 10.4.2024.

Heilige Krieg" (Svjaščennaja vojna) bezogen, das auch nach seinen Anfangsworten als „Steh auf, du großes Land" (Vstavaj, strana ogromnaja) bekannt ist. Natürlich kennt auch die Orthodoxie die religiöse Begründung von Kriegen, vor allem in Konflikten mit Angehörigen anderer Religionsgemeinschaften. Doch wird das Konzept eines Krieges, der aus religiösen Gründen geführt wird (wie etwa bei den Kreuzzügen im Westen), kaum verwendet. Allerdings wurde der Angriff gegen die Ukraine mehrfach mit religiösen Motiven begründet oder untermalt. So bezog sich Russlands Präsident Putin in seiner im Sommer 2021 erschienenen geschichtlichen Darstellung „Über die historische Einheit der Russen und der Ukrainer"ebenso wie in seinen Ansprachen unmittelbar vor Beginn des Angriffs auf die Religion.[3] In seiner berüchtigten Predigt vom 25. September 2022 sagte Patriarch Kirill, dass russischen Soldaten, die im Kampf gegen die Ukraine ihr Leben verlieren, ihre Sünden vergeben würden. Das ist ebenfalls eine in der Orthodoxie völlig unbekannte Vorstellung.[4] Die Gebrauch des Begriffs des „Heiligen Krieges" soll in dem Dokument die mit ihm verbundenen positiven Konnotationen wecken – der Krieg gegen die Ukraine ist danach eine heilige, gottgewollte und von Gott auch belohnte Aufgabe.

- *Katechon*, der Aufhaltende.[5] Der Begriff stammt aus dem Neuen Testament, wo ihn der Autor des 2. Thessalonicherbriefs zweimal verwendet (2 Thess 2,6 und 2,7). Der Kontext ist die Rede vom „Widersacher"[6] Christi, der von dem „Aufhaltenden" (griechisch „katechon") zunächst noch in Schranken gehalten wird, bevor er sich – nach Beseitigung des *katechon* – in seiner ganzen Frevelhaftigkeit zeigen kann, bis Christus erneut kommt und ihn vernichtet. Es handelt sich also um ein endzeitliches Szenario. Um die Figur des *katechon* (der Begriff wird einmal neutral, „das Aufhaltende", und einmal maskulin, „der Aufhaltende", verwendet) hat es große Diskussionen gegeben. Der Begriff wird in der russischen Religionsphilosophie verwendet, um die besondere Rolle Russlands oder der Orthodoxie zu betonen,[7] während er in der katholischen und evangelischen Kirche und Theologie kaum eine Rolle gespielt hat.

[3] Vladimir Putin: Über die historische Einheit der Russen und der Ukrainer, in: OSTEUROPA, 7/2021, S. 51–66. – Vladimir Putin: Rede an die Nation, 21.2.2022, <https://zeitschrift-osteuropa.de/blog/putin-rede-21.2.2022/>. – Kriegserklärung. Die Ansprache des russländischen Präsidenten am Morgen des 24.2.2022, <https://zeitschrift-osteuropa.de/blog/vladimir-putin-ansprache-am-fruehen-morgen-des-24.2.2022/>.
[4] Patriaršaja propoved' v Nedelju 15-ju po Pjatidesjatnice posle Liturgii v Aleksandro-Nevskom skitu. Russkaja Pravoslavnaja Cerkov', 25.9.2024, <www.patriarchia.ru/db/text/5962628.html>.
[5] Die Lutherübersetzung verwendet für das griechische „katechon" die Verbform „das, was [oder: der, der] aufhält", die Einheitsübersetzung sagt „zurückhält".
[6] An dieser Stelle werden verschiedene Begriffe gebraucht, der „Widersacher", der „Frevler" oder „Gesetzlose", der „Sohn des Verderbens". Der Begriff „Antichrist" kommt im Neuen Testament nur in den Johannesbriefen vor.
[7] Seit vielen Jahren gibt es eine – vom *Klub Katechon* unter seinem Vorsitzenden Arkadij Maler privat betriebene – Website, die sich auf die besondere Rolle Russlands konzentriert und sich dabei auf die Figur des Aufhaltenden beruft: <www.katehon.ru/>. – Michael Hagemeister: Der „Nördliche Katechon" – „Neobyzantismus" und „politischer Hesychasmus" im postsowjetischen Russland. Erfurt 2016 sowie ders.: „Bereit für die Endzeit". Neobyzantismus im postsowjetischen Russland, in: OSTEUROPA, 11–12/2016, S. 15–37.

Im Dokument des Russischen Volkskonzils sind es „Russland und sein Volk", die diese Funktion des *katechon* erfüllen. Der eschatologische Kontext des Begriffs ist eindeutig, und so wird er auch im Text verwendet. Interessant ist, dass der/das *katechon* nach dem biblischen Text zwar den Widersacher, den Gesetzlosen, aufhält, dann aber selbst beseitigt werden muss, bevor der Widersacher offenbart wird. Wenn das Dokument also Russland in dieser Rolle sieht, bedeutet das, dass der Widersacher Russland beseitigt und erst dann für alle in seiner Gesetzlosigkeit sichtbar wird, bevor Christus ihn vernichten wird. Die Autoren, die sich auf diese Figur berufen, betonen allerdings nur die Funktion, das Böse in Schranken zu halten, nicht den anschließenden (vorläufigen) Sieg des Bösen.

- *Satanismus.* Der Text ist insgesamt von einem Dualismus zwischen Russland und dem Westen gekennzeichnet; an dieser Stelle wird der Westen als dem Satanismus verfallen beschrieben. Parallel dazu steht der *Globalismus.* Was genau mit *Satanismus* gemeint ist, wird nicht ausgeführt. Bemerkenswert ist jedoch, dass ein Text mit einem politischen Anspruch damit argumentiert, dass ein politisch entgegengesetztes Lager vom Teufel besessen sei. Die übrigen Bezüge auf kirchliche und religiöse Themen sprechen immer von der Tradition oder von den Werten, also Begriffen, die man historisch feststellen oder diskursiv klären kann. Über die Frage, ob ein Kollektiv dem Satan verfallen kann, lässt sich nicht voraussetzungslos diskutieren – sie unterstellt die Existenz des Teufels. Das ist jedoch schon theologisch umstritten, politisch aber kaum vertretbar.

- Schließlich sei noch angemerkt, dass sich die Ukrainische Orthodoxe Kirche, die sich im Mai 2022 vom Moskauer Patriarchat losgesagt hatte, von diesem aber noch als Teil der eigenen Kirche betrachtet wird, unmittelbar nach Erscheinen des Dokuments in deutlichen Worten von ihm distanziert hat.[8] Sie verweist darauf, dass die dort dargelegten Ideen nicht mit dem Evangelium vereinbar seien. Auch der Weltkirchenrat, dem die russische Kirche angehört, kritisierte insbesondere die Verwendung des Begriffs „Heiliger Krieg" und merkte an, dass Patriarch Kirill Vertretern des Rates im Mai 2023 erklärt habe, dass kein bewaffneter Konflikt „heilig" sein könne.[9] Man habe von ihm schriftlich Aufklärung über diesen Widerspruch erbeten.

Die *Russische Welt*

Der nächste Abschnitt, der ebenfalls zu den drei kürzesten des Dokuments gehört, ist einfach mit „Russische Welt" (Russkij mir) überschrieben. Dieser Begriff ist vor allem in der westlichen Diskussion der letzten beiden Jahre verwendet worden; in Russland

---

8   „Zaklyky do znyščennja Ukrajiny ta vypravdannja vijs'kovoji agressiji nespivstavni z ėvangels'kym včennjam" – zajava VZCZ UPC. Ukrajins'ka Pravoslavna Cerkva, 28.3.2024, <https://news.church.ua/2024/03/28/zakliki-znishhennya-ukrajini-ta-vipravdannya-vijsko-voji-agressiji-nespivstavni-z-jevangelskim-vchennyam-zayava-vzcz-upc/#2024-05-10>.

9   WCC statement on Decree of XXV World Russian Peoples Council. World Council of Churches, 12.4.2024, <www.oikoumene.org/resources/documents/wcc-statement-on-decree-of-xxv-world-russian-peoples-council>.

und in der russischen Kirche hat er kaum eine Rolle gespielt. Offenbar hat die westliche Debatte, hier vor allem die Verwendung in der Ukraine sowie der Versuch einer Verurteilung der mit dem Begriff umschriebenen Ideologie als „Häresie",[10] das Weltkonzil des Russischen Volks dazu gebracht, die Definitionshoheit über den Begriff zurückgewinnen zu wollen.

Es herrscht Konsens darüber, dass *Russische Welt* ein verschwommener Begriff mit unklaren Konturen gewesen ist, der von verschiedenen Akteuren unterschiedlich gefüllt wurde.[11] Das hat sich allerdings durch den Versuch des Weltkonzils des Russischen Volks, den Begriff *Russische Welt* zu definieren, nicht wesentlich geändert. Bemerkenswert ist zudem, dass die jetzigen Aussagen in manchen Punkten dem widersprechen, was Patriarch Kirill in früheren Jahren darüber gesagt hat.

Der Text beschreibt die *Russische Welt* als „spirituelles und kulturell-zivilisatorisches Phänomen", dessen Grenzen nicht nur die heutige Russländische Föderation, sondern auch „das große historische Russland" überschreiten. Der Text schließt auch die weltweite russische Diaspora ein und erklärt, die *Russische Welt* beziehe alle Menschen mit ein, „für die die russische Tradition, die Heiligtümer der russischen Zivilisation und die große russische Kultur der höchste Wert und der Sinn des Lebens" seien. Das ist eine bemerkenswerte Zusammenstellung, weil hier – abgesehen von den „Heiligtümern" – keine religiöse Dimension erkennbar ist. Von einem Gremium, das so stark mit Kirchenvertretern besetzt ist, wäre zu erwarten gewesen, dass Dinge wie etwa der Glaube an Gott, ein Lebensstil entsprechend den Geboten und den kirchlichen Vorschriften oder das Vertrauen auf ein ewiges Leben zum „höchsten Wert und Sinn des Lebens" erklärt worden wären. So jedoch erscheint die *Russische Welt* als Gruppe von Menschen, denen die religiösen Werte gerade nicht die wichtigsten in ihrem Leben sind.

Im Fortgang beschreibt der Text die Rolle des „Aufhaltenden", der die Welt vor dem Bösen verteidigt, als wichtigsten Existenzgrund der *Russischen Welt*. Diese Mission der *Russischen Welt* soll dazu dienen, eine universale Hegemonie in der Welt zu verhindern, nämlich die Unterordnung der Menschheit unter ein böses Prinzip.

Es ist klar, dass bei einem solchen Verständnis die *Russische Welt* nicht einfach eine Zivilisation neben anderen sein kann, wie es Patriarch Kirill noch vor einigen Jahren formuliert hat,[12] sondern dass sie eine Mission, eine Sendung, eine Aufgabe hat, derer sie sich nicht einfach so entledigen kann, sondern die erfüllt werden muss. Diese Aufgabe ist „spirituell" und „historisch", auch wenn der Text sehr rasch auf die politische Ebene schwenkt und faktisch eine multipolare Weltordnung verlangt. Die politische Option wird somit religiös untermauert; die Beziehung zu anderen Staaten ist

---

[10] Thomas Bremer: Mythos „Russische Welt". Russlands Regime, die ROK und der Krieg, in: OSTEUROPA, 3–4/2023, S. 261–274 (mit weiteren Literaturhinweisen).

[11] Auch die Autoren des Aufrufs, der die Ideologie der *Russischen Welt* zur Häresie erklärt, haben bei einer Diskussionsveranstaltung am 23. April 2024 erklärt, dass der Begriff sehr unklar sei: <www.youtube.com/watch?v=jhbsHNNY2JY>.

[12] Thomas Bremer: Diffuses Konzept: Die Russische Orthodoxe Kirche und die „Russische Welt", in: OSTEUROPA, 3/2016, S. 3–18, mit verschiedenen Beispielen, wo der Patriarch von der „legitimen Souveränität" der Staaten spricht, die zur *Russischen Welt* gehören. Diese wird von ihm als multipolares Gebilde dargestellt. Damit setzte er damals andere Akzente als jene im neuesten Dokument des Weltkonzils des Russischen Volks.

keine Sache von politischen Verhandlungen oder eigenen Interessen, sondern sie hat eine spirituelle Bedeutung.[13]

Im folgenden Absatz geht der Text auf die Einheit der „russischen Nation" ein. Die Herstellung dieser Einheit sei zentral für das Überleben Russlands und der *Russischen Welt* im 21. Jahrhundert. Erst im nächsten Abschnitt des Dokuments, der mit „Außenpolitik" überschrieben ist, wird deutlich formuliert, was mit dem „russischen Volk" (die Begriffe „nacija", Nation, und „narod", Volk, werden hier synonym verwendet) gemeint ist: die „Dreieinheit" von „Großrussen, Kleinrussen und Weißrussen", die „Zweige (Subethnien) *eines* Volkes" seien. Die im Abschnitt über die *Russische Welt* zu findende Betonung der Einheit des russischen Volks impliziert also, wie aus dieser Definition zu verstehen ist, die Einheit dieser drei Nationen, denen dadurch ihre Eigenschaft als selbstständige Nationen abgesprochen wird, und somit die staatliche Vereinigung Russlands mit der Ukraine und Belarus. Im Abschnitt über die *Russische Welt* wird auch schon das Argument der politischen Bedeutung dieser Einheit angesprochen – ihr Fehlen habe „immer zur Schwächung und Krise des Russländischen Staates geführt".

Der letzte Absatz des Abschnitts über die „Russische Welt", der auch der längste ist, ist dem Thema „Familie" gewidmet. Hier entwickelt der Text ein traditionelles Familienbild. Die Familie habe eine wichtige Rolle bei der Erhaltung und Weitergabe der Kultur. Allerdings gibt es hier (abgesehen davon, dass die Familie als Stütze der *Russischen Welt* beschrieben wird) keine Aussage, die nicht auch in jedem anderen Dokument zu finden sein könnte, das ein traditionelles, konservatives Familienbild darstellen will. Es erschließt sich nicht, warum die Familie, oder die im Dokument vermittelte konkrete Vorstellung von Familie, ein Spezifikum der *Russischen Welt* sein sollte.

Was lässt sich jetzt über die *Russische Welt* sagen?

Dieser Text ist das erste Dokument der Verfasser, das die *Russische Welt* explizit zu definieren versucht. Aber die Definition ist weder systematisch noch erschöpfend. Obgleich *Russische Welt* ein zentraler Begriff im Titel des Dokuments ist, kommt er im weiteren Verlauf (immerhin etwa 80 Prozent des Textes) nur noch einmal vor, in einem bemerkenswerten Satz, der als Zusammenfassung der demographischen und bevölkerungspolitischen Ideen des Dokuments betrachtet werden kann:

> Das Leben auf dem eigenen Stück Land, in ökologisch günstigen und angenehmen Umständen, im eigenen wohleingerichteten Haus, in dem man eine Familie gründen sowie drei und mehr Kinder gebären und erziehen kann, muss zur sichtbaren Verkörperung der Ideen der *Russischen Welt* werden.

Dieser Satz zeigt die romantisch verklärte Idee einer russischen Zukunft, trägt aber nicht zu einem besseren Verständnis dessen bei, was mit *Russischer Welt* gemeint ist. Dafür muss man sich auf die wenigen Abschnitte am Anfang des Dokuments beschränken. Folgende Punkte lassen sich aus ihnen herausarbeiten:

---

[13] Auch ein neuerer, wenig überzeugender Versuch, die *Russische Welt* theologisch zu begründen, versteht das Konzept als Gegenentwurf zum „Globalismus": Mefodij Zinkovskij: Koncepcija „Russkogo mira" s bogoslovskoj točki zrenija, in: Cerkov' i vremja, 2023, S. 125–147.

- Mit der *Russischen Welt* ist ein zivilisatorischer Raum gemeint, der weit über Russland hinausgeht. Der weitere Verlauf des Dokuments zeigt, dass damit vor allem die Ukrainer und die Belarussen gemeint sind, aber der Text schließt auch Russen im Ausland und alle ein, denen die russische Tradition – die nicht näher definiert wird – am Herzen liegt.
- Die *Russische Welt* ist eng mit der russischen Staatlichkeit verbunden; das wird am Anfang sehr klar gesagt: Dort heißt es: „Russland ist Gründer, Stütze und Verteidiger der Russischen Welt." Da die Vertreter der *Russischen Welt* weit über das heutige Russland hinaus leben, hat das auch Konsequenzen für den russländischen Staat: Er muss die „Russische Welt" einschließen, also müssen seine aktuellen Grenzen erweitert werden. Damit ignoriert der Text die Existenz existierender und anerkannter Staaten, fordert faktisch Grenzveränderungen und steht somit im Widerspruch zu den Grundlagen des internationalen Rechts.
- Die *Russische Welt* stellt sich gegen das Böse, das mit dem Westen identifiziert wird. Die antiwestliche Tendenz des Dokuments ist sehr deutlich zu erkennen; sie bezieht sich vor allem auf die Frage nach der Weltordnung, wonach es Russlands Aufgabe ist, eine universale Hegemonie zu verhindern.
- Im Dokument ist praktisch keine religiöse Dimension der *Russischen Welt* erkennbar. Zwar wird der biblische Begriff des „Aufhaltenden" wieder bemüht, der durch die Verwendung von Großbuchstaben und Anführungszeichen besonders hervorgehoben wird, und es ist von einem „spirituellen" Phänomen die Rede, aber ansonsten fehlen religiöse Bezüge völlig.

Diese Schwerpunkte ergeben keineswegs eine Ideologie, die ein ausgefeiltes System von Vorstellungen und Forderungen hätte. Es handelt sich um einzelne Versatzstücke, die eher noch weiter zur Unsicherheit darüber beitragen, was die *Russische Welt* ist, als dass sie darüber aufklären würden. Um die Haltung Russlands und der russischen Kirche im Krieg gegen die Ukraine zu verstehen, ist es deswegen notwendig, die zentralen Aktionen und Aussagen der führenden Repräsentanten des Putin-Regimes zu beachten und zu analysieren. Die Kirche trägt kaum aktiv zu dem Narrativ bei, und sie bringt zwar eine kirchliche Legitimierung, aber keine theologische Grundlage zur Rechtfertigung der aggressiven russländischen Politik.[14] Sie gibt das wieder, was der Staat ihr vorgibt, und untermauert es mit kirchlicher Autorität. Dieser nutzt gegebenenfalls Gremien wie das Weltkonzil des Russischen Volks und Dokumente wie das hier analysierte, um Positionen in die Öffentlichkeit zu bringen, die dennoch keinen offiziellen Charakter haben. Für diesen experimentellen Charakter des Dokuments spricht auch die Tatsache, dass es in den Monaten seit seiner Verabschiedung in der Kirche keine Rolle mehr gespielt hat. Der Patriarch hat es nicht erwähnt, und auch sonst gab es keine Debatte, keine Zustimmung oder Wiederaufnahme der Thematik.

Das befreit die Russische Orthodoxe Kirche nicht von ihrer Verantwortung. Die offizielle Position der Kirche, wie sie vom Patriarchen, führenden Bischöfen und anderen Amtsträgern vertreten wird, unterstützt den Krieg. Es ist keinerlei Anzeichen für auch

---

[14] Sean Griffin: Russian World or Holy World War? The Real Ideology of the Invasion of Ukraine. Public Orthodoxy, 12.4.2022, <https://publicorthodoxy.org/2022/04/12/russian-world-or-holy-world-war/>.

nur leise Kritik zu erkennen, und die vereinzelten Priester, die es wagen, andere Positionen zu vertreten, werden bestraft.[15] Die Kirche ist insofern ein williges Instrument der politischen Führung. In ihrer antiwestlichen Haltung sind sich beide Seiten einig. Der Kirche werden zuweilen einige Zugeständnisse gemacht; so erhält etwa die Forderung nach einem Verbot der Abtreibung, die die Kirche schon lange erhebt, im Dokument eine prominente Stellung – allerdings im Zusammenhang mit der Diskussion um die Demographie, nicht aus moralischen Gründen. Doch ist sehr klar, dass die Kirche die Positionen vertritt, die vom Staat vorgegeben werden.

Es ist schwer zu sagen, welche Personen hinter solchen Konzepten stehen. In der Abteilung für Innenpolitik der Präsidialadministration gibt es eine Unterabteilung für Fragen der Religionsgemeinschaften, die im Kontakt mit der entsprechenden Abteilung des Patriarchats klärt, welche Aktivitäten für wünschenswert und notwendig gehalten werden. Der umstrittene Philosoph Aleksandr Dugin gehört seit 2007 zum „Rat“ des Weltkonzil des Russischen Volks; er war lange Zeit eine wichtige Persönlichkeit, musste aber nach 2014 in den Hintergrund treten, als er seinen Soziologie-Lehrstuhl an der Moskauer Staatsuniversität wegen seiner radikalen Haltung zum Krieg in der Ukraine verlor. Seine Tätigkeit im Weltkonzil des Russischen Volks bedeutet für ihn die Chance, sich mehr zu profilieren und seine Thesen zu verbreiten. Auch wurde er kürzlich Leiter des an der Russländischen Staatlichen Universität für Geisteswissenschaften (RGGU) eingerichteten „Ivan-Il'in-Zentrums“.[16]

Ein anderer Repräsentant der im Dokument vertretenen Ideen ist Aleksandr V. Ščipkov, ein Religionswissenschaftler und Philosoph, der Rektor einer orthodoxen Universität und stellvertretender Vorsitzender des Weltkonzil des Russischen Volks ist; außerdem hat er zahlreiche andere wichtige Positionen in der Russischen Orthodoxen Kirche inne. In einem Interview verwies er bereits im Januar 2021 darauf, dass „wir [die russische Kirche, Th.B.] keinen anderen Weg haben als den Weg des *katechon*, des ‚Aufhaltenden‘“.[17] In einem anderen ausführlichen und aufschlussreichen Interview, das am 6. Mai 2024 veröffentlicht wurde, erscheinen viele der Themen des Dokuments wieder – allerdings kommt die *Russische Welt* darin nicht vor.[18] Doch Ščipkov diskutiert die Frage nach der Migration aus den zentralasiatischen Republiken und stellt den Westen als areligiös und im Verfall begriffen dar – „die Repatriierung des Christentums in Europa ist eine der globalen Missionen Russlands“. Er verneint in diesem Text auch, dass das Weltkonzil des Russischen Volks eine politische Aufgabe habe – sein Ziel sei es, die Interessen des russischen Volkes zu verteidigen.

---

[15] Das betrifft etwa Priester, die sich weigern, das vorgeschriebene „Gebet für die Heilige Rus'“ im Gottesdienst zu sprechen, oder die für Frieden statt für den Sieg beten. Der „Nachrichtendienst Östliche Kirchen“ (www.noek.info) berichtet regelmäßig von solchen Fällen. Vgl. exemplarisch: <https://noek.info/nachrichten/osteuropa/russland/3192-russland-kriegsgegneruminskij-vom-dienst-suspendiert> oder <https://noek.info/nachrichten/osteuropa/russland/3033-russland-ehemaliger-geistlicher-zu-haftstrafe-verurteilt>.

[16] Die Ähnlichkeit von Dugins Vorstellungen über eine Rückkehr zum Landleben mit den im Dokument geäußerten Vorstellungen zeigt sich bei Fadi Abu-Deeb in seinem Beitrag: Liberating Berdyaev's Middle Ages from Duginism. Public Orthodoxy, 29.5.2024.

[17] A.V. Ščipkov: Zadača Cerkvi – sochranit' svoe prednaznačenie i svoju suščnost'. Russkaja Pravoslavnaja Cerkov', 25.1.2021, <www.patriarchia.ru/db/text/5758112.html>.

[18] A.V. Ščipkov: „Odna iz global'nych missij Rossii – repatriacija christianstva v Evropu“. Russkaja Pravoslavnaja Cerkov', 6.5.2024, <www.patriarchia.ru/db/text/5669742.html>.

Fazit

Da das Weltkonzil des Russischen Volks kein offizielles Gremium ist, bietet es die Möglichkeit, Positionen zu vertreten, die in konservativ-nationalistischen Kreisen verbreitet sind, doch nicht notwendig offizielle Regierungsdoktrin sind. So ist auch das vorliegende Dokument zu werten. Die Kirchenvertreter verleihen dem Gremium den Anstrich einer gewissen Seriosität. Die Passagen über die demographische und wirtschaftliche Entwicklung Russlands, die eine eigene Analyse verdienten, zeigen in ihrer Abstrusität aber auch, dass das Dokument keinen ernsthaften Anspruch darauf erheben kann, ein politisches Programm zu sein. Das theologische Gewicht und die theologische Bedeutung des Dokuments sind jedenfalls sehr gering, auch wenn es politische und gesellschaftliche Bedeutung beansprucht und sie in Grenzen auch haben mag. Die Rolle der Kirche beschränkt sich darauf, den politischen Ideen einen kirchlichen Anstrich und somit wohl auch eine gewisse Autorität zu geben. Eine auch nur halbwegs überzeugende *theologische* Argumentation lässt sich jedoch nicht finden. Somit bleiben die Aussage, dass der Krieg gegen die Ukraine ein „Heiliger Krieg" sei, und die geopolitischen Konsequenzen, die sich aus der Vorstellung der *Russischen Welt* ergeben, zwar in ihrer Realisierung äußerst gefährliche Konzepte, doch werden sie nicht theologisch begründet, sondern sind Teil eines bestimmten historischen und politischen Weltbildes, das als solches analysiert und dekonstruiert werden muss.

Schlagwörter:
Russkij mir, Russische Welt, Weltkonzil des Russischen Volks, Russische Orthodoxe Kirche, ROK

Das kritische Gedächtnis Russlands

Erinnerungskulturen sind wichtige Ressourcen der politischen Sinngebung und Orientierung, nicht nur in Deutschland, sondern in allen modernen Gesellschaften, so auch in Russland. Vor dem Hintergrund des Erstarkens demokratiefeindlichen und populistischen Denkens in Deutschland hat die *Stiftung Erinnerung, Verantwortung und Zukunft* (EVZ) seit 2018 gemeinsam mit dem Institut für interdisziplinäre Konflikt- und Gewaltforschung (IKG) der Universität Bielefeld den Multidimensionalen Erinnerungsmonitor für Deutschland (Memo-Studien) durchgeführt. Das wichtigste Ergebnis lautet: Die kritische Erinnerung an den Nationalsozialismus wird von einer deutlichen Mehrheit der Deutschen für wichtig empfunden, nur 25 Prozent der Befragten sprechen sich für einen Schlussstrich aus.[1]

Mit ihrem Angriffskrieg gegen die Ukraine hat die Russländische Föderation den europäischen Nachkriegskonsens, den Krieg als Mittel der Politik auszuschließen, aufgekündigt. Für die *Stiftung EVZ*, die seit Jahrzehnten eine demokratisch orientierte Zivilgesellschaft in Russland gefördert hat, stellte sich daher unmittelbar nach Kriegsbeginn die Frage, ob ein kritisches Gedächtnis als Ressource für Proteste gegen diesen Krieg zur Verfügung stehen würde.

Mit ihrer sich über Jahrhunderte erstreckenden Geschichte des Imperiums und der inneren Kolonialisierung einerseits und dem Stalinismus andererseits hat die Russländische Föderation zwei teils verflochtene „negative Geschichtsstränge", an denen sich ein kritisches Gedächtnis eines modernen Russland herauskristallisieren könnte. Während das Imperium und der imperiale Komplex nach dem Zerfall der Sowjetunion kaum kritisch aufgearbeitet wurden, fand die Aufarbeitung des Stalinismus große Aufmerksamkeit: In der Perestrojka setzte eine lebhafte gesellschaftliche Debatte ein, Massen historischer Quellen wurden erschlossen und kritisch ediert, die akademische Forschung, Bildungsprojekte, Gedenkstätten und Museen versuchten, eine kritische Erinnerung an Stalin und seine Herrschaftspraktiken in der Gesellschaft zu verankern, nicht zuletzt vorangetrieben durch die Bürgerrechtsbewegung MEMORIAL. Doch seit geraumer Zeit erfreut sich Stalin in Teilen der Gesellschaft wachsender Wertschätzung. Das ist ein Indiz dafür, dass die Aufarbeitung der Vergangenheit ihre Grenzen hat. Wie breit also ist in Russland eine Erinnerungskultur verankert, die kritisch mit dem totalitären Erbe der Vergangenheit umgeht?

Vor diesem Hintergrund beauftragte die *Stiftung EVZ* das Levada-Zentrum in Moskau, eine repräsentative Studie zur Erinnerungskultur in Russland durchzuführen. Lev Gudkov und Natalija Zorkaja fassen wichtige Ergebnisse im folgenden Aufsatz zusammen.

Die *Stiftung EVZ* hat aus den empirischen Befunden Arbeitsthesen abgeleitet, die auf ihrer Website einsehbar sind.[2]

Berlin, im Juli 2024   Ralf Possekel, *Stiftung EVZ*

---

[1] Michael Papendick, Jonas Rees, Maren Scholz, Andreas Zick: MEMO – Multidimensionaler Erinnerungsmonitor, Studie V. Institut für interdisziplinäre Konflikt- und Gewaltforschung, Universität Bielefeld, 2022 S. 30, <www.stiftung-evz.de/assets/ 1_Was_wir_f%C3%B6rdern/ Bilden/Bilden_fuer_lebendiges_Erinnern/MEMO_Studie/MEMO_5_2022/evz_brosch_ memo_2022_de_final.pdf>.

[2] Das kritische Gedächtnis Russlands: <www.stiftung-evz.de/service/infothek/publikationen/#c3407>.

OSTEUROPA, 74. Jg., 5/2024, S. 96   doi: 10.35998/oe-2024-038

Lev Gudkov, Natalija Zorkaja

Geschichte, Erinnerung, Gedächtnis

Ergebnisse des Erinnerungsmonitors Russland

Das „Geschichtsbewusstsein" und die „kollektive Erinnerung" der Menschen sind in Russland vom Staat geprägt. Das Fernsehen als mächtigste Propagandamaschine und die Schulen reproduzieren die zentralen Elemente der sowjetischen Ideologie und des autoritären Staatsverständnisses. Dreh- und Angelpunkt der staatlichen Geschichtspolitik ist der Sieg im Großen Vaterländischen Krieg. Er dient dazu, die Vorstellung von der notwendigen Einheit von *vlast' i narod* (Führung und Volk) als Voraussetzung für das Überleben der Nation zu propagieren und den Angriffskrieg auf die Ukraine zu rechtfertigen. Die kritische Aufarbeitung des Stalinismus ist in der Defensive, die Repressionen und der Große Terror werden im kollektiven Bewusstsein der Bevölkerung verdrängt. Die positive Bewertung des Umgangs der Deutschen mit den Verbrechen des Nationalsozialismus verblasst. Sie wird überlagert von der Vorstellung, dass Deutschland wieder ein feindseliger Staat ist, der die Ukraine unterstützt.

Wenn wir über Phänomene wie das „historische Gedächtnis" oder „Geschichtsbewusstsein" in Russlands Gesellschaft nachdenken und diese über Meinungsumfragen zu ermitteln versuchen, sei eines vorausgeschickt: Die Befragten haben in der Regel kein eigenes Interesse an der Vergangenheit. Sie haben nicht das Bedürfnis, neues historisches Wissen zu erwerben. Das macht nur eine sehr kleine Schicht der Bevölkerung, Angehörige der geisteswissenschaftlichen Intelligencija, professionelle Historiker, Intellektuelle und deren Publikum, das aber marginal ist. Das Denken dieser Gruppe erfassen die Meinungsumfragen nicht. Die Öffentliche Meinung, die sich in Umfragen widerspiegelt, ist das Resultat des langfristigen Einflusses spezifischer gesellschaftlicher Institutionen. Diese vermitteln ideologische Ansichten und Interessen der politischen Elite, führen zur Herausbildung von Stereotypen und prägen die Wahrnehmung der breiten Bevölkerung.

Lev Gudkov (1946), Prof. Dr., wissenschaftlicher Leiter des Levada-Zentrums, Moskau, **Natalija Zorkaja**, wissenschaftliche Mitarbeiterin am Levada-Zentrum, Moskau
Von Lev Gudkov erschien in OSTEUROPA zuletzt: Der „Führer der Nation". Putin und das Kollektivbewusstsein in Russland, in: OE, 5–6/2023, S. 23–71. – Von Gudkov & Natalija Zorkaja: Vertraute Fremde. Das Israel- und Deutschlandbild in Russland, in: OE, 9–11/2019, S. 375–400.
Im Rahmen des „Multidimensionalen Erinnerungsmonitors MEMO – Pilotstudie Russland 2023" wurden 22 einschlägige Fragen in die reguläre Monatsumfrage des Levada-Zentrums aufgenommen. Sie wurde vom 21. bis 28. Februar 2023 durchgeführt. Befragt wurde eine repräsentative Auswahl von 1626 Erwachsenen in 137 Städten und Gemeinden in 50 Regionen Russlands. Die Befragung fand in den Wohnungen der Befragten in Form von persönlichen Interviews statt.

Die Medien sind zum wichtigsten Instrument der Propaganda, der Manipulation der Öffentlichen Meinung und der polittechnologischen Bearbeitung der Bevölkerung geworden. Unabhängige professionelle Historiker aus den Universitäten und Instituten der Akademie der Wissenschaften sind vom Zugang zu diesen Medien abgeschnitten. Insofern gibt es keine Kanäle mehr, über die historisches Wissen an die Menschen vermittelt werden könnte, die potenziell daran interessiert wären. Sie üben keinen Einfluss mehr auf die Öffentliche Meinung aus. Oder aber sie sind in die offiziellen Strukturen der „patriotischen Erziehung der Gesellschaft" eingebunden.

Zu den Institutionen, die das Geschichtsbewusstsein der breiten Bevölkerung in Russland prägen, gehören das staatliche Bildungssystem, das ein einheitliches ideologisiertes Bild von der Vergangenheit vermittelt, die Massenmedien, die unter der totalen Kontrolle der Präsidialverwaltung und der Regionalbehörden stehen, sowie die Kultureinrichtungen wie Museen, Theater, das Film- und Verlagswesen, Fachhochschulen und Universitäten, die in den vergangenen 20 Jahren immer stärker in einen zensierten Rahmen gepresst wurden. Schließlich sind die Behörden zu nennen, die das Verhalten der Bürger kontrollieren – der Geheimdienst FSB, die Staatsanwaltschaft, die Gerichte oder die Armee.

Wenn wir also Umfragen zum Geschichtsbewusstsein der Bevölkerung durchführen, handelt es sich bei den Antworten nicht um ein vermeintlich „natürliches Interesse an der Vergangenheit" oder um „spontane" Reaktionen auf aktuelle Ereignisse, sondern uns werden Vorstellungen mitgeteilt, die von diesen Institutionen reproduziert werden und die sich vor Jahrzehnten formiert haben. Träger dieser Wahrnehmung sind die älteren Generationen.

Die Schwierigkeit der Vergangenheitsbewältigung in Russland liegt auch darin begründet, dass Ende der 1980er Jahre und im Jahrzehnt nach dem Zusammenbruch der UdSSR den Lehrer an den Schulen die Orientierung fehlte. Ohne „Anweisung von oben" wussten sie oftmals nicht, wie sie die dunklen Ereignisse des 20. Jahrhunderts einordnen und ihren Schülern vermitteln sollten – den stalinistischen Totalitarismus, die Massenrepressionen und den Terror, die Kollektivierung der Landwirtschaft, die Unterdrückung anti- oder reformkommunistischer Bewegungen in den sozialistischen Staaten. Fast zwei Jahrzehnte wurde einer ganzen Generation jede Interpretation der Zeitgeschichte vorenthalten. Eine Epoche der Geschichte des Landes wurde totgeschwiegen. Erst Mitte der 2000er Jahre, mit Beginn der Restauration des autoritären Staates, wurden dem Bildungssystem und später auch dem für die ideologische Bearbeitung der Bevölkerung wichtigen Medien- und Kulturbereich offizielle „Bildungsstandards" aufgezwungen, welche die zentralen Elemente des sowjetischen Geschichtsbildes reproduzierten. Da fanden sich wieder der Kult um den Sieg im Zweiten Weltkrieg, die Idee von der besonderen Mission des Staates, die Vorstellung von Russland als einer von Feinden belagerten Festung sowie der Mythos von der Einheit von Führung und Volk.

Die meisten dieser Vorstellungen, Mythen und Ideologeme von der „Überlegenheit des eigenen Landes" entstanden in den 1970er Jahren nach der Niederschlagung des Prager Frühlings, als die Hoffnung auf einen „Sozialismus mit menschlichem Antlitz" zerbrach. Der Glaube an den Kommunismus war passé. Nach dem langsamen Tod der marxistisch-leninistischen Ideologie tat sich ein ideologisches Vakuum auf, das nach und nach mit Relikten des vorrevolutionären russischen imperialen Nationalismus und Fragmenten sowjetischer Großmachtideologie, des Militarismus und der Idee vom „russischen

Sonderweg" gefüllt wurde. Es bildete sich eine amorphe, eklektische und nicht widerspruchsfreie Mischung aus historischen Positionen, Phobien und Symbolen des Stolzes. Genau diese Stereotype und Relikte früherer Überzeugungen treten bei Meinungsumfragen zutage. Je häufiger eine Antwort gegeben wird, desto stärker ist zu erkennen, dass der Zwang der kollektiven Wahrnehmung wirkt, die als „Interesse" an dieser oder jener Epoche der Vergangenheit ausgedrückt wird. Wir haben es nicht mit spontanen Reaktionen der Gesellschaft, sondern mit einem *Kraftfeld* jener Sozialisationsinstitutionen und Ideologieproduzenten zu tun, das die Menschen in seinen semantischen Raum zieht. Man könnte auch von einem Magnetfeld sprechen. Man muss von semantischen Kontinua ausgehen, die einander überschneiden und ergänzen. Es sind Konfigurationen verschiedener Wahrnehmungen. Der in den Antworten der Befragten geäußerte „Wunsch, mehr wissen zu wollen" bedeutet nicht, dass sie nach relevanten Informationen suchen, historische Literatur lesen oder einschlägige Filme schauen.[1] In den meisten Fällen unternahmen jene, die angaben, „mehr wissen" zu wollen, nichts, um dieses „Interesse" zu befriedigen. Es handelt sich um ein deklaratives Verhalten, das auf die Bedeutung bestimmter symbolischer Aussagen für die persönliche und kollektive Identität oder die Ablehnung anderer Ansichten und Überzeugungen verweist.

Trotz einiger methodischer Differenzen sowie leicht divergierender Antwortmöglichkeiten ist das Meinungsspektrum unter den Befragten sehr stabil. Wie die Daten von zwei Umfragen (Tab. 1) im Abstand von 15 Jahren zeigen, bekunden 22–24 Prozent, sehr an Geschichte interessiert zu sein. Immerhin die Hälfte aller Befragten ist in gewissem Maße interessiert.

Tabelle 1: Sind Sie an Geschichte interessiert?

	2008 V	2023 III
sehr interessiert	24	22
in gewissem Maße interessiert	49	35
ja und nein	*	19
nicht besonders	21	16
überhaupt nicht interessiert	6	8

*N=1600; * 2008 gab es diese Antwortoption nicht*

2023 gaben 35 Prozent der Befragten an, dass sie nur manchmal und punktuell daran interessiert seien, etwas über die Vergangenheit zu erfahren. Ein Viertel der Befragten (24 Prozent, die Summe der Antworten „nicht besonders interessiert" und „überhaupt nicht interessiert") gab zu, dass Geschichte für sie nicht wichtig ist. Ein explizites Interesse an Geschichte oder präziser: an den Arbeiten von Historikern als Möglichkeit, „die Gegenwart zu verstehen" und die Ursprünge der Institutionen, kulturellen Praktiken und moralischen Normen der Gesellschaft zu erkennen, äußert eine Minderheit. Lediglich ein Fünftel der Befragten gab an, „sehr an Geschichte interessiert" zu sein. Dabei handelt

---

[1] Zwei Drittel (64 Prozent) der Befragten hatten bereits 1990 ein „Interesse an der nationalen Geschichte" bekundet. Eine Umfrage im September 1997 ergab jedoch, dass nur elf Prozent der Befragten historische Bücher und entsprechende Publikationen in Zeitschriften lasen.

es sich hauptsächlich um ältere Menschen aus eher peripheren Räumen, also Kleinstädten, Mittelzentren und dem ländlichen Raum. Im Zentrum Moskau erklärten nur zwölf Prozent, sehr an Geschichte interessiert zu sein, in der Peripherie waren es doppelt so viele: 23–24 Prozent. Das stärkste Interesse an der Vergangenheit äußerten zwei Gruppen: Führungskräfte (28 Prozent) und Rentner (27 Prozent); das geringste Interesse zeigten Auszubildende und Studenten (zwölf Prozent). Von den jüngsten Befragten im Alter von 18 bis 24 Jahren interessierten sich nur 13 Prozent für die Geschichte, von den Personen im Vorruhestands- und Rentenalter 27 Prozent.[2] Dieses sozialdemographische Profil zeugt von der sehr spezifischen Nachfrage nach historischem „Wissen" in Russland.

Motive für das Interesse an der Geschichte Russlands

Russlands Bürgerinnen und Bürger haben unterschiedliche Motive, sich der Geschichte des eigenen Landes zuzuwenden:

- Ein Motiv speist sich aus dem Wissen, dass alle Institutionen, die Beziehung zwischen Staat und Untertan, dem Regime und der Gesellschaft *historisch bedingt* sind; dass aus der Geschichte die Legitimität des Staates und der Erziehung zum „Patriotismus" mit all den historischen und quasihistorischen Erklärungen, Mythen und Legenden hinter gewissen Praktiken abgeleitet wird. Alle Rituale, Zeremonien, Feste, Ortsnamen oder Symbole des Glaubens haben historische Wurzeln. Auch die Tabuisierung der Entzauberung der Vergangenheit durch Säkularisierung und Rationalisierung, Verschwörungsideen und Vorurteile, Utopien und Illusionen über Wohlstand sind historisch bedingt.

- Ein zweites Motiv ist die Suche nach *Anknüpfungspunkten für das kollektive Selbstwertgefühl*, also nach Quellen, aus denen sich der Stolz auf die Errungenschaften früherer Generationen speist, was umgekehrt betrachtet die heute Lebenden erhöht. Pathetisch rühmen sie die vermeintlichen Tugenden ihres „Volkes", dessen gemeinsame Herkunft und Einheit die Überlegenheit gegenüber anderen Gemeinschaften erklären.

- Ein drittes Motiv ist schlicht *Unterhaltung*. Mitunter dient die Geschichte als Kulisse für abenteuerliche Erzählungen, sie garantiert Exotik, und zwischenmenschliche Beziehungen lassen sich historisiert leichter darstellen. Geschichte bietet sich auch an, um der Komplexität des Lebens in der Gegenwart zu entfliehen.

- Ein weiteres Motiv ist das Bedürfnis des autoritären Charakters *nach der Identifikation* mit einer außeralltäglichen Figur – sei es ein charismatischer Führer, ein Zar, ein Generalsekretär, Politiker, Inhaber von Macht und Allmacht, eine mythologische Figur oder ein Motor des weltpolitischen Prozesses.

- Schließlich bietet die Hinwendung zur Geschichte im Allgemeinen und zu einer idealisierten sowjetischen Vergangenheit im Besonderen die Chance, die *Unzufriedenheit mit dem herrschenden Regime* auszudrücken und die aktuelle Lage indirekt zu kritisieren.

---

[2] Russlands Bevölkerung ist überaltert. Generationen im Vorruhestand und in der Rente überwiegen. In unserer repräsentativen Umfrage kommt das in absoluten Zahlen z.B. darin zum Ausdruck, dass unter den „geschichtsinteressierten" Befragten 18 Junge und 164 Alte sind.

In den Antworten auf eine Frage wie „Wofür interessieren Sie sich besonders?" kommen allgemein akzeptierte Normen zum Ausdruck, Schlüsselelemente der nationalen Identität, die über einen langen Zeitraum vom Bildungssystem, dem Medien- und Propagandaapparat und den Politikern geformt und systematisch reproduziert wurden. Von den Respondenten haben allenfalls 20 Prozent ein authentisches, persönliches, aktives Interesse an der Vergangenheit; alle anderen artikulieren eher passive Wünsche nach etwas „Interessantem". Dabei handelt es sich um den Widerhall der ideologischen Einflüsse des institutionellen Systems der posttotalitären Gesellschaft. Man kann davon ausgehen, dass von den oben genannten 22 Prozent der Befragten (2023), die sich sehr für Geschichte interessieren, nach unseren Schätzungen auf der Basis anderer Daten etwa acht bis neun Prozent tatsächlich mehr oder weniger beharrlich nach verfügbaren Informationsquellen (Literatur, Fernsehsendungen, Filme, Material im Netz) suchen und diese nutzen. Für die anderen gilt, dass sie konsumieren, was ihnen „in die Finger kommt". In jener für eine soziologische Analyse relevanten Minderheit der Geschichtsinteressierten gibt es also nur einen geringen Teil von Personen, die in der jüngeren Geschichte nach Material suchen, um die Vergangenheit zu reflektieren und ihre kritische Haltung zur aktuellen Situation in Russland zu rechtfertigen.

Analytisch lassen sich drei Funktionen historischen Wissens unterscheiden:

1. Historisches Wissen ist der Bereich der Historiographie als wissenschaftlicher Disziplin, es ist rationales Wissen über die Vergangenheit und Gegenstand des Historikers. Dieser Bereich wird in soziologischen Erhebungen und öffentlichen Meinungsumfragen kaum erfasst.
2. Historisches Wissen dient der rationalen Durchdringung der Vergangenheit, um die Unabgeschlossenheit der Geschichte zu verstehen, die Kontinuität sozialer und politischer Praktiken aus vergangenen Epochen in der Gegenwart zu zeigen (z.B. im Nachkriegsdeutschland und im postkommunistischen Russland) und die Idee zu verfolgen, die totalitäre Vergangenheit nicht nur aufzuarbeiten, sondern durch Entnazifizierung, Entstalinisierung und Entkommunisierung zu überwinden.

   An der Leserschaft wissenschaftlicher Literatur lässt sich abschätzen, für wie viele Menschen diese Funktion des historischen Wissens relevant ist. So sind in der vom Verlag ROSPEN von 2007 bis 2023 herausgegebenen Reihe *Istorija Stalinisma* (Geschichte des Stalinismus) über 220 Bände erschienen. Die Durchschnittsauflage lag bei 1000–1500 Exemplaren.[3] Der Kreis dieser „Geschichtsinteressierten" überschneidet sich mit jenen Kreisen, die Scham und Schuldgefühle für die Verbrechen des Staates in der Gegenwart empfinden und sich der Trägheit der sowjetischen Repressionsapparate wie der Geheimpolizei, der Staatsanwaltschaft oder der Gerichte im heutigen Russland bewusst sind. Zu diesen Geschichtsinteressierten gehört auch das um das Zigfache größere Publikum von Stalin-Verehrern, Kommunisten und Fans der Dutzenden von Serien (!) populärer Bücher über den Diktator, die von großen Publikumsverlagen wie *Ėksmo* herausgegeben werden und eine durchschnittliche Auflage von 15 000–20 000 Exemplaren haben.

---

[3] <https://rosspen.su/katalog/istoriya-stalinizma-/>.

3. Geschichte dient als Ressource für Beispiele einer heroischen und ruhmreichen Vergangenheit. Sie dient dazu, die kollektive Identität zu stärken, Elemente des totalitären Bewusstseins, des Militarismus und des Kults des starken Staats zu reproduzieren und den Sinn des Lebens eines Einzelnen und die Autonomie des Subjekts zu entwerten. Diese Version des historischen Wissens wird zur Sozialisierung der jüngeren Generation, zur patriotischen Erziehung und ideologischen „Gehirnwäsche" sowie zur Bewahrung der Kultur des Staates und der Gesellschaft des Homo Sovieticus verwendet.[4]

Um die Funktion bestimmter Geschichtsdarstellungen angemessen zu verstehen, ist es entscheidend, die Herkunft der betreffenden Bilder, Mythen und ideologischen Stereotype zu kennen. Wenn wir wissen, über welche Kanäle historische Informationen und Darstellungen verbreitet werden, lassen sich bestimmte Typen von „Geschichtskonsumenten" unterscheiden und bestimmen, welche Funktion dieses Wissen in welchem sozialen Umfeld hat. Dies ist nicht immer im Rahmen einer kurzen deskriptiven oder zeitdiagnostischen soziologischen Untersuchung möglich. Vielmehr erfordert das ein umfangreicheres Instrumentarium und eine langfristige Analyse der Öffentlichen Meinung.

Bedeutungsvolle Zeiten

Wenn man die Antworten der Befragten analysiert, lassen sich mehrere Vorstellungen von der Geschichte identifizieren. Grundlage für diese Unterscheidung sind die funktionalen Bedeutungen, die eine bestimmte Vorstellung von der Vergangenheit hat. Das Interesse am *Großen Vaterländischen Krieg* bleibt überragend.[5] Dies ist die Dominante der russländischen, überwiegend ethnisch russischen, kollektiven Identität, die Grundlage des Nationalstolzes. Dieses Thema wurde von 55 Prozent der Befragten 2008 bis zu 62 Prozent im Jahr 2023 genannt.[6] Die im Westen übliche Bezeichnung „Zweiter Weltkrieg" hebt alle Interpretationen dieser Ereignisse aus dem offiziellen sowjetisch-russländischen Kontext heraus. In ihm werden alle militärischen Aktionen und Ereignisse primär als Krieg zwischen der UdSSR und Hitler-Deutschland interpretiert. Die große Mehrheit der Bevölkerung Russlands ist davon überzeugt, dass die UdSSR den Krieg auch ohne die Hilfe oder Beteiligung der Alliierten gewonnen hätte.[7]

---

[4] Zu den methodischen und theoretischen Problemen der Erforschung des Homo Sovieticus: Lev Gudkov: Der Sowjetmensch. Genese und Reproduktion eines anthropologischen Typus, in: Ders.: Wahres Denken. Analysen, Diagnosen, Interventionen. Berlin 2017 [= Edition OSTEUROPA 2], S. 7–34.
[5] Lev Gudkov: Die Fesseln des Sieges, in: ebd., S. 75–98.
[6] Der Rückgang im Jahr 2017 ist schwer zu erklären. Möglicherweise wurde zum 100. Jahrestag der bolschewistischen Revolution die Geschichte „totgeschwiegen", da Putins Polittechnologen versuchten, jeden Verweis auf die revolutionären Ereignisse von 1917 zu vermeiden. In Russland wurde gerade die Propagandaschlacht gegen den „Einfluss der Farbevolutionen" geschlagen. Parallelen zu den Bolschewiki waren höchst unerwünscht. Der 100. Jahrestag der Revolution wurde in Russland faktisch nicht begangen. Il'ja Kalinin: Antirevolutionäre Revolutionserinnerungspolitik. Russlands Regime und der Geist der Revolution, in: OSTEUROPA, 6–8/2017, S. 7–17. – Lev Gudkov, Natalija Zorkaja: Instrumentalisieren, Klittern, Verdrängen. Russlands unerwünschtes Revolutionsjubiläum, in: ebd., S. 19–42.
[7] So glaubten dies 1997 und 2001 je 71 Prozent der Befragten. Lev Gudkov: Pobeda v vojne. K sociologii odnogo nacional'nogo simvola (1997), in: Ders.: Negativnaja identičnost'. Stat'i 1997–2002. Moskva 2004, S. 20–58, hier S. 30.

Tabelle 2: Welche Epochen unserer Geschichte sind für Sie von besonderem Interesse?

	2008 VIII	2017 III	2023 III
Großer Vaterländischer Krieg	55	38	62
Geschichte des alten Russland (8.–17. Jh.)	34	28	34
Revolution 1917 und Entstehung des Sowjetstaates	15	13	28
Ära Peters des Großen, Entstehung des Imperiums	41	31	26
„Silbernes Zeitalter" (spätes 19. und frühes 20. Jh.)	23	18	21
1970er und 1980er Jahre, Brežnev-Ära	11	16	20
Gorbačevs Perestrojka, Reformen, El'cins Herrschaft	12	10	20
1930er und 1950er Jahre (Kollektivierung, Industrialisierung, stalinistische Repression, Supermacht UdSSR)	13	12	19
19. Jahrhundert	14	14	14
1960er Jahre (Tauwetter, Chruščevs Herrschaft, Reformen)	9	10	13
Ende der 1920er Jahre, Neue Ökonomische Politik	5	6	8
andere	1	1	1
Nichts an der Vergangenheit Russlands interessiert mich.	7	15	9
schwer zu beantworten	10	5	4
Summe aller Antworten	250	216	279

Die Antworten sind nach der Rangfolge von 2023 geordnet. Die Befragten konnten mehr als ein Thema nennen. Die Summe aller Antworten beträgt daher mehr als 100 Prozent.

Das alte Russland aus dem 8.–17. Jahrhundert ist der am zweithäufigsten genannte Komplex historischer Vorstellungen. Diese speisen sich aus parahistorischen Vorstellungen, Bildern von der mythologischen Vergangenheit, Legenden und Chroniken, die von der Entstehung der russischen Nation und des russländischen Staates künden, aus Fernsehsendungen, trivialer Massenliteratur, Romanen und Filmen über den „panslawischen Ursprung" der Staatlichkeit Russlands und den Kampf gegen alle Arten von inneren und äußeren Feinden und Invasoren, die von den Polovcern über die Mongolen, Polen und Schweden bis zu den Deutschen reichen.[8] Die Nachfrage nach derartigen ideologischen Themen nahm in der Stagnationsperiode der späten Brežnev-Ära deutlich zu, als die kommunistische Ideologie eines langsamen Todes starb und durch die Blut-und-Boden-Ideologie ersetzt wurde. Mit dem Boom trivialer Massenliteratur und dem

---

[8] Erinnert sei an den Fernsehzyklus von Leonid Parfenov aus den 2000er Jahren, der die mehrbändige „Geschichte des russländischen Staates" (1816–1817) von Nikolaj M. Karamzin (1766–1826) nacherzählte und visualisierte. Karamzins „Geschichte" war in der Perestrojka zwei Jahre lang von der Monatszeitschrift *Moskva* veröffentlicht worden, die als konservatives, antiwestliches und nationalistisches Blatt galt.

Wiederaufleben nationalistischer, ja sogar faschistischer Ideen und Bewegungen wie der Organisation Pamjat' wurde sie zu Beginn der 1990er Jahre noch stärker.[9]

Die am dritthäufigsten genannte Epoche („Revolution und Entstehung des Sowjetstaates") sowie die vierte („Ära Peters des Großen", Entstehung des Imperiums) unterscheiden sich inhaltlich, haben aber eine ähnliche Funktion. Sie zeigen, dass die Staatsbildung für einen Menschen in Russland die Voraussetzung seiner Identitätsbildung ist.

Die am fünfthäufigsten genannte Epoche ist das, was wir üblicherweise als „Zeitgeschichte" oder „Geschichte des 20. Jahrhunderts" bezeichnen. Das historische Wissen umfasst Vorstellungen von der Vergangenheit, die sich ihrem Charakter nach und inhaltlich grundlegend unterscheiden: Auf der einen Seite existiert die offizielle, ideologisch vorgeschriebene Interpretation der sowjetischen Vergangenheit, der Revolution von 1917, des Bürgerkriegs 1918–1922, der militarisierten forcierten Industrialisierung der 1930er Jahre, des Kalten Kriegs, der Chruščev-Reformen, die darauf zielten, den „Sozialismus" vom stalinistischen Staatsterror zu befreien, der Systemkonfrontation zwischen „Sozialismus" und „Kapitalismus" sowie der Brežnev-Ära der friedlichen Koexistenz zweier Supermächte. Auf der anderen Seite gibt es eine kritische Analyse der Genese der totalitären Gesellschaft, des Terrors und der Repression der 1930–1950er Jahre, des Preises des Krieges sowie des Zusammenbruchs des Stalinismus.

Die Funktion dieses Themenkomplexes ist widersprüchlich. Die Apologie der sowjetischen Vergangenheit dient den einen als Voraussetzung, um Putins Herrschaft mit Legitimität zu versehen. Den anderen dient er dazu, über das Wesen und die Stabilität des sowjetischen Systems nachzudenken. Dieses sozialpolitische Interesse an der Geschichte richtet sich auf bestimmte Perioden der politischen Geschichte Russlands im 20. Jahrhundert: auf den Höhepunkt des totalitären Systems in den 1930–1950er Jahren mit der Kollektivierung der Landwirtschaft und der forcierten Industrialisierung, den Massenrepressionen und dem Terror, auf Chruščevs „Tauwetter" und seine Reform, auf die Brežnev-Ära der Stagnation sowie auf die einsetzende Auflösung der Sowjetunion. Schließlich gehört zu diesem Komplex auch die jüngste Zeitgeschichte: Gorbačevs Perestrojka und El'cins „demokratische Herrschaft". Dieses Interesse ist von den Werten der Zivilgesellschaft sowie dem Maßstab von Demokratie, Freiheit und Menschenrechten bestimmt.

Die sechste Epoche, „Das Silberne Zeitalter", unterscheidet sich grundlegend von den übrigen. Das Interesse an dieser Epoche ist eher auf das Bedürfnis nach einer kulturellen Identität – und nicht einer staatlichen – zurückzuführen. Es handelt sich um eine Periode intensiver Modernisierung und des Zerfalls der patrimonialen Autokratie, was die Symbolisten und die russische Dekadenz in Kunst und Literatur zum Ausdruck brachten. Die Idee des Individuums mit seiner autonomen Subjektivität entfaltete sich. Damit ging die Herausbildung einer Zivilgesellschaft in Ansätzen einher, wie sie in der Zemstvo-Bewegung, der Gründung von Vereinigungen und Verbänden sowie in den ersten politischen Parteien insbesondere nach der Niederlage des Imperiums im Russisch-Japanischen Krieg 1904/05, der Revolution von 1905 sowie der Etablierung des Scheinparlamentarismus zum Ausdruck kam.

---

[9] Mark Dejč, Leonid Žuravlev: Pamjat' kak ona est'. Moskva 1991. – Walter Laquer: Der Schoß ist fruchtbar noch. Der militante Nationalismus der russischen Rechten. München 1993, S. 257–277.

Tabelle 3a: Welche Epochen unserer Geschichte sind für Sie von besonderem Interesse?

	Großer Vaterländischer Krieg	Altes Russland	Revolution	Peter I.	Silbernes Zeitalter
im Durchschnitt	62	34	28	26	21
Männer	63	37	30	28	20
Frauen	60	31	26	24	23
Alter					
18–24 Jahre	57	33	27	19	**32**
25–39 Jahre	**66**	**39**	28	20	23
40–54 Jahre	61	**37**	28	**28**	18
55 Jahre und älter	59	29	28	**30**	20
Bildungsniveau					
Hochschulabschluss	62	34	**30**	**28**	22
Berufsschulabschluss	**66**	**36**	29	26	22
Schulabschluss und niedriger	52	31	22	23	20
Wohnort					
Moskau	59	32	27	**36**	**23**
Großstadt (0,5–1,0 Mio. Einwohner)	58	32	30	24	20
Mittlere Stadt, 100 000–500 000 Einwohner	**67**	31	**31**	27	20
Kleinstadt (bis 100 000 Einwohner)	63	**38**	26	25	**26**
Dorf	59	34	25	24	19
Sozialer Status					
Unternehmer	**64**	33	32	21	21
Leitende Position	**63**	**49**	**33**	**30**	19
Fachkräfte	**65**	36	29	**30**	25
Angestellte	**64**	**39**	26	25	24
Arbeiter	**66**	35	28	21	19
Auszubildende und Studenten	60	29	26	19	**35**
Rentner	57	28	27	**30**	20
Hausfrauen	58	38	28	18	23
Nichtberufstätige	47	34	17	26	15

Die dritte, vierte und sechste Themengruppe werden von einer vergleichbaren Anzahl von Befragten genannt. Eine so allgemeine Auswahl erweist sich jedoch als wenig aufschlussreich, um die funktionale Bedeutung dieser Themen zu erklären oder zu bestimmen, welche soziale Gruppe welches Interesse hat. Um dies zu leisten, müssen wir die

Spitzenwerte des „Interesses" nach verschiedenen soziodemographischen Kategorien der Befragten betrachten.

Die deklaratorische Bedeutung des Großen Vaterländischen Krieges ist am stärksten bei jenen Personen ausgeprägt, die in Bezug auf ihr Alter, ihren Wohnort oder das Bildungsniveau den Durchschnitt repräsentieren. Der Krieg ist der Kern des nationalen Selbstverständnisses und das wichtigste Symbol der Identität der russländischen Bevölkerung.

Die zentrale Stellung des Sieges im Krieg in der politischen Kultur Russlands verlangt geradezu, dass er auf die Vergangenheit und die Zukunft Russlands projiziert wird, um die Gründe für den Sieg mit den moralischen und menschlichen Qualitäten des Volkes sowie den Umständen zu erklären, welche die „schicksalhafte" Einheit von Führung und Volk bestimmen, die gezwungen sind, gegen den Feind um ihre Existenz zu kämpfen.

Der Kult des Sieges, den ein Großteil der Bevölkerung pflegt, wird begleitet von der Sehnsucht nach einem nationalen Mythos einer imaginären Epoche wie der „Alten Rus'". Diese Sehnsucht artikulieren Menschen fortgeschrittenen Alters (Angehörige der mittleren Bürokratie, Führungskräfte, Angestellte). Die Epoche der Bildung des Imperiums unter Peter dem Großen, auf die sich Putin und sein Gefolge ständig beziehen, wird eher von ideologisch geprägten Gruppen genannt – von Führungskräften, Respondenten mit Hochschulabschluss, älteren Männern und Rentnern.

Dagegen erfreut sich die kurze Periode des Silbernen Zeitalters unter jungen Menschen besonderer Attraktivität. Das sind Auszubildende und Studenten, häufiger Frauen, für welche die Kultur der Subjektivität, der Sensibilität und Empfindsamkeit, die in dieser Zeit thematisiert wurde, wichtig ist.

Die Unterschiede zwischen den Gruppen sind nicht allzu groß, wenn auch spürbar. Das größte Interesse am Großen Vaterländischen Krieg haben Personen mittleren Alters, mit Berufsschulabschluss (das verbreitetste Bildungsniveau), Einwohner mittlerer Städte, Arbeiter, Angestellte und Fachkräfte.

Bei den jüngeren Perioden der Zeitgeschichte, der Chruščev-Ära, der Brežnev-Ära, der Gorbačev-Ära und der El'cin-Ära, ist zu beobachten, dass sich die Präferenz der Befragten auf die Phase verschiebt, in der sie sozialisiert wurden. Ihr Interesse an einer ideologisch-apologetischen Interpretation der Zeit ihrer Jugend oder der dieser vorausgegangenen Epoche steigt in der jeweiligen Gruppe der Befragten. Es ist zu vermuten, dass diese Generationen, die zum Zeitpunkt des Zusammenbruchs der UdSSR eine akute Identitätskrise und Orientierungslosigkeit erlebten, ein größeres Bedürfnis nach tröstenden Mythen über Russlands große Vergangenheit haben.

Tabelle 3b: Welche Epochen unserer Geschichte sind für Sie von besonderem Interesse?

Jahre	1930er–1950er	Chruščevs Reformen 1960er	Stagnation Brežnev-Ära 1965–1984	Perestrojka & El'cin-Reformen 1985–1999
im Durchschnitt	19	13	20	20
Männer	21	13	20	20
Frauen	16	12	19	20
Alter				
18–24 Jahre alt	13	7	13	14
25–39 Jahre alt	18	13	13	22
40–54 Jahre alt	19	11	20	21
55 Jahre und älter	**20**	**16**	**26**	18
Bildungsniveau				
Hochschulabschluss	20	16	19	22
Berufsschulabschluss	20	12	22	21
Schulabschluss und niedriger	15	10	17	15
Wohnort				
Moskau	17	12	21	**25**
Großstadt (0,5–1,0 Mio. Einwohner)	17	14	19	19
Mittlere Stadt (100 000–500 000 Einwohner)	22	14	19	21
Kleinstadt (bis zu 100 000 Einwohner)	20	11	18	19
Dorf	17	14	23	18
Sozialer Status				
Unternehmer	**26**	15	13	20
Leitende Position	16	**18**	14	22
Fachkräfte	20	14	18	**25**
Angestellte	18	13	**27**	**24**
Arbeiter	20	11	19	18
Auszubildende und Studierende	17	9	16	22
Rentner	19	17	**26**	17
Hausfrauen	11	6	12	13
Nichtberufstätige	7	0	9	14

Die Befragten bezeichnen also das als „interessant" oder als „ihr Interesse weckend", was für sie von besonderem Wert ist und eine symbolische Bedeutung hat, nicht aber das, was ein besonderes Erkenntnisstreben auslöst. Daher begegnen uns bei der nächsten

Tabelle 4: Welche Themen der Geschichte Russlands des 20. Jahrhunderts sollten wir mehr als bisher kennen und in Erinnerung behalten?

	im Durchschnitt	Maximale Werte	Minimale Werte
Sieg über Deutschland im Zweiten Weltkrieg	68	40 Jahre und älter (72 %), Berufsschulbildung (71 %), mittlere und kleine Städte, ländliche Gebiete (69–70 %). Auszubildende und Studierende (72 %), Arbeiter, Rentner (70 %)	18–24 Jahre (57 %)
Errungenschaften der UdSSR	42	18–24 Jahre (45 %), Berufsschulbildung (46 %), gut situiert (45 %), Moskau (50 %), Unternehmer (45 %), Fachkräfte (46 %), Arbeiter (44 %), Auszubildende und Studierende (45 %)	Fachabitur und niedriger (35 %)
Russlands Machthaber: Zaren, Führer, Generalsekretäre, Präsidenten	31	Hochschule, Fachhochschule, gut situierte Unternehmer (37 %), Fachkräfte, Angestellte, Auszubildende, Studierende (32–33 %)	
Bürgerkrieg 1918–1922	26	25–39 Jahre (32 %), Unternehmer, Angestellte (32–31 %)	55 Jahre (22 %), Moskau (22 %)
Oktoberrevolution von 1917	25	55+ (28 %), Moskau (29 %), Angestellte (31 %)	18–39 Jahre (21 %)
Massenrepressionen unter Stalin	21	55+ (23 %), Moskau (26 %), ländliche Gebiete (24 %), Unternehmer, Fachkräfte, Angestellte (23 %)	18–39 Jahre (18–19 %), gut situiert (19 %)
Vernichtung der Juden während der deutschen Besatzung/Holocaust	15	40–54 Jahre alt (17 %), Hochschulbildung (18 %), Männer (19 %), Unternehmer, Fachkräfte, Angestellte (19–18 %)	18–39 Jahre alt (11 %), Fachabitur und niedriger (10 %)
Februarrevolution 1917	10	Hochschulbildung (13 %), Moskau, Großstädte (13 %)	Kleinstädte, ländliche Gebiete (8 %)
Ethnische Säuberungen / Deportationen von Völkern innerhalb der UdSSR (Tschetschenen, Tataren, Deutsche, usw.)	9	18–24 Jahre (12 %), Hochschulbildung (12 %), mittlere Städte (13 %), Auszubildende und Studierende (15 %), Unternehmer, Fachkräfte (13 %)	
Dissidentenbewegungen / Verfolgung von Andersdenkenden in der UdSSR	5	18–24 Jahre alt (8 %)	–
andere	1	–	–
schwer zu beantworten	8	18–24, 55+ (9 %), arm (13 %), Fachabitur und niedriger (12 %)	–

Die Antworten wurden der Häufigkeit entsprechend angeordnet.

Frage (Tab. 4) die gleichen Themen wie in den Tabellen 3a und 3b. Die Verbrechen des Staates wie der Terror der 1930–1950er Jahre, die ethnischen Säuberungen und die Deportationen ganzer Völker erwecken ebenso wie der Holocaust und die Dissidentenbewegung der 1970er Jahre die Aufmerksamkeit einer Minderheit von fünf bis 21 Prozent. Das sind jene Teile der Bevölkerung, die materiell besser gestellt sind, relativ fortschrittlich denken und dem herrschenden Regime aufgrund seines zunehmend autoritären Charakters und des Krieges gegen die Ukraine kritisch gegenüber stehen.

„Stolz" und „Scham"

Der Kern der nationalen Identität – das, wofür sich alle Bürgerinnen und Bürger Russlands gegenseitig respektieren, was sie vereint und jeden Einzelnen gegenüber einem Anderen von außen aufwertet –, hat seinen Ursprung in der sowjetischen Geschichte nach dem Großen Vaterländischen Krieg, als die UdSSR zur nuklearen Supermacht aufstieg und als Alternative zur westlichen, kapitalistischen Welt wahrgenommen wurde. Die wichtigsten Verdienste sind das symbolische und moralische Kapital des Sieges von 1945, die hochentwickelte Wissenschaft, die Vorrangstellung und die Erfolge in der Weltraumforschung sowie die russische Kultur des 19. und frühen 20. Jahrhunderts.

Russlands Verlust dieser Position und seiner Autorität als „Weltmacht" durch die Auflösung der Sowjetunion 1991 verursachte tiefe Traumata, kollektive Frustrationen und nationale Ressentiments, die zur psychologischen und politischen Ressource des Putin-Regimes, der konservativen autoritären Restauration und reaktionären Politik sowie der antiliberalen, antidemokratischen Wende im Lande wurden.

Der Zusammenbruch der UdSSR ruft daher die stärkste „Scham" hervor, ein Gefühl des Versagens und der Niederlage im Kalten Krieg und in der ideologischen Konfrontation mit dem Westen. Mehr als die Hälfte der Befragten (51 Prozent) spricht davon. Zu ihnen gesellt sich eine relativ kleine Zahl von „imperialen Patrioten", die unter dem Komplex der „militärischen Niederlage" Russlands leiden. Sie beziehen sich offensichtlich auf den sowjetischen Afghanistankrieg (1979–1989) und die beiden Tschetschenienkriege (1994–1996 und 1999–2009). Die Wiederbelebung imperialer Ansprüche und Positionen wie die Besetzung der Krim 2014 und die „militärische Spezialoperation" in der Ukraine sowie die konservative „Stabilisierungspolitik" unter Putin sind Anlass für Stolz der eher aggressiven und autoritären Bevölkerungsteile Russlands (20 Prozent und 15 Prozent). Allerdings löst der Ukraine-Krieg in der breiten Bevölkerung keine Begeisterung aus. Gerade einmal sieben Prozent der Befragten nannten 2023 den Krieg gegen die Ukraine als eine Quelle des Stolzes (Tab. 5).

Dieses Schamempfinden als Kehrseite des Stolzes ist vor allem die Sichtweise des „einfachen" Menschen, der das Geschehen in Kategorien des Alltags bewertet. Diese Ambivalenz ist charakteristisch für alle Länder, die sich im Prozess der „nachholenden Modernisierung" befinden. Russland war das erste dieser Länder, dessen Bevölkerung diesen Minderwertigkeitskomplex bis heute beibehalten hat. In der Scham des „kleinen Mannes" schwingt bis heute die deprimierte Stimmung der Stagnationsperiode unter Brežnev nach, die innere Zerrissenheit zwischen den Symbolen der „Großmacht" wie dem Atomraketenpotential auf der einen Seite und der Armut und der Stumpfsinnigkeit des eigenen Alltags auf der anderen Seite. Das eigene Leben war von Gewalt und Willkür durchdrungen, der Konsum als unvermeidliche Folge der staatlichen Planwirtschaft auf einem armseligen Niveau. 39 Prozent bzw. 34 Prozent der Befragten bezeichnen Armut und die Verrohung der Sitten, den geringen Wert eines Menschen und die Verweigerung der menschlichen Würde als beschämend. Der Anstieg des Konsums und des Wohlstands, der den Wirtschaftsreformen der Regierung unter Egor Gajdar zu verdanken war und 2008 seinen Höhepunkt erreichte, wirkte sich auf das Lebensniveau der unteren Schichten der Gesellschaft Russlands nicht aus, obwohl die absolute Armut zwischen 2008 und 2010 deutlich zurückging.

Tabelle 5: In der Geschichte eines jeden Landes gibt es helle und dunkle Seiten. Welcher der folgenden Punkte macht Sie stolz auf die Geschichte unseres Landes?
Wofür schämen Sie sich, in Bezug worauf empfinden Sie Scham und Trauer, wenn Sie die Geschichte Russlands des 20. Jahrhunderts betrachten?

Stolz	%	Scham	%
der Sieg im Großen Vaterländischen Krieg	87	der Zusammenbruch der UdSSR	51
die führende Rolle des Landes bei der Erforschung des Weltraums	49	eine große Nation, ein reiches Land, das ständig in Armut und Mangel lebt	39
Errungenschaften von Russlands Wissenschaft	37	unhöfliche Umgangsformen, Grobheit, mangelnder gegenseitiger Respekt	34
große russische Literatur	27	Repressionen, Terror, Vertreibung der Völker in den 1920er–1950er Jahren	24
Wiedervereinigung mit der Krim	20	Verfolgung der Kirche	19
der Ruhm von Russlands Waffen	18	ungebildete, inkompetente, eigennützige Machthaber	12
die moralischen Qualitäten des russischen Menschen: Einfachheit, Geduld, Unverwüstlichkeit	17	Militärische Spezialoperation in der Ukraine	8
Stabilisierung des Landes unter Putin	15	Russlands militärische Niederlagen	7
Militärische Spezialoperation in der Ukraine	7	der Wunsch, anderen Ländern und Völkern mit Gewalt die eigene Ordnung aufzuzwingen	5
Perestrojka, der Beginn der Marktreformen	4	Anschluss der Krim	3
Nichts ruft bei mir einen besonderen Stolz hervor.	2	Nichts ruft bei mir eine besondere Scham hervor.	12
schwer zu beantworten	1	schwer zu beantworten	4
Summe der Antworten	284		218

2023, Antworten nach der Rangfolge

Tabelle 6: Gruppen von Befragten, die die höchsten und die niedrigsten Antworten auf diese Fragen gaben:

Stolz	Maximale Werte	Minimum	Scham	Minimum
Sieg im Großen Vaterländischen Krieg von 1941–1945	40–54 Jahre alt, Fachabitur, große und mittlere Städte	keine Unterschiede	Zusammenbruch der UdSSR	18+, M, Hochschulbildung
führende Rolle des Landes bei der Erforschung des Weltraums	55 Jahre und älter, Hochschulbildung, mittelgroße Städte	18+, Abitur, Fachabitur und darunter, arm, ländliche Gebiete	große Nation, ein reiches Land, das aber in ständiger Armut und Mangel lebt	Hochschulbildung, Moskau, Großstädte
Errungenschaften der russischen Wissenschaft	55 Jahre alt und älter, Hochschulbildung, Moskau	Dorf, 18+, arm, ländliche Gebiete	unhöfliche Umgangsformen, Grobheit, mangelnder gegenseitiger Respekt	Männer, Moskau
Große russische Literatur	18–24 Jahre alt, Hochschulbildung, Großstädte	55+, Abitur, Fachabitur und darunter, arm, ländlich	Repressionen, Terror, Vertreibung der Völker in den 1920er–1950ern	Männer, Abitur, Fachabitur und darunter, arm
Wiedervereinigung mit der Krim	55 Jahre +, Abitur / Fach-abitur, mittlere u. kleine Städte	Moskau	Verfolgung der Kirche	Männer, 18+, Hochschulbildung, mittlere u. kleine Städte
Ruhm der russischen Waffen	Männer, 55+, Fachabitur, Moskau	Frauen, 18+, kleine Städte	Ungebildete, inkompetente, eigennützige Machthaber	40–54, Abitur und darunter, arm, Moskau, Kleinstädte
moralische Qualitäten des russischen Menschen – Einfachheit, Geduld, Unverwüstlichkeit	40–54 Jahre alt, Fachabitur, Dorf	25–39, Abitur, Fachabitur und darunter	Militärische Spezialoperation in der Ukraine	Männer, 55+, Abitur, Fachabitur und darunter, Kleinstädte
Stabilisierung des Landes unter Putin	55+, Hochschulbildung, mittelgroße Städte	18+, Moskau	Russlands militärische Niederlagen	40–54, Männer
Militärische Spezialoperation in der Ukraine	55+, Fachabitur, ländliche Gebiete und Kleinstädte	18+, Hochschulbildung, Moskau	Wunsch, anderen Ländern und Völkern die eigene Ordnung mit Gewalt aufzuzwingen	55+ Abitur, Fachabitur und darunter, arm, Moskau
Perestrojka, der Beginn der Marktreformen	18–24 Jahre alt, Fachabitur, ländliche Gebiete u. Kleinstädte	40–54, Hochschulbildung, Moskau	Anschluss der Krim	arm, mittelgroße Städte

Am dritthäufigsten schämen sich die Befragten dafür, mit einem Staat verbunden zu sein, der in der sowjetischen Vergangenheit Verbrechen begangen hat und in der Gegenwart unter Vladimir Putin Verbrechen begeht. Diese Scham empfinden sie über Repressionen, die weder aufgearbeitet noch einer moralischen oder rechtlichen Bewertung unterzogen wurden, über die Verfolgung der Kirche (24 Prozent bzw. 19 Prozent) oder über die Verdorbenheit der Machthaber in Vergangenheit und Gegenwart (zwölf Prozent), ihre Politik der Gewalt, mit der sie anderen Ländern ihr Herrschaftsmodell aufzwingen. Hervorzuheben ist allerdings, dass Putins „militärische Spezialoperation" in Russlands Gesellschaft ebenso viel „Scham" wie „Stolz" auslöst (acht und sieben Prozent).

Am häufigsten gaben ältere, gebildete Befragte an, Stolz oder Scham zu empfinden. Nur in Bezug auf die militärische Spezialoperation und die militärischen Niederlagen Russlands empfanden mehr jüngere Befragte Scham. Insgesamt sind die Abweichungen allerdings sehr gering. Auf alle Fälle deutet das Stimmungsbild auf eine schwache Basis der persönlichen Selbstachtung, einen tief verwurzelten Minderwertigkeitskomplex und ein frustriertes Kollektivbewusstsein hin, die unter den Bedingungen der autoritären Herrschaft und der staatlichen Kontrolle über das öffentliche Leben nicht überwunden werden können.

Das allgemeine Stimmungsbild zur Geschichte des Landes erweist sich als bemerkenswert stabil, auch wenn die Bedeutung einzelner Faktoren, die Anlass zu „Stolz auf das Land" geben, die Raumfahrt, wissenschaftliche Leistungen, russische Literatur, Moral, allmählich abnimmt (Tab. 7). Das gilt allerdings auch für einige Faktoren, die Anlass zur Scham sind. Es ist davon auszugehen, dass das Trauma, das der Zusammenbruch der UdSSR ausgelöst hat, und der nationale Minderwertigkeitskomplex in den 2000er Jahren durch die Putin-Herrschaft, die Konsolidierung des autoritären Staates und das höhere Konsumniveau bei weiten Kreisen der Bevölkerung schwächer geworden sind. Zwei weitere Umstände dürften eine Rolle spielen: erstens die systematische Diskreditierung des „Westens", der früher als Vorbild diente, um das eigene Leben mit einem geradezu als utopisch vorgestellten Wohlstand zu vergleichen, und zweitens der wachsende Militarismus und Isolationismus.

Insgesamt aber ist die Bedeutung von „Geschichte" als einem Faktor, der Anlass für „Stolz" oder „Scham" ist, im zurückliegenden Vierteljahrhundert zurückgegangen.

Dass die Zahl der Antworten im Block „Scham" stetig zurückgeht, deutet auf eine Abnahme der Frustrations- und Minderwertigkeitskomplexe hin, wenn auch nicht auf ein wachsendes Selbstwertgefühl, da die Zahl der Antworten zum Thema „Stolz" ebenfalls gleichmäßig abnimmt. Symbolische Themen wie „die moralischen Qualitäten des russischen Volkes", „die klassische Literatur", das „fortschrittliche System des Sozialismus" sowie Mythen aus vergangener Zeit (Karamzins Thesen über den Kampf gegen das tatarische Mongolenjoch) oder Heldentaten altrussischer Mönche sind für junge Menschen viel weniger wichtig. Das bedeutet, dass die Leute in ihrer eigenen Welt leben und immer weniger Bedarf an Impulsen zur Herausbildung einer nationalen Identität haben. Ungeachtet der aggressiven und konservativen Politik der Putin-Administration verblassen das Trauma des Verlusts der sowjetischen Identität ebenso wie die Erfahrungen der Perestrojka, die Hoffnungen und Illusionen des Aufbruchs, die stalinistische und sowjetische Vergangenheit, der Terror, die Verfolgung der Kirche und die Gewalt gegen Nachbarstaaten.

Tabelle 7: Welches Ereignis in der Geschichte unseres Landes macht Sie stolz?

	1999	2003	2008	2012	2014	2015	2017	2018	2020	2023
der Sieg im Großen Vaterländischen Krieg	86	87	89	82	82	85	83	87	89	87
die führende Rolle des Landes bei der Erforschung des Weltraums	60	59	61	44	46	42	41	50	43	49
Errungenschaften der Wissenschaften Russlands	52	51	46	35	34	30	32	37	27	37
die große russische Literatur	46	48	49	34	39	37	36	40	29	27
die moralischen Qualitäten des russischen Menschen: Einfachheit, Geduld, Unverwüstlichkeit	45	44	35	32	23	27	23	31	17	17
Ruhm der Waffen	35	35	36	31	26	25	26	36	25	18
Perestrojka, der Beginn der Marktreformen	2	8	7	5	2	3	4	5	5	4
Stabilisierung des Landes unter Putin	–	–	33	13	11	20	18	18	12	15
der Anschluss der Krim	–	–	–	–	–	–	43	45	30	20
Nichts macht mich besonders stolz.	2	2	1	2	3	1	2	1	1	2
schwer zu beantworten	3	2	2	3	2	2	3	1	2	1
Summe der Antworten	331	336	359	281	268	272	268	306	328	252
ohne „Stabilisierung unter Putin"			326	268	257	252	250	288	298	237

Rangfolge nach 1999; nur die Antworten, die 2023 wiederholt wurden, sind aufgeführt.

Dagegen steigt der Anteil der trotzigen Antwort „Es gibt nichts, wofür ich mich schämen müsste" von einem auf zwölf Prozent. Putins Politik, „unerwünschte Vergangenheit vergessen zu machen" und die Abschaffung jeder Partizipation der Bürger an Politik und öffentlichen Angelegenheiten führen zur Betäubung und Amnesie des frustrierten kollektiven Bewusstseins.

Tabelle 8: Wofür schämen Sie sich, was ruft ein Gefühl von Scham und Traurigkeit hervor, wenn Sie die Geschichte Russlands des 20. Jahrhunderts betrachten?

	1999	2003	2008	2012	2015	2017	2018	2023
eine große Nation, ein reiches Land, das aber in ständiger Armut und Mangel lebt	**79**	**78**	69	56	56	54	61	39
die Zerstörung der UdSSR	**48**	41	37	32	28	33	**45**	**51**
unhöfliches Benehmen, Grobheit, mangelnder Respekt der Menschen untereinander	45	**52**	**49**	35	31	24	37	34
Repression, Terror, Vertreibung der Völker in den 1920er–1950er Jahren	**34**	**39**	**35**	25	25	22	21	24
ungebildete, inkompetente, eigennützige Machthaber	**28**	20	20	12	12	11	16	12
die Verfolgung der Kirche	21	18	**27**	16	12	11	16	19
Russlands militärische Niederlagen	**16**	**16**	11	7	4	4	6	7
der Wunsch, anderen Ländern und Völkern die eigene Ordnung mit Gewalt aufzuzwingen	**15**	9	8	5	5	4	9	5
der Anschluss der Krim	–	–	–	–	–	–	–	3
Militärische Spezialoperation in der Ukraine	–	–	–	–	–	–	–	8
Es gibt nichts, wofür ich mich besonders schämen müsste.	1	2	3	8	2	8	6	**12**
schwer zu beantworten	5	3	5	6	4	5	2	4
Summe der Antworten	292	278	264	202	179	176	219	207

Geordnet nach der Reihenfolge der Antworten von 1999

„Familiengedächtnis" und generationenübergreifende Kommunikation

Wie ist es um das Familiengedächtnis bestellt? Dazu blicken wir auf die Ergebnisse von Umfragen, inwieweit historische Ereignisse, die in der staatlichen Erinnerungspolitik eine prominente Rolle spielen, oder solche, die nur im dissidentischen Umfeld erinnert wurden, Eingang ins Familiengedächtnis gefunden haben. Der Wortlaut der Fragen und die Anzahl der möglichen Antworten haben sich über die Jahre verändert. Nichtsdestotrotz zitieren wir sie, um zu zeigen, wie sich die Öffentliche Meinung entwickelt hat.

Tabelle 9: Zu sowjetischer Zeit war es unüblich oder gefährlich, über manche Themen zu sprechen. Haben Ihre Eltern oder ältere Familienangehörige mit Ihnen über eines dieser Themen gesprochen?

	2008 VIII Bevölkerung	2014 VIII Bevölkerung	2020 X Jugend
über den Großen Vaterländischen Krieg	54	49	51
über Repressionen, Gefängnisse und Verbannungen in der stalinistischen und sowjetischen Ära	26	30	21
über die Führung des Landes, seine Führer in der Vergangenheit und heute	28	29	23
über die reale Wirtschaftslage des Landes in Vergangenheit und Gegenwart	22	25	24
über Gott, den Glauben und die Kirche	28	24	22
über die Kriege in Afghanistan und Tschetschenien	23	17	20
über das Leben im Ausland	14	11	12
über Andersdenkende, Dissidenten, den Samisdat	7	10	5
über den Tod	13	10	11
über Emigration, über das Verlassen des Landes	7	9	11
über intime Beziehungen, Sex	11	7	7
über Selbstmord	5	5	5
über antisowjetische Bewegungen in den Ländern des sozialistischen Lagers (Ungarn, Prager Frühling, polnische Arbeiterproteste)	6	5	3
Nichts davon haben meine Eltern oder ältere Familienangehörige mit mir besprochen.	17	17	23
Ich bin ohne Eltern aufgewachsen.	1	1	2
schwer zu beantworten	11	12	3
N=	1508	1600	2000

Die Veränderung der öffentlichen Atmosphäre unter Putin, die in einer höheren Zufriedenheit mit dem eigenen Lebensniveau, der Abwesenheit politischer Bewegungen, Zensur und verstärkter Repression zum Ausdruck kommt, hat auch zu weniger Kommunikation zwischen den Generationen geführt. Dadurch ist der Raum für Diskussionen über sensible Themen der Vergangenheit kleiner geworden. Der Anteil der Familien, die über aktuelle politische Probleme oder über die totalitäre sowjetische Vergangenheit sprachen, Ende der 1980er oder Mitte der 2000er Jahre lag nicht über 20–26 Prozent. Wenn es um Repressionen in der Stalinzeit oder unter Putin geht, sprechen heute nur noch 17 Prozent der Familien darüber.

Tabelle 10: Haben Sie in Ihrer Familie über eines dieser Themen der Vergangenheit und Gegenwart gesprochen oder sprechen Sie darüber?

	1989	2008	2023
über die militärische Spezialoperation in der Ukraine	–	–	41
über die reale Wirtschaftslage des Landes in Vergangenheit und Gegenwart	17	22	28
über die Kriege in Afghanistan, Tschetschenien und Georgien	–	23	19
über die Führung des Landes, seine Führer in der Vergangenheit und heute	29	28	17
über Repressionen, Gefängnisse und Verbannungen in der stalinistischen und sowjetischen Ära	22	26	13
über Emigration, über das Verlassen des Landes	6	7	12
über Zensur und politische Verfolgung von Regierungskritikern und die Opposition unter Putin	–	–	8
Nichts davon haben meine Eltern oder ältere Familienangehörige mit mir besprochen. / Wir besprechen solche Themen in der Familie nicht.	23	17	41
Ich bin ohne Eltern aufgewachsen.	3	1	–
andere	–	–	1
schwer zu beantworten	–	11	2

Nur noch sechs bis 13 Prozent der Familien wissen etwas über antikommunistische Opposition in den sozialistischen Staaten oder der Sowjetunion. Und nur neun bis elf Prozent der Befragten sprechen sich heute gegen die Annexion der Krim aus und fühlen sich für den Krieg gegen die Ukraine verantwortlich. Im Laufe von 30 Jahren hat sich der Anteil der Befragten, die angaben, dass in ihrer Familie über keines der genannten Themen gesprochen wurde, oder die keine Antwort dazu geben konnten, verdoppelt von 23 Prozent (1989) bzw. 28 Prozent (2008) auf 43 Prozent im Jahr 2023 (Tab. 11).

Tabelle 11: Haben Ihre Eltern oder ältere Mitglieder Ihrer Familie mit Ihnen über eines dieser Themen gesprochen?

I. die militärische Spezialoperation in der Ukraine;
II. die reale Wirtschaftslage des Landes in Vergangenheit und Gegenwart;
III. die Kriege in Afghanistan, Tschetschenien und Georgien;
IV. die Führung des Landes, seine Führer in der Vergangenheit und heute;
V. Repressionen, Gefängnisse und Verbannung in der stalinistischen und sowjetischen Ära;
VI. Emigration, über das Verlassen des Landes;
VII. Zensur und politische Verfolgung von Regierungskritikern und Opposition unter Vladimir Putin.
VIII. **Wir besprechen solche Themen in der Familie nicht.**

	I	II	III	IV	V	VI	VII	VIII
im Durchschnitt	41	28	19	17	13	12	8	41
Männer	39	28	17	16	11	10	8	44
Frauen	43	27	21	18	14	13	8	38
Alter								
18–24 Jahre alt	31	24	11	10	13	7	7	**51**
25–39 Jahre alt	35	26	16	14	10	12	7	45
40–54 Jahre alt	42	**30**	19	19	13	9	9	40
55 Jahre und älter	**48**	28	**24**	**20**	**14**	**14**	7	36
Bildungsniveau								
Hochschulabschluss	44	31	19	20	13	13	9	35
Berufsschulabschluss	45	31	22	19	14	14	8	37
Schulabschluss und niedriger	30	16	14	10	9	5	5	**56**
Wohnort								
Moskau	**44**	22	20	20	13	**15**	7	38
Großstadt (0,5–1,0 Mio. Einwohner)	33	26	17	15	11	13	**9**	45
Mittelgroße Stadt (100 000–500 000 Einwohner)	**44**	**29**	17	20	13	11	**9**	39
Kleinstadt (bis zu 100 000 Einwohnern)	42	26	**22**	16	12	10	6	44
Dorf	**46**	**32**	20	17	**14**	11	7	37
Sozialer Status								
Unternehmer	39	24	18	15	13	7	8	**44**
Leitende Position	**50**	**40**	**24**	**22**	**16**	**16**	11	27
Fachkräfte	**45**	33	20	18	**15**	**15**	10	36
Angestellte	39	30	18	18	**15**	14	9	40
Arbeiter	37	23	19	16	10	9	7	**46**
Auszubildende und Studierende	29	21	6	11	11	5	10	**54**
Rentner	**49**	29	**23**	**21**	13	13	6	36
Hausfrauen	40	29	16	9	9	4	10	42
Nicht Berufstätige	23	18	15	10	15	12	4	**60**
Verbraucherstatus								
kaum genug Geld für Nahrungsmittel	36	25	20	18	16	13	9	**47**
genug für Nahrungsmittel und Kleidung	41	28	19	18	11	14	8	41
Wir können uns langlebige Konsumgüter leisten.	45	29	20	16	13	5	7	38

Aus den Daten in Tabelle 11 geht hervor, dass „Personen in Leitungspositionen", Fach-kräfte und Rentner am häufigsten politische Themen in ihrer Familie besprechen. Am sel-tensten machen das Auszubildende, Arbeiter, Hausfrauen, Nichtberufstätige (Arbeitslose, die nicht auf der Suche nach einem Arbeitsplatz sind), Befragte mit geringer Bildung und entsprechend niedrigem Einkommen sowie Bewohner von Kleinstädten in der Peripherie. Diese Bevölkerungsgruppen verfügen über begrenzte soziale und kulturelle Ressourcen, haben wenig Informationsquellen und sind deshalb für staatliche Bevormundung, offizi-elle Demagogie und Propaganda besonders anfällig. Die Tatsache, dass junge Leute gesell-schaftspolitischen Entwicklungen gegenüber indifferent sind, überrascht nicht. Untersu-chungen zum Geschichtsbewusstsein von Jugendlichen in Russland zeigen, dass nicht die Eltern, ältere Familienangehörige, nicht die Schule oder die Universität, sondern das Fern-sehen – und hier reine Propagandaserien und triviale Sendungen – die wichtigste Quelle ist, aus der sie Informationen über die stalinistische Zeit beziehen. Diese Informationen haben mit den historischen Fakten wenig zu tun.[10] Die unter den Jugendlichen weit verbreitete Nutzung des Internets und der sozialen Medien kann weder den ideologischen Druck der Schule, der Staatsmedien und des Propagandaapparats noch den Zwang zu Konformismus und Opportunismus kompensieren.

Die Entwicklung der Öffentlichen Meinung zur Stalinzeit

In der Entwicklung der Öffentlichen Meinung zu Stalin zeigt sich nicht nur der konti-nuierliche Einfluss älterer Generationen auf die jüngeren, die kaum ein Interesse an der Vergangenheit haben und sich nicht um die Aufarbeitung des totalitären Erbes küm-mern, sondern auch das Wirken der Propaganda. Diese verherrlicht die repressiven In-stitutionen wie die Armee und die politische Polizei KGB/FSB. Die Glorifizierung der Armee und des Geheimdiensts, die vom symbolischen Kapital des sowjetischen Siegs über den Nationalsozialismus zehren sowie als Garanten der „nationalen Sicherheit" figurieren, befördert die Mythologisierung der Figur Stalins (Graphik 1).

Tabelle 12: Hat die Stalin-Zeit mehr Gutes oder mehr Schlechtes bewirkt?

	1994 VIII	1999 IV	2003 VII	2008 III	2012 X	2016 II	2023 II
mehr Gutes	16	26	29	25	27	40	**61**
mehr Schlechtes	**60**	48	47	44	42	38	17
nichts Besonderes	4	4	3	6	6	6	8
schwer zu sagen	20	22	21	25	25	16	14
N=	3000	2000	2000	2000	2000	1600	1600

---

[10] Lev Gudkov, Karina Pipija, Natalja Zorkaja: Otnošenie molodoži k stalinskoj époche i sovets-komu prošlomu, in: Postsovetskaja molodož': predvaritel'nye itogi. Moskva 2023, S. 85–88. – „Viel gelernt" über diese Zeit haben 26 Prozent der jungen Befragten von Lehrern, 21 Prozent aus Büchern, 40 Prozent aus Fernsehsendungen, zwölf Prozent von den Eltern und 18 Prozent von den Großeltern (bzw. 30 Prozent von der älteren Generation). Über Repressionen und Terror ha-ben 38 Prozent aus dem Fernsehen, 22 Prozent aus Büchern, 20 Prozent in der Schule, neun Pro-zent von den Eltern sowie 14 Prozent von den Großeltern gelernt. Erinnert sei daran, welch apo-logetisches Bild der Vergangenheit das heutige Fernsehen zeichnet, das vollständig von der Prä-sidialverwaltung kontrolliert und zensiert wird.

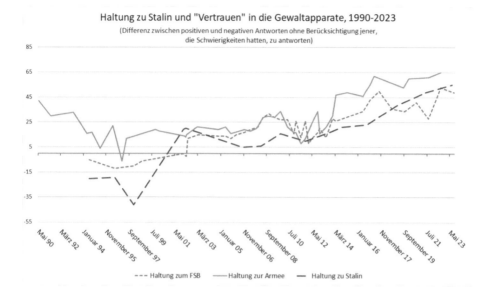

Graphik 1: Öffentliche Meinung zu Stalin und „Vertrauen" in die Gewaltapparate

Junge Menschen übernehmen zunehmend die Positionen der älteren Generationen, die dem Diktator mit Wertschätzung begegnen und sich nostalgisch an die „Stabilität" des Lebens im Sozialismus erinnern. Die Generationen, die den Zusammenbruch der UdSSR und die Erschütterungen der Transformationsjahre 1990 bis 1998 erlebt haben, kompensieren ihre Abneigung gegen einige Aspekte der Gegenwart durch die Idealisierung des sowjetischen Lebens und die sentimentale Verherrlichung Stalins. Anfang bis Mitte der 1990er Jahre standen junge Menschen der oberflächlichen Kritik an Stalin während der Perestrojka eher indifferent gegenüber. Doch nach Putins Machtübernahme und der allmählichen Restauration der früheren Institutionen und der Ideologie der Großmacht wurden sie zunehmend empfänglich für die traditionalistische und imperiale Rhetorik des neuen Regimes und akzeptierten, wenn auch nicht im gleichen Maße wie die ältere Generation, die Stalin-Zeit als Symbol der totalitären Größe (43 Prozent vs. 64–65 Prozent). Jurij Levada hätte sinngemäß dazu gesagt: Es geht nicht darum, mit welchen Ansichten Jugendliche ins Leben treten, sondern darum, was die herrschenden Institutionen aus ihnen machen.[11]

---

[11] Jurij Levada: Zametki k „probleme pokolenij", in: Ders.: Iščem čeloveka. Moskva, S. 43–44. Wörtlich heißt es: „Keine noch so detaillierten Daten über die Einstellungen, Werte und Haltungen der Jugendlichen von heute können ein Bild der Gesellschaft von morgen zeichnen, wenn unklar bleibt, in welchen gesellschaftlichen Rahmen sich die Interessen und Energien der jungen Menschen einfügen werden. [. . .]: Es geht nicht so sehr um das Reifen der Jugendlichen von heute, sondern um die Ausbildung einer institutionellen Reife der Gesellschaft. Prätentiöse und vulgäre Slogans wie „Die Jugend ist unsere Zukunft" sind falsch. In Wirklichkeit ist „unsere" (gesellschaftliche) Zukunft das, was die gesellschaftlichen Institutionen und Umstände aus der ehemaligen Jugend machen werden."

Tabelle 13: Hat die Stalin-Zeit mehr Gutes oder mehr Schlechtes bewirkt?

	mehr Gutes	mehr Schlechtes	nichts Besonderes	schwer zu sagen
im Durchschnitt	61	17	8	14
Männer	**68**	15	5	12
Frauen	56	18	10	16
Alter				
18–24 Jahre alt	43	**24**	**11**	22
25–39 Jahre alt	58	18	8	16
40–54 Jahre alt	**65**	14	7	14
55 Jahre und älter	**64**	17	8	11
Bildungsniveau				
Hochschulabschluss	**64**	17	7	12
Berufsschulabschluss	64	17	7	12
Schulabschluss und niedriger	53	16	10	21
Wohnort				
Moskau	**65**	**21**	6	8
Großstadt (0,5–1,0 Mio. Einwohner)	54	**21**	10	16
Mittelgroße Stadt 100 000–500 000 EW	62	14	10	14
Kleinstadt (bis zu 100 000 Einwohner)	**65**	12	7	16
Dorf	62	18	6	14
Sozialer Status				
Unternehmer	**69**	14	9	8
Leitende Position	**69**	15	7	9
Fachkräfte	59	19	7	15
Angestellte	60	19	6	15
Arbeiter	62	15	9	14
Auszubildende und Studierende	51	14	9	**26**
Rentner	**65**	17	6	13
Hausfrauen	46	**23**	11	20
Nichtberufstätige	53	17	13	17

Kenntnisse über die Stalinzeit

Wenn wir jene abziehen, die „nicht interessiert" sind (12–14 Prozent), und jene, die Schwierigkeiten haben, ihren Wissensstand über die Stalinzeit einzuschätzen (21 Prozent), so sind 29 Prozent der befragten Erwachsenen der Meinung, dass sie „genug" Wissen haben, und 36 Prozent erklären, dass sie gerne mehr wüssten. Aus den Antworten auf diese Frage lässt sich nicht darauf schließen, was sie an der schrecklichsten Periode der sowjetischen Geschichte tatsächlich interessiert – das ideologische Lob der Errungenschaften des ersten sozialistischen Arbeiter- und Bauernstaates unter Führung Stalins und der Kommunistischen Partei oder vielmehr im Gegenteil die Geschichte der Massenrepressionen, des Terrors, des Gulag, von dem nach einer anderer unserer Umfragen jede vierte sowjetische Familie betroffen war.

Tabelle 14: Wie beurteilen Sie Ihr Wissen über die Geschichte der Sowjetunion unter der Führung von Stalin?

	2005	2007	2009	2010*	2023
	Umfragen unter Jugendlichen				
Ich bin nicht daran interessiert, was in der UdSSR während Stalins Herrschaft geschah.	21	21	25	19	12
Ich interessiere mich dafür, was in der UdSSR unter Stalins Herrschaft geschah und habe genug Wissen.	24	27	17	25	29
Ich interessiere mich für die Zeit unter Stalin und würde gerne mehr darüber wissen.	39	35	35	34	36
Ich habe Schwierigkeiten, mein Wissen einzuschätzen.	16	17	23	22	21
keine Antwort	0	0	1	1	2
N=	2000	1800	1016	2010	1600

*Befragung von Erwachsenen im Alter von 18–60 Jahren

Unter Unternehmern und Auszubildenden ist der Anteil derer, die sich nicht für die Stalinzeit interessieren, am höchsten (18 Prozent und 15 Prozent, durchschnittlich zwölf Prozent). Die beiden Gruppen mit dem größten Interesse an dieser Periode der nationalen Geschichte sind hohe Beamte, Manager, mittlere Führungskräfte und Fachkräfte (45 Prozent und 41 Prozent).

Das Wissen über die Massenrepressionen und den stalinistischen Terror lässt sich nur bedingt bewerten, denn der prozentuale Anteil der direkten Antworten („Ich weiß viel und detailliert"; elf Prozent) unterscheidet sich erheblich vom Anteil derer („Ich interessiere mich dafür, was in der UdSSR unter Stalins Herrschaft geschah, und ich habe

Tabelle 15: Wissen Sie etwas über die Repressionen von 1937/1938?

	2007 VIII	2011 IV	2012 VIII	2023 II
Ich weiß viel und detailliert Bescheid.	13	17	13	11
Ich weiß ganz allgemein etwas darüber.	44	46	47	40
Ja und nein	–	–	–	7
Ich weiß etwas, aber nicht viel.	27	24	25	19
Ich weiß praktisch nichts.	13	11	12	22
schwer zu beantworten	2	1.6	3	1

genug Wissen darüber"; 29 Prozent). Das bedeutet, dass die Mehrheit der Befragten andere Vorstellungen von der stalinistischen Ära hat als die Minderheit, welche die aktive Zivilgesellschaft in Russland repräsentiert. Sie wissen „ganz allgemein" von den Repressionen, dass „sie passiert sind".

Ältere und besser gebildete Befragte halten sich für besser informiert. Das ist plausibel, da ihre politische Sozialisation in die Perestrojka und damit in die Zeit heftiger Debatten über den Stalinismus fiel. Am wenigsten informiert und am gleichgültigsten sind junge Menschen zwischen 18 und 24 Jahren und Befragte mit geringer Bildung. Der Anteil jener, die „ganz allgemein etwas darüber wissen", steigt mit dem Alter (von 28 Prozent auf 49 Prozent in der ältesten Gruppe) und dem Bildungsniveau (von 29 Prozent auf 47 Prozent bei Personen mit Hochschulabschluss). Am höchsten ist der Kenntnisstand in Moskau (58 Prozent), am niedrigsten im ländlichen Raum (37 Prozent).

Tabelle 16: Wie viele Menschen wurden Ihrer Meinung nach zwischen 1937 und 1938 in der UdSSR Opfer von Repressionen?

	2007 VIII	2011 IV	2012 VIII	2017 IV	2023 II
Hunderte von Menschen	1	1	1	2	3
Tausende	3	5	6	4	9
Zehntausende	8	11	10	9	14
Hunderttausende	21	21	21	22	22
etwa eine Million	15	14	13	15	13
mehrere Millionen	21	22	21	20	14
Dutzende Millionen	6	10	8	6	3
schwer zu beantworten	24	15	21	21	22

Auf die Frage: „Wie viele Menschen wurden Ihrer Meinung nach zwischen 1937 und 1938 in der UdSSR Opfer von Repressionen?" antworten im Jahr 2023 14 Prozent der Befragten mehr oder weniger adäquat zu den Angaben der Historiker von *Memorial* mit „mehrere Millionen". Drei Prozent der Befragten, unter den Jungen sogar fünf Prozent, überschätzen die Zahl der Opfer („Dutzende Millionen"). Doch die absolute Mehrheit – 62 Prozent der Befragten – unterschätzt die Zahl der Opfer der Massenrepressionen. Die

Spannweite der Schätzungen reicht von Angaben wie „Hunderte von Menschen" bis „eine Million". Dass die Schätzungen so voneinander abweichen, hat mit der Unbestimmtheit des Begriffs „Repressionen" zu tun und damit, dass sich in Russland bis heute kein gesellschaftlicher Konsens darüber herausgebildet hat, was Repressionen waren. Für manche bezieht sich der Begriff nur auf jene Opfer und ihre Angehörigen, die aus politischen Gründen verurteilt wurden. Für andere bezieht sich der Begriff auf jene, die aufgrund eines Paragraphen im Strafgesetzbuch verurteilt wurden, der sich später als juristisch unhaltbar herausstellte, zum Beispiel Verurteilungen wegen „Verspätung zur Arbeit" oder „Sabotage". Eine Tendenz ist bemerkenswert: Die Zahl der Opfer des Großen Terrors 1937–1938 unterschätzen jene Befragte, die an sich zu den Gebildeten gehören, aber aus ideologischen Gründen dazu neigen, Stalin und die Stalinzeit zu rechtfertigen.

Trotz der geringen Kenntnisse über die Repressionen waren 2023 die Befragten sich ziemlich sicher, wer Opfer des Terrors geworden sei. 42 Prozent glaubten, dass es aufgrund der Willkür der Herrschenden oder der Denunziation durch Neider „wahllos jeden" treffen konnte. Dies ist die vorherrschende öffentliche Meinung. Zwölf Prozent sagten, „die fähigsten und angesehensten Personen" oder „die treuesten Anhänger der Sowjetmacht" (sieben Prozent). Ein Viertel der Befragten jedoch (24 Prozent) gab an, dass die Repressionen offene oder heimliche Gegner der Sowjetmacht getroffen hätten. Das ist der Geist der Zeit, der durch Putins stille Rehabilitierung Stalins und des KGB gekennzeichnet ist. Vor allem Jüngere antworten so: 31 Prozent der 18–24-Jährigen und 29 Prozent der 25–39-Jährigen. Der Anteil dieser Antworten nimmt mit zunehmendem Alter ab: In der Alterskohorte der 40–54-Jährigen vertraten diese Meinung nur 25 Prozent der Befragten, unter Leuten im Vorruhestand oder im Rentenalter nur 18 Prozent. Die Befragten, die Stalins Herrschaft positiv bewerten („Stalins Zeit brachte mehr Gutes als Schlechtes"), wissen weniger über die Repressionen von 1937/38 und unterschätzen die Gesamtzahl der Opfer. Außerdem geben sie häufiger an, Opfer der Repressionen seien „heimliche oder offene Gegner der Sowjetmacht" gewesen (28 Prozent gegenüber 17 Prozent jener, die Stalin und seiner Politik negativ gegenüberstehen), und sie halten seltener „die fähigsten und angesehensten Personen" für Opfer von Repressionen (zehn gegenüber 24 Prozent). Schließlich gibt es unter ihnen mehr Menschen, die von Verschwörungsideen und Phobien infiziert sind (65 Prozent) als unter jenen, die die Stalinzeit negativ bewerten. Hier sind es 58 Prozent.

Die Meinung darüber, ob es notwendig ist, über Repressionen zu sprechen oder sie zu beschweigen, ist geteilt: Die Hälfte der Befragten ist der Meinung, dass „es notwendig ist, aktiv zu diskutieren, was in jenen Jahren geschah, um unsere Geschichte nicht zu vergessen". Doch ebenso viele neigen dazu, weniger darüber zu sprechen, „um die Vergangenheit nicht aufzuwühlen" (42 Prozent). Ältere Menschen bestehen eher auf der Notwendigkeit, über die Verbrechen des Staates zu sprechen (53 Prozent), während Jüngere dies eher vermeiden (39 Prozent und 47 Prozent in den Altersgruppen 18–24 bzw. 25–39 Jahre) oder sich dagegen entscheiden („schwer zu beantworten"): 17 bzw. neun Prozent; in den älteren Altersgruppen liegt der Anteil derer, die sagen „schwer zu beantworten", bei sieben Prozent.

Tabelle 17: Sind Sie der Meinung, dass die Repressionen diskutiert werden sollten, oder sollte weniger darüber gesprochen werden?

	2023 / März
Wir müssen aktiv über die Repressionen diskutieren und dürfen unsere Geschichte nicht vergessen.	50
Es ist besser, weniger über diese Repressionen zu sprechen, um die Vergangenheit nicht aufzuwühlen.	42
schwer zu beantworten	8

Tabelle 18: Woran sollte man sich Ihrer Meinung nach heute mehr erinnern als früher?

an die Heldentaten unserer Soldaten und Offiziere	88
an menschliches Leid	56
an den Beitrag von Ukrainern, Georgiern, Tataren und anderen Völkern, die in der Roten Armee kämpften	23
an die Errungenschaften der sowjetischen Militärwirtschaft	28
an die entscheidende Rolle Stalins im Krieg	21
an die Rolle der Alliierten der UdSSR im Zweiten Weltkrieg	18
an Stalins Politik vor dem Krieg, das Bündnis mit Hitler, die Repressionen gegen Führungskräfte im Militär	7
anderes	1
schwer zu beantworten	2

In Russlands öffentlicher Meinung existieren zwei sich überschneidende Geschichtsbilder des Krieges: das offizielle der „Großmacht", des „Staatspatriotismus" und das über die Propaganda des Generalstabs und der Militärhistorischen Gesellschaft verbreitet wird.[12] Das andere hinterfragt in der kritischen Tradition der Perestrojka den Stalinismus und den Preis des Krieges. Die erste Variante betonen jene Befragte, die eine autoritäre Disposition haben oder die sich durch eine ausgeprägte Loyalität zum herrschenden Regime auszeichnen.

Verschwörungsideen

Verschwörungsideen, also der Glaube daran, dass geheime Kräfte und Organisationen die Ordnung der Welt bestimmen, sind Zeichen einer autoritären Persönlichkeit und der Vorstellungswelt breiter Bevölkerungsschichten in totalitären Regimen.[13] In der UdSSR

---

[12] Dietmar Neutatz: Putins Geschichtspolitikmaschine. Die Militärhistorische Gesellschaft, in: OSTEUROPA, 12/2022, S. 143–164.

[13] Bekannte Verschwörungsideen sind etwa die „Protokolle der Weisen von Zion" oder die Bilderberg-Konferenz als geheime Weltregierung der Finanzmagnaten. Eva Horn, Michael Hagemeister (Hg.): Die Fiktion von der jüdischen Weltverschwörung. Zu Text und Kontext der „Protokolle der Weisen von Zion". Göttingen 2012. – Ilya Yablokov: Fortress Russia: Conspiracy theories in post-

waren solche Auffassungen weit verbreitet. Aber auch im postkommunistischen Russland halten sie sich hartnäckig. Verschwörungsideen sind eine unbewusste Projektion der Beziehung weiter Kreise der Bevölkerung zum Herrschaftssystem im eigenen Land. Das Regime ist numinos, unberechenbar, von der Gesellschaft unkontrollierbar, eine gegenüber der eigenen Bevölkerung souveräne Macht – ganz im Sinne von Carl Schmitt. Dieses Machtverständnis ist in erster Linie charakteristisch für die Vorstellung vom KGB und seiner Reinkarnation in Gestalt des FSB, dem politischen Geheimdienst, der außerhalb des gesetzlichen Rahmens agiert und „besondere", „spezielle" und außergewöhnliche Mittel und Fähigkeiten einsetzt. Die Kehrseite dieser Vorstellungen ist, dass sie auch auf westliche Regierungen und Geheimdienste projiziert werden. Über 60 Prozent der Befragten in Russland glauben an die Existenz solcher geheimen Kräfte und Organisationen.

Tabelle 19 zeigt das Verhältnis zwischen jenen, die an Aktivitäten geheimnisvoller mächtiger Organisationen glauben, die die Welt beherrschen, und jenen, die nicht an ihre Existenz glauben (Summe der Antworten „Völlig einverstanden + eher einverstanden" und „stimme eher nicht zu + stimme überhaupt nicht zu".

In sozialer Hinsicht werden solche Überzeugungen in erster Linie von Angehörigen der Bürokratie, Arbeitern, Rentnern und älteren Menschen mit niedrigem Bildungsniveau vertreten, die ihre Informationen aus dem staatlichen Fernsehen beziehen und sich damit auf Propaganda stützen. Am wenigsten teilen junge Leute diese Überzeugungen. Und in den Informationskanälen, die von der Präsidialverwaltung unabhängig sind, sowie in dem Milieu, das mit Präsident Putins repressiver Politik unzufrieden ist, die Andersdenkende und die Zivilgesellschaft im Lande zerstört, sind Verschwörungsideen kaum verbreitet. Die Anhänger von Verschwörungsideen weisen dieselben sozialen Charakteristika auf wie jene, die Sympathien für Stalin hegen und den Krieg in der Ukraine gutheißen. Diese Haltung ist heute die dominante Öffentliche Meinung. Erzeugt hat sie das Putin-Regime in seiner 25-jährigen Herrschaft.

„Es kann sich jederzeit wiederholen."

Wer das Verhältnis der russländischen Bevölkerung zur Geschichte analysieren will, muss das extrem negative Menschenbild berücksichtigen, das für Russlands Gesellschaft mit ihrer langen Geschichte staatlicher und häuslicher Gewalt charakteristisch ist. Das Böse ist ein metaphysischer Bestandteil des anthropologischen und sozialen Wertesystems. Daher ist es nicht verwunderlich, dass auf die Frage, ob Menschen in der Lage sind, die gleichen Verbrechen zu begehen wie die Nationalsozialisten in Deutschland und anderen Ländern während des Zweiten Weltkriegs, 71 Prozent der Befragten mit Ja antworteten und nur zwölf Prozent mit Nein. Der Rest hatte entweder Schwierigkeiten, diese Frage zu beantworten oder keine Meinung. Die Bereitschaft zu Brutalität und Gewalt sehen die Befragten als menschliche Eigenschaft an. Gewaltanwendung ist Ausdruck der menschlichen Natur, wenn sie nicht moralischer und sozialer Kontrolle unterliegt. Die Unterschiede in den Antworten verschiedener sozialer Gruppen sind unbedeutend. Das deutet darauf hin, dass diese anthropologischen Vorstellungen überall gleich weit verbreitet sind. Abweichungen hängen von Geschlecht und Alter, in geringerem Maße vom Bildungsniveau ab.

Soviet Russia. Oxford 2018. – Ilya Yablokov, Precious N Chatterje-Doody: Russia Today and Conspiracy Theories. People, Power and Politics on RT. London 2021.

Tabelle 19: Inwieweit stimmen Sie der Aussage zu: „Es gibt geheime Organisationen, die einen großen Einfluss auf die politische Entscheidungsfindung in der Welt haben"?

	Völlig einverstanden + eher einverstanden	stimme eher nicht zu + stimme überhaupt nicht zu	+/-
im Durchschnitt	61	18	3.39
Alter			
18–24 Jahre alt	43	**32**	1.3
25–39 Jahre alt	55	19	2.9
40–54 Jahre alt	**65**	15	**4.3**
55 Jahre und älter	**67**	17	**3.9**
Bildungsniveau			
Hochschulabschluss	62	18	**3.4**
Berufsschulabschluss	**66**	16	**4.1**
Schulabschluss und niedriger	50	26	1.9
Sozialer Status			
Unternehmer	58	22	2.6
Leitende Position	**65**	21	**3.1**
Fachkräfte	**63**	18	**3.5**
Angestellte	**65**	15	**4.3**
Arbeiter	62	16	**3.9**
Auszubildende und Studierende	41	**32**	1.3
Rentner	**65**	19	3.4
Hausfrauen	49	19	2.6
Nichtberufstätige			
Informationsquellen			
TV	64	16	**4.0**
Printmedien (Zeitungen, Zeitschriften, Bücher)	72	20	**3.6**
Freunde, Bekannte, Verwandte	59	19	3.1
Online-Veröffentlichungen	**65**	19	3.4
Soziale Medien	59	20	3.0
Telegram-Kanäle	58	22	2.6
Politische Bewertungen			
Die Dinge im Lande entwickeln sich in die richtige Richtung.	**64**	17	**3.8**
in die falsche Richtung	55	23	2.4
unterstütze den Präsidenten	**63**	17	**3.7**
keine Unterstützung für den Präsidenten	49	28	1.7

Ohne eine mittlere Option „weder Zustimmung noch Ablehnung"

Tabelle 20: Inwieweit stimmen Sie der Aussage zu: „Menschen sind auch heute noch zu ähnlichen Verbrechen fähig, wie sie der Nationalsozialismus in Deutschland und Hitler im Zweiten Weltkrieg begangen haben, unabhängig davon, welcher Nationalität sie sind und in welchem Land sie leben"?

	Durch-schnitt	Geschlecht		Alter				Bildungsniveau			
		Männer	Frauen	18–24	25–39	40–54	55 Jahre und älter	Hochschule	Berufsschule	Schulabschluss und niedriger
stimme voll-kommen zu	37	39	35	28	34	38	40	39	36	35
stimme eher zu	34	38	36,1	34	33	35	35	37	34	31
weder noch	8	9	8	12	12	8	5	8	10	5
stimme eher nicht zu	8	8	8	9	8	9	7	7	7	11
stimme ab-solut nicht zu	4	6	3	5	4	3	5	2	4	7
schwer zu beantworten	9	7	10	11	10	8	8	7	8	12

Das weit verbreitete negative Menschenbild lässt sich besser verstehen, wenn man es vor dem Hintergrund betrachtet, wie in Russland die Realität wahrgenommen wird. Über den gesamten Forschungszeitraum des Levada-Zentrums, der Ende 1988 begann und sich damit über 35 Jahre erstreckt, ist Russlands Öffentliche Meinung von massiven depressiven und aggressiven Stimmungen, Ängsten und einem Zustand der Orientierungslosigkeit bestimmt. Lässt man die chronische Angst um die eigenen Kinder und Verwandten beiseite, so haben jene Befragten, die „ständig in Angst leben", Angst vor dem Weltkrieg (55 Prozent), Willkür der Behörden (48 Prozent) Armut, Verarmung (42 Prozent), Rückkehr zu Massenrepressionen (39 Prozent), einer Verschärfung des politischen Regimes (35 Prozent), kriminellen Übergriffen (34 Prozent), öffentlicher Demütigung und Beleidigung (28 Prozent). Die Folge all dessen ist ein chronisches Misstrauen gegenüber anderen Menschen und ein geringes Vertrauen in Institutionen. 80 bis 85 Prozent der Befragten teilten in den letzten fünf Jahren die Aussage „Man kann den meisten Menschen nicht trauen, man muss vor ihnen auf der Hut sein." Der allgemeine Zukunftshorizont ist nach wie vor düster: 50 bis 53 Prozent der Befragten glauben, dass „uns die schlimmsten Zeiten noch bevorstehen".

Die eigene Verwundbarkeit durch den Staat, die Hilflosigkeit gegenüber der unkontrollierten Führung, das Bewusstsein, dass es unmöglich ist, sie zu beeinflussen, die verdrängte, aber nicht verschwindende Erinnerung an den stalinistischen Terror und die Massenrepressionen, die totale Gewalt des Staates zu sowjetischer Zeit erzeugen nicht nur Angst, sondern auch die Einsicht, dass unter solchen Bedingungen Verbrechen, die im Namen eines despotischen Staates begangen werden, Repressionen und Krieg, *etwas Normales* sind. Es gibt keinen Schutz durch Gerichte oder die Polizei. Solche Verbrechen können sich jederzeit wiederholen. Aber es ist besser, darüber nicht nachzudenken oder darüber zu sprechen. Das war so während des Afghanistankriegs, das war so während der Tschetschenienkriege und so ist es heute mit dem Krieg gegen die Ukraine.

Diese Ansicht teilen vor allem ältere, gebildete Menschen, die in Moskau leben, hohe gesellschaftliche Positionen innehaben und vom Staat abhängig sind. Die Vorstellung, dass staatliche Willkür und Gewalt „üblich" und „alltäglich" sind und Verbrechen, die der Staat an seiner Bevölkerung begeht, die „Normalität" darstellen, hält den Einzelnen davon ab, staatliches Vorgehen wie die stalinistischen Repressionen, die Verfolgung Andersdenkender oder die Erschießung demonstrierender Arbeiter moralisch zu bewerten. Dadurch wird das Potenzial geradezu sterilisiert, derartige Probleme kritisch zu reflektieren. Doch die Spuren solcher Traumata bleiben. Das zeigt sich daran, dass ungeachtet der zunehmenden Beliebtheit Stalins die absolute Mehrheit der Befragten „nicht in dieser Zeit hätte leben wollen".

Russlands Blick auf die deutsche Vergangenheitsbewältigung

Das Bild des Westens, Europas, der westlichen Länder und Deutschlands ist für das Bewusstsein breiter Bevölkerungskreise Russlands von großer Bedeutung. Ihren Höhepunkt erreichte die positive Einstellung zum Westen während der Perestrojka. Seit Beginn der 2000er Jahre, nach dem Beitritt der Ex-Sowjetrepubliken Estland, Lettland, Litauen sowie der sozialistischen Bruderstaaten Polen und Tschechien zu NATO und EU ist in Russland die Restauration der Staatsideologie von der „Einheit von Führung und Volk" im Gange: Isolationismus und antiliberale Stimmungen wachsen wieder.

Neben der propagandistisch erzeugten Vorstellung einer „Kränkung", die der Westen Russland zufüge, verbreitet sich zunehmend die Vorstellung, Russland sei wieder von Feinden umzingelt. Die von den Medien verbreitete Ablehnung richtete sich zunächst gegen die baltischen Staaten, dann gegen die USA, später gegen Großbritannien, Polen und Deutschland. Die positive Einstellung zum Westen als utopischer Ort des Wohlstands, der Prosperität und sozialen Sicherheit, die während der Perestrojka und zu Beginn der Wirtschaftsreformen 1992 bis 1994 zum Ausdruck kam, hat sich abgeschwächt und verschwindet. Nur noch eine marginale Schicht ohne Einfluss auf die Gesellschaft rezipiert „westliche Werte" sowie die Idee der Menschenrechte und Demokratie. Etwa ein Jahrzehnt nach Beginn der Reformen machte die simplifizierte Vorstellung von der Attraktivität des Westens Ernüchterung Platz. Nach und nach traten negative Vorstellungen vom Westen in den Vordergrund. Der Westen wird heute als feindliche Macht, als Quelle der Bedrohung und Zentrum des Bösen dargestellt. Je konsolidierter und autoritärer das Putin-Regime, desto negativer das Bild vom Westen. Ihren Höhepunkt erreichten die antiwestlichen Ressentiments mit dem Krieg gegen die Ukraine.

Das Verhältnis zu Deutschland

Deutschland nahm einen eminent wichtigen Platz in Russlands Öffentlicher Meinung ein. Umfragen zeigten, dass das Feindbild Deutschland überwunden war. Die Deutschen wurden durchweg positiv wahrgenommen (Graphik 2). Zwischenzeitlich plädierte die Mehrheit der Befragten sogar mal für die Errichtung eines gemeinsamen Denkmals für die im Krieg gefallenen Russen und Deutschen. Bis zur Annexion der Krim und der Verhängung internationaler Sanktionen gegen Russland waren negative Einstellungen zu Deutschland praktisch verschwunden. Von 2006 bis 2014 bezeichnete nur eine marginale Gruppe von einem bis vier Prozent der Befragten Deutschland als „unfreundliches Land".

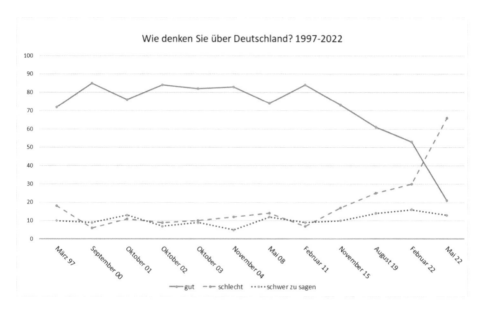

Graphik 2: Wie denken Sie jetzt über Deutschland?

Seit die internationale Gemeinschaft Russlands Aggression gegen die Ukraine verurteilte, hat sich das dramatisch verändert. Seitdem wird Russlands Öffentlichkeit massiv mit militaristischer Propaganda und antiwestlicher Hysterie überzogen.
Die Umfrage für den vorliegenden Beitrag fand vor diesem Hintergrund statt, so dass eine zunehmende Feindseligkeit gegen Deutschland zu erwarten war. Die Propaganda und führende Politiker Russlands verwenden eine Kampfrhetorik gegen Nazismus und Faschismus. Sie bezeichnen es als Verbrechen, die Verbrechen der Nazis zu vergessen. Sie rechtfertigen Russlands Einmarsch in die Ukraine damit, dass eine „Entnazifizierung der Ukraine" nötig sei. Sie vergleichen die ukrainische Führung mit Nazi-Verbrechern und beschwören, dass ein Genozid an der ethnisch russischen Bevölkerung im Donbass und anderen Regionen der Ukraine verhindert werden müsse.
Der schwierige Weg, den Deutschland nach dem Krieg ging, um seine Vergangenheit zu überwinden, wird völlig verdrängt. Die Bewertung der deutschen Erfahrungen bei der Überwindung der kriminellen NS-Vergangenheit beruht in der breiten Bevölkerung

nicht auf der konkreten Kenntnis der deutschen Nachkriegszeit, sondern auf dem allgemeinen Eindruck, dass Deutschland wirtschaftlich und sozial erfolgreich ist. Die Einsicht herrschte vor, dass Deutschland seine Vergangenheit überwunden habe und für Russland keine Bedrohung mehr darstelle. Wie Deutschland seine negative Vergangenheit aufarbeitet, ist nur für eine sehr schmale Schicht gebildeter Bürger von Bedeutung, die verstehen, dass die Zukunft Russlands von einer ebensolchen gesellschaftlichen Aufarbeitung abhängt, die geleistet werden muss, um eine Rückkehr des Totalitarismus zu verhindern. In der breiten Bevölkerung, in der öffentlichen Meinung gibt es kein Anzeichen für ein derartiges Bewusstsein, dass eine solche Arbeit wichtig und notwendig sei.

Das zeigt sich auch an den Antworten auf die Frage, aus welchen Büchern und Filmen sich die Befragten ein Bild vom nationalsozialistischen Deutschland gemacht haben. Nur die Wenigsten nennen eine der zahlreichen westlichen Forschungsarbeiten zum Nationalsozialismus oder Memoiren, die ins Russische übersetzt wurden, Dokumentarfilme oder historische Studien russländischer und westlicher Autoren. Das Gros der Antworten auf die Frage, welche Bücher oder Filme die Vorstellungen vom Nationalsozialismus geprägt haben, bezieht sich auf sowjetische Filme über den Krieg, welche die „deutsche Frage" überhaupt nicht berühren, sondern nur von den Heldentaten sowjetischer Soldaten und Offiziere erzählen. Das gilt auch für die populäre Serie *Semnadcat' mnogovenij vesny* („Siebzehn Augenblicke des Frühlings"), die angeblich einen Schritt in diese Richtung machen sollte, um auch die „deutsche Seite" zu zeigen.[14]

Der Preis des Krieges für die UdSSR, für Russland, die Ukraine oder Belarus, die Rolle Stalins, die enormen Verluste an der Front und im Hinterland sowie andere Themen des Kriegs, die aufgearbeitet werden müssten, werden in derartigen Filmen nur sehr selten behandelt. Die Interpretation der Ereignisse jener Jahre geht nicht über eine Apologie der sowjetischen Führung und die Rechtfertigung der Opferzahlen und der Heldentaten des Volkes hinaus. Aber es findet keine kritische Analyse der Ursachen des Krieges oder der Verantwortung der Regierung und der Armeeführung für seine Entfesselung statt.

Man kann die historischen oder literarischen Werke von Autoren wie Aleksandr Nekrič, Viktor Astaf'ev und Aleksandr Solženicyn, in denen derartige Themen behandelt werden, an einer Hand abzählen.[15] Bezeichnenderweise wurden sie sowohl von der militärischen und der politischen Führung als auch von der „patriotischen Öffentlichkeit" äußerst scharf verurteilt. Mit anderen Worten: Die Befragten erinnern sich an Filme, die die offizielle Version der Geschichte darstellen. Andere Sichtweisen auf den Krieg und den Umgang mit ihm waren zu Sowjetzeiten selten. Den heute Befragten sind sie kaum in Erinnerung. In der Putin-Ära wurden alternative Ansichten verdrängt und unterdrückt. Das gilt besonders für die letzten Jahre. Nur etwa 20 Prozent der Befragten konnten auf eine entsprechende Frage antworten. Das entspricht genau dem eingangs erwähnten Anteil der Geschichtsinteressierten.

---

[14] Der Protagonist der Serie, ein sowjetischer Spion, verkehrt in den obersten Kreisen Hitler-Deutschlands und vermittelt den Zuschauern ein Eindruck vom Innern der Nazi-Führung.

[15] Alesksandr Nekrič: 1941, 22 ijunija. Moskva 1965. – Dt.: Alexander Nekritsch: Genickschuß. Die Rote Armee am 22. Juni 1941. Wien u.a. 1969. – Viktor Astaf'ev: Prokljaty i ubity. Moskva 1994. – Aleksandr Solženicyn: Archipel Gulag. Paris 1973. – Slovo A.I. Solženicyna k 50-letiju pobedy. 5 maja 1995, <https://elena-sem.livejournal.com/3019847.html>. – Il'ja Kukulin: Schmerzregulierung. Zur Traumaverarbeitung in der sowjetischen Kriegsliteratur, in: OE, 4–6/2005, S. 235–255.

Tabelle 21: Können Sie einige Bücher/Filme über die Zeit des Nationalsozialismus nennen, die Ihnen geholfen haben, besser zu verstehen, was in den 1930er und 1940er Jahren in Deutschland geschah? (offene Frage, Antworten nach Rangfolge)

17 Momente des Frühlings (1973)	5
sowjetische Filme	5
Hitler: Mein Kampf	1
Filme aus Russland	3
Literatur aus Russland	2
ausländische Literatur	2
ausländische Filme	3
Serien aus Russland	1
Geschichtsbücher, Lehrbücher, Schullehrpläne, Kriegschroniken	1
andere	1
schwer zu beantworten	79

Tabelle 22: Was halten Sie davon, dass es in Deutschland viele Denkmäler an den Stätten ehemaliger Konzentrationslager gibt und dass im Zentrum Berlins ein Mahnmal für die jüdischen Opfer des Nationalsozialismus steht?

Das ist sehr wichtig, um die Erinnerung an die Verbrechen des Naziregimes wach zu halten.	64
Das ist eher wichtig.	7
teils/teils	9
Das ist eher nicht wichtig.	3
Das ist überhaupt nicht wichtig. Man sollte die Vergangenheit ruhen lassen und weiterleben.	14
schwer zu beantworten	4

Die deutsche Erfahrung im Umgang mit seiner dunklen Vergangenheit ist dem Durchschnittsbürger in Russland kaum bekannt und stößt auf wenig Interesse. Erst recht kann man nicht von einem ausgeprägten Interesse sprechen, wenn es darum geht, die Vergangenheit des eigenen Landes aufzuarbeiten.[16] Aber die Menschen kennen das Ergebnis so oder so: Deutschland hat sich erholt, seine führende Stellung in Europa wiedererlangt und für Wohlstand und Sicherheit seiner Bürger gesorgt. Am positivsten sehen die Befragten die Errichtung von Denkmälern für die Opfer des Nationalsozialismus und die Erinnerungskultur. Mehr als die Hälfte (64 Prozent) hält dies für sehr wichtig, um die Erinnerung an die Opfer der Verbrechen zu bewahren. Gebildete und Menschen über 55 Jahre vertreten diese Meinung häufiger (72 Prozent) als jüngere (50 Prozent).

---

[16] Es gibt nur eine Arbeit, die sich eingehend mit den historischen, rechtlichen und politischen Aspekten der Aufarbeitung der Vergangenheit beschäftigt: Evgenija Lezina: XX vek. Prorabotka prošlogo. Praktiki perechodnogo pravosudija i politika pamjati v byvšich diktaturach. Germanija, Rossija, strany Central'noj i Vostočnoj Evropy. Moskva 2022.

Diese Frage wird in Bezug auf Deutschland, den ehemaligen Feind, anders beantwortet als in Russland, wenn nach den Opfern stalinistischer Verbrechen gefragt wird. Im innerstaatlichen Kontext ist die alternative Position „Man sollte nicht an die Vergangenheit rühren" weitaus häufiger und zwar bei jungen Menschen fast doppelt so häufig wie bei älteren (19 Prozent und elf Prozent, Tabelle 23). Dass so viele Befragte sich weigern anzuerkennen, dass es Deutschland gelungen ist, seine Vergangenheit zu überwinden und Verantwortung für die Verbrechen des Nationalsozialismus zu übernehmen – insgesamt 33 Prozent der Befragten sind dieser Meinung –, könnte auf den Einfluss der Konfrontation zwischen Russland und dem Westen infolge des russländischen Krieges gegen die Ukraine hinweisen. Seitdem hat sich die Haltung zu Deutschland verschlechtert, das sich entschieden auf die Seite der Ukraine gestellt hat.

Das zeigt sich daran, dass ältere Menschen eher die Errungenschaften der deutschen Gesellschaft in Sachen „Vergangenheitsbewältigung" leugnen. Das scheint im Widerspruch zu den bisherigen Ergebnissen zu stehen. Berücksichtigt man jedoch, dass ältere Menschen den Krieg gegen die Ukraine eher gutheißen und stärker von der Propaganda abhängig sind, da sie ihre Informationen fast ausschließlich aus dem Fernsehen beziehen, das zum Hauptkanal für aggressive Propaganda und Demagogie geworden ist, muss man zu dem Schluss kommen, dass die ideologischen Einstellungen dieses Bevölkerungsteils sie dazu zwingen, die positiven Resultate der deutschen Geschichtspolitik im Gegensatz zu ihren früheren Ansichten zu leugnen. Dagegen erkennen jüngere Menschen, trotz ihrer Indifferenz gegenüber derartigen Themen, die Bedeutung dieser Errungenschaften häufiger an als ältere (51 und 40 Prozent, Tab. 23). Auch wenn die Unterschiede zwischen den Gruppen nicht allzu groß sind, lässt sich eine Tendenz feststellen: Ältere Menschen mit niedriger Bildung und Bewohner von Kleinstädten und dem ländlichen Raum bewerten die deutsche Erfahrung eher negativ. Am positivsten bewerten jüngere Menschen, Gebildete und die Einwohner Moskaus den deutschen Umgang mit der Vergangenheit.

Ein ähnliches Bild ergibt sich bei der Einschätzung, welche Bedeutung das deutsche Beispiel für die Aufarbeitung der schweren kommunistischen Vergangenheit der UdSSR bzw. Russlands hat. Das Verhältnis von positiven zu negativen Einschätzungen beträgt hier 56 zu 16. Der Prozentsatz jener, denen eine Antwort schwer fiel, ist mit über einem Viertel jedoch hoch (27 Prozent). Nimmt man die Befragten hinzu, die unsicher sind (zwölf Prozent – „weder ja noch nein"), so ergibt sich eine Gesamtzahl von 39 Prozent der Befragten, die keine Ähnlichkeit zwischen Deutschland und Russland als totalitäre Staaten sehen oder die den Zusammenhang zwischen der Geschichte dieser Länder leugnen oder verdrängen.

Sehr wichtig ist jedoch, dass nur drei Prozent der Befragten die Option „Ich glaube nicht, dass es Verbrechen des Staates gegen die Bevölkerung gab" gewählt haben. Dies deutet darauf hin, dass die Verbrechen des Sowjetregimes im Gedächtnis der Bevölkerung

Tabelle 23: Was halten Sie davon, dass es in Deutschland viele Denkmäler an den Stätten ehemaliger Konzentrationslager gibt und dass im Zentrum Berlins ein Mahnmal für die jüdischen Opfer des Nationalsozialismus steht?

| | Alter | | | | Bildungs-niveau | | | Wohnort | | | | |
	Gesamt	18–24	25–39	40–54	Älter als 55	Hoch	Berufsschule	Schulbildung	Moskau	Große Städte	Mittelgroße Städte	Kleine Städte	Dorf
1 Das ist sehr wichtig, um die Erinnerung an die Verbrechen des Naziregimes wach zu halten.	64	50	55	65	72	68	66	54	67	63	64	65	62
2.2	7	15	8	7	4	7	7	7	13	6	7	6	7
3.3	9	12	13	7	7	9	9	8	8	10	11	7	8
4.4	3	1	2	5	2	3	3	2	5	3	3	2	3
5.5 Man sollte die Vergangenheit ruhen lassen und weiterleben.	14	19	17	13	11	10	12	24	6	14	11	17	17
9. schwer zu beantworten	4	3	4	3	3	3	3	6	1	4	5	4	3

lebendig sind, jedoch aus dem Bewusstsein verdrängt wurden und in der Gesellschaft keine Bereitschaft oder kein Wunsch besteht, sich damit auseinanderzusetzen. Ein solches Bewusstsein entsteht nicht, ohne dass angesehene und geachtete Personen im öffentlichen Raum ihre Ansichten und Positionen zu diesen Themen äußern würden. Doch dies ist infolge des Kampfes des Putin-Regimes gegen „Andersdenkende" und unabhängige Organisationen der Zivilgesellschaft nicht der Fall.

Tabelle 24: Teilen Sie die Meinung, dass es Deutschland, der deutschen Gesellschaft, gelungen ist, ihre dunkle Vergangenheit zu überwinden, die Schuld und Verantwortung für die Verbrechen des Nationalsozialismus und des Zweiten Weltkriegs zu übernehmen?

stimme völlig zu	17
stimme eher zu	28
weder ja noch nein	14
stimme eher nicht zu	20
stimme absolut nicht zu	13

*Tabelle 25: Teilen Sie die Meinung, dass es Deutschland, der deutschen Gesellschaft, ge-
lungen ist, ihre dunkle Vergangenheit zu überwinden, die Schuld und Verantwortung für die
Verbrechen des Nationalsozialismus und des Zweiten Weltkrieges zu übernehmen?*

| | | Alter | | | | Bildungsniveau | | | Wohnort | | | | |
	Gesamt	18–4	25–39	40–54	Älter als 55	Hoch	Berufsschule	Schulbildung	Moskau	Große Städte	Mittelgr. Städte	Kleine Städte	Dorf
stimme völlig zu/ stimme eher zu	45	51	47	46	40	50	43	41	50	46	44	43	44
weder ja noch nein	13	17	16	12	13	14	16	10	21	13	18	12	11
stimme eher nicht zu/ stimme absolut nicht zu	33	23	25	34	41	29	33	37	28	33	31	35	35
schwer zu be- ant- worten	9	9	12	8	7	7	8	12	2	8	7	11	11

*Tabelle 26: Wie wichtig ist Ihrer Meinung nach die deutsche Erfahrung der Nachkriegs-
zeit und die Verarbeitung der Verbrechen des Nationalsozialismus für Russland in Bezug auf die Wiederherstellung der Erinnerung an die Repressionen des Sowjetischen
Staates gegen seine eigene Bevölkerung?*

sehr wichtig	27
ziemlich wichtig	29
weder ja noch nein	12
nicht besonders wichtig	10
völlig unwichtig	6
Ich glaube nicht, dass es Verbrechen des Staates gegen das Volk gegeben hat.	3
schwer zu beantworten	27

Tabelle 27: Wie wichtig ist Ihrer Meinung nach die deutsche Erfahrung der Nachkriegszeit und die Verarbeitung der Verbrechen des Nationalsozialismus für Russland in Bezug auf die Wiederherstellung der Erinnerung an die Repressionen des sowjetischen Staates gegen seine eigene Bevölkerung?

	Ge-samt	Alter				Bildungs-niveau			Wohnort				
		18–24	25–39	40–54	Älter als 55	Hoch	Berufsschule	Schulbildung	Moskau	Große Städte	Mittelgroße Städte	Kleine Städte	Dorf
sehr wichtig	27	26	24	29	28	29	26	26	25	24	29	29	28
ziemlich wichtig	29	32	27	29	29	30	30	24	35	30	28	23	30
weder noch	12	21	15	12	8	12	12	12	16	12	14	11	11
nicht besonders wichtig	10	6	12	8	9	9	10	10	9	10	10	10	9
völlig unwichtig	6	2	6	8	7	7	6	5	8	5	6	8	6
Ich glaube nicht, dass es Verbrechen des Staates gegen die eigene Bevölkerung gegeben hat.	3	2	3	1	4	2	3	3	1	4	3	3	2
schwer zu beantworten	14	12	13	13	15	11	13	19	7	16	11	16	14

Die überwiegende Mehrheit der Befragten weiß, dass Menschen nach Deutschland zur Zwangsarbeit deportiert wurden. Dieses Wissen gehört zu den am weitesten verbreiteten Kenntnissen über den Krieg und wurde durch die sowjetische und postsowjetische Schulbildung vermittelt. Es fügt sich in das allgemeine Bild der von Nazi-Deutschland an der UdSSR begangenen Verbrechen. Obwohl das Thema von Historikern gründlich untersucht wurde und umfangreiche Literatur existiert, interessiert sich nur ein kleiner Teil der Befragten für entsprechende historische Studien. Im Durchschnitt weiß ein Fünftel der Befragten nichts darüber (in der Altersgruppe der 18- bis 39-Jährigen ein Drittel). Je weiter eine Generation vom Krieg entfernt ist, desto schwächer ist das

Tabelle 28: Wussten Sie, dass im Großen Vaterländischen Krieg Millionen von Bürgerinnen und Bürgern aus den besetzten Gebieten nach Deutschland zwangsumgesiedelt wurden, um für Hitlers Wirtschaft zu arbeiten?

Ja	80
Nein	20

Interesse an ihm, desto geringer das Wissen. Und der Unterricht an den Schulen und Hochschulen ist von einem solchen Niveau, dass er kaum Interesse bei jungen Leuten weckt, mehr wissen und verstehen zu wollen.

Tabelle 29: Wussten Sie, dass im Großen Vaterländischen Krieg Millionen von Bürgerinnen und Bürgern aus den besetzten Gebieten nach Deutschland zwangsumgesiedelt wurden, um für Hitlers Wirtschaft zu arbeiten?

	Insgesamt	Alter				Bildungsniveau			Wohnort				
		18–24	25–39	40–54	Älter als 55	Hoch	Berufsschule	Schulbildung	Moskau	Große Städte	Mittelgroße Städte	Kleine Städte	Dorf
Ja	80	66	67	83	92	84	81	75	90	83	80	77	78
Nein	20	34	33	17	8	16	19	25	10	17	20	23	22

Die Tatsache, dass Zwangsarbeiter, die nach Kriegsende in die Sowjetunion zurückkehrten, Benachteiligung, Verfolgung und Repressionen ausgesetzt waren, ist den heutigen Generationen nicht bekannt. Ganz zu schweigen von dem schweren, dramatischen Schicksal der Menschen, die aus Angst vor Repressionen nicht in die UdSSR zurückkehren wollten. Sie galten von nun an als Verräter.

Schlussfolgerungen

Erstens: Die Öffentliche Meinung über die Vergangenheit ist äußerst stabil und hat sich in den letzten 30 Jahren kaum verändert. Einige Symbole, die in der sowjetischen Propaganda von zentraler Bedeutung waren, verlieren an Bedeutung, verschwinden jedoch nicht. Das betrifft etwa die Erfolge im Weltall, die Errungenschaften der sowjetischen Wissenschaft, die klassische russische Literatur oder die Ideologie des ersten sozialistischen Staates der Welt. Vor dem Hintergrund des Krieges in der Ukraine wächst die Bedeutung des für die Identität Russlands zentralen Ereignisses, des Großen Vaterländischen Krieges. Der Sieg im Krieg ist zum Dreh- und Angelpunkt der Propaganda geworden, um den Angriffskrieg auf die Ukraine zu rechtfertigen.

Das gesamte organisierte „historische Gedächtnis" ist institutionell verankert: in erster Linie durch das Fernsehen als Basis der mächtigen Propagandamaschine sowie durch den normierten Schulunterricht, der die zentralen Elemente der sowjetischen Ideologie und des Staatsverständnisses reproduziert. Es basiert auf der Glorifizierung des Sieges über Hitlerdeutschland als zentrales Ereignis und Grundlage der nationalen Identität der gesamten russländischen Bevölkerung. Ergänzt wird es durch eine mythologisierte Geschichte des „tausendjährigen Russlands", welche der Bevölkerung die Vorstellung von der notwendigen Einheit von *vlast' i narod* (Führung und Volk) als Voraussetzung für das Überleben der Nation und den Schutz vor äußeren und inneren Feinden aufdrängt. Das kommt der Ideologie des Nationalsozialismus und des italienischen Faschismus sehr nahe.

Die wichtigsten Perioden dieser „Geschichte" sind die Etappen der Bildung und der Machtentfaltung des Imperiums sowie des sowjetischen Staates. Perioden der Zeitgeschichte wie die Chruščev-Reformen, die Stagnation unter Brežnev oder Gorbačevs Perestrojka stoßen nur bei 20 Prozent der Befragten auf Interesse. Und was eigentlich das Hauptthema der Vergangenheitsbewältigung sein müsste – die stalinistischen Repressionen, der politische Terror, der Kampf gegen die Dissidenten in den 1970er und 1980er Jahren – interessiert mit acht bis zehn Prozent der Befragten nur eine relativ kleine Gruppe in Russlands Gesellschaft.

Zweitens: Die „historischen Vorstellungen" der Bevölkerung zeugen nicht von einem authentischen Interesse an der Vergangenheit. In ihnen spiegeln sich vielmehr die wichtigsten Werte und Interpretationen, die der russländischen Bevölkerung eine positive nationale Identität verleihen, sie als Angehörige einer „Großmacht" vereinen, die ihren „Sonderweg" geht und sich prinzipiell von allen anderen entwickelten Ländern unterscheidet, vor allem von den Ländern des Westens. Diese Positionen vertreten überwiegend Angehörige der staatlichen Bürokratie und von ihr abhängige Gruppen mit begrenzten intellektuellen Ressourcen wie etwa Rentner oder Arbeiter. Vor allem ältere Menschen, die in der Sowjetunion sozialisiert wurden, haben ein „Interesse" an der Vergangenheit.

Drittens: Gefühle des Stolzes und der Scham über die Vergangenheit Russlands speisen sich zum großen Teil aus den allgemeinen Erfahrungen nationaler (imperialer) Überlegenheit und Ressentiments, Stolz auf den Sieg 1945 und den Aufstieg der UdSSR zur Großmacht sowie Scham und Frustration wegen des Zusammenbruchs der UdSSR und des Scheiterns des Staates des „allgemeinen Wohlstands und der Gerechtigkeit".

Viertens: Im letzten Jahrzehnt hat die positive Einstellung zu Stalin, die von den konservativsten antidemokratischen gesellschaftlichen Institutionen wie der politischen Polizei sowie dem Propagandaapparat und der Massenkultur aktiv befördert wurde, deutlich zugenommen. Mit der harschen, zugleich aber sehr oberflächlichen Kritik während der Perestrojka an Stalin und dem stalinschen System ging keine tiefgreifende Analyse und Darstellung des Zusammenhangs zwischen dem Kult um den Diktator und den inneren Problemen der sowjetischen Gesellschaft und der heutigen einher. Infolgedessen hat es keine ernsthafte und gründliche Auseinandersetzung mit der Vergangenheit gegeben. Im Gegenteil: Das Putin-Regime hat einige Elemente der Stalin-Herrschaft demagogisch genutzt, um seine eigene autoritäre Herrschaft zu konsolidieren und zu rechtfertigen.

Im kollektiven Bewusstsein der russländischen Bevölkerung ist zu beobachten, dass unerwünschte Ereignisse und Interpretationen der Stalinzeit, etwa das Ausmaß und die Grausamkeit der Repressionen oder die sozialen Folgen der Kollektivierung verdrängt werden. Im Allgemeinen geben die Befragten an, dass sie „mehr über diese Periode der russländischen Geschichte wissen möchten", aber dieser Wunsch ist rein deklarativer Natur.

Fünftens: Dass die Versuche gescheitert sind, die sowjetische Geschichte kritisch zu analysieren und die Vergangenheit moralisch und juristisch aufzuarbeiten, lässt sich erklären: Menschenrechtler und Historiker, die sich mit der sowjetischen Vergangenheit und den Verbrechen des Staates befassten, waren sich der Schwere der ihnen gestellten Aufgaben nicht bewusst, beschränkten sich auf das Sammeln von Dokumenten über Repressionen und den Gulag und verknüpften ihre Aktivitäten nicht mit politischen und juristischen Reformen nach dem Zusammenbruch des Kommunismus. Das politische Regime, das nach Putins Machtübernahme entstand, begann, auf zivilgesellschaftliche Organisation wie *Memorial*, die sich mit der Aufarbeitung der Vergangenheit beschäftigte, Druck auszuüben, ehe sie schließlich im Dezember 2021 aufgelöst wurden.

Die staatliche Geschichtspolitik verfolgte in der zweiten Hälfte der 2000er Jahre genau die entgegengesetzte Richtung: Archive wurden geschlossen, die Medien einer Zensur unterworfen, Geschichts-, Kultur- und Menschenrechtsorganisationen diskreditiert. Die vergleichende Analyse totalitärer Regime und ihrer Praktiken wurde verboten, der schulische Geschichtsunterricht gleichgeschaltet. Das alles führte dazu, dass die Vergangenheit de facto aus dem kulturellen Erbe des Landes verdrängt wurde.

An ihre Stelle rückten Gedankengebilde von der Konfrontation Russlands und dem Westen, der Feindseligkeit gegenüber Europa und den USA und der Mythos, dass es eine Verschwörung gegen Russland gebe.

Schlagwörter:
Geschichtspolitik, Geschichtsbewusstsein, Erinnerung, Aufarbeitung der Vergangenheit, Totalitarismus, Stalinismus, Großer Vaterländischer Krieg, Russland, Öffentliche Meinung, Levada-Zentrum

Alexey Uvarov

Mehr Grautöne

Anmerkungen zum Erinnerungsmonitor Russland

Das Levada-Zentrum hat in einem „Erinnerungsmonitor 2023" das Geschichtsbewusstsein in Russlands Öffentlicher Meinung untersucht. Die Daten bieten einen Einblick, wie sich Russlands Erinnerungskultur seit dem Zusammenbruch der Sowjetunion verändert hat. Doch das Bild, das das Autorenduo Lev Gudkov & Natalija Zorkaja von Geschichte und Gesellschaft in Russland zeichnet, ist zu stark schwarz-weiß konturiert. Tatsächlich hat es mehr Grautöne. Die erkennt man aber nur, wenn man die Gegenöffentlichkeit in Russland zur Kenntnis nimmt, die es trotz Zensur und Propaganda bis heute gibt, ein pluralistisches Geschichtsbild verbreitet und sich um die Aufarbeitung der Vergangenheit bemüht.

Die Studie von Lev Gudkov und Natalija Zorkaja „Geschichte, Erinnerung und Gedächtnis. Ergebnisse des Erinnerungsmonitors 2023 in Russland" widmet sich wichtigen Fragen: Welche Bedeutung hat Geschichte für die russländische Gesellschaft, was sind die wichtigsten Bezugspunkte des Interesses an der Vergangenheit und wie werden bestimmte Ereignisse, Epochen und Personen bewertet?[1] Die von den Soziologen des Levada-Zentrums erhobenen empirischen Daten sind sowohl für die Analyse der aktuellen Lage im Land als auch für die Rekonstruktion, wie sich nach dem Zusammenbruch der Sowjetunion das Geschichtsbewusstsein und die kollektive Erinnerung in der russländischen Gesellschaft entwickelt haben, außerordentlich wertvoll. Allerdings sei ein Vorbehalt gegen die Validität der Erforschung der öffentlichen Meinung in Zeiten des Krieges und der offenen Repression des Putin-Regimes gegen Andersdenkende angemeldet.[2] In einer Zeit, in der die Verwendung des Wortes „Krieg" für Russlands Aggression gegen die Ukraine mit Freiheitsentzug bestraft werden kann, gehören „Geschichtsgesetze" und „Anti-Fake"-Gesetze zur täglichen Bedrohung der Bürgerinnen und Bürger und ihres an sich durch die Verfassung garantierten Rechts auf freie

Alexey Uvarov (1996), M.A., Historiker, Doktorand an der Universität Bonn

[1] Lev Gudkov, Natalija Zorkaja: Geschichte, Erinnerung und Gedächtnis. Ergebnisse des Erinnerungsmonitors 2023 in Russland", in diesem Band, S. 95–136.

[2] Ekaterina Pačikova, Nadežda Kolobaeva: Oprosy bez otvetov. Počemu vo vremja vojny nel'zja verit' dannym socoprosov, daže esli eto „Levada", in: The Insider, 31.5.2023, <https://theins.ru/obshestvo/261961>. – Dazu diverse Repliken von Mitarbeitern des Levada-Zentrums, darunter Aleksej Levinson: <www.levada.ru/tag/doverie-oprosam/>. – Meinungsumfragen im Krieg. Russland-Analysen 430/2023, <https://laender-analysen.de/russland-analysen/430/russlandanalysen430.pdf>.

doi: 10.35998/oe-2024-040

Meinungsäußerung.[3] Unter diesen Umständen ist denkbar, dass zumindest in der aktuellen Erhebung mancher Befragte mit einem inneren Filter oder gar Selbstzensur antwortet.

An sieben Aussagen von Lev Gudkovs und Natalija Zorkajas Studie lässt sich zeigen, dass die gewonnenen Daten entweder nur einen Teil der geschichtspolitischen Realität in Russland erfassen oder sie sich auch anders interpretieren lassen. Insgesamt ist das Bild, das das Autorenduo von Geschichte und Gesellschaft in Russland zeichnet, zu stark konturiert. Tatsächlich gibt es nicht nur schwarz oder weiß, sondern es hat viel mehr Grautöne, die man aber nur erkennt, wenn man zum Beispiel den Strukturwandel der Gegenöffentlichkeit in Russland zur Kenntnis nimmt, die sich gerade auch um die Aufarbeitung der Vergangenheit bemüht.

Gudkov und Zorkaja schreiben:

> *Erstens:* Die Medien sind zum wichtigsten Instrument der Propaganda, der Manipulation der öffentlichen Meinung und der polittechnologischen Bearbeitung der Bevölkerung geworden. Unabhängige professionelle Historiker aus den Universitäten und Instituten der Akademie der Wissenschaften sind vom Zugang zu diesen Medien abgeschnitten. Insofern gibt es keine Kanäle mehr, über die historisches Wissen an die Menschen vermittelt werden könnte, die potenziell daran interessiert wären. Sie üben keinen Einfluss mehr auf die öffentliche Meinung aus.[4]

Es fällt schwer, dieser Aussage zuzustimmen. Neben den traditionellen Formen der Vermittlung von historischem Wissen wie Museen, Ausstellungen oder Vorträge gibt es neue Medien, die sich dank des Internets verbreitet haben. So gibt es eine Reihe Plattformen, deren Arbeit nahezu wissenschaftlichen Standards genügt, die professionellen Historikern die Bühne bieten und gemeinsame Bildungsprojekte mit Universitäten anbieten.[5] Zu nennen wären hier:

- *Arzamas* <www.youtube.com/@Arzamaschannel> – 1,6 Mio. Abonnenten bei Youtube, 110 Mio. Aufrufe von 2015 bis 2024;
- *Postnauka* <www.youtube.com/@postnauka> – 1,3 Mio. Abonnenten bei Youtube, 164 Mio. Aufrufe von 2011 bis 2024;
- *Antropogenez* <www.youtube.com/@AntropogenezRu> – 532 Tsd. Abonnenten, 82 Mio. Aufrufe von 2010 bis 2024.

Daneben gibt es Bildungsprojekte, die Themen der Geschichte und Erinnerung eher populärwissenschaftlich behandeln. Dazu gehören Kanäle wie

---

3   Gosduma prinjala zakon ob ugolovnoj otvetstvennosti za „fejki" o rossijskoj armii. BBC, 4.3.2022, <www.bbc.com/russian/news-60615902>. – Putin podpisal zakon o štrafach za otoždestvlenie rolej SSSR i nacistskoj Germanii. Vedomosti, 16.4.2022. <www.vedomosti.ru/society/news/2022/04/16/918407-otozhdestvlenie-rolei-sssr>.
4   Gudkov, Zorkaja, Geschichte, Erinnerung und Gedächtnis [Fn. 1], S. 96.
5   Ein gemeinsames Bildungsprojekt ist etwa die Kooperation der Arzamas-Plattform mit der Europäischen Universität in St. Petersburg, <https://arzamas.academy/special/euspb>.

- *History Lessons with Tamara Eidelman* <www.youtube.com/@TamaraEidelmanHistory> – 1,6 Mio. Abonnenten, 317 Mio. Aufrufe 2019–2020;
- *Aleksandr Štefanov* <www.youtube.com/@Chamade> – 350 Tsd. Abonnenten, 35 Mio. Aufrufe 2013–2024.
- Hinzu kommen der Film *Kolyma* über die stalinistischen Repressionen des Bloggers Jurij Dud' <www.youtube.com/@vdud> – 29 Millionen Aufrufe sowie zahlreiche Videos zu historischen Themen, die auf dem Kanal von Maksim Kac <www.youtube.com/@Max_Katz> veröffentlicht wurden. Seine sechs Videos über die Geschichte des Zweiten Weltkriegs sind alleine 16 Millionen mal aufgerufen worden.

Alle genannten Blogger sind Russen, die sich an ein russischsprachiges Publikum wenden. Die meisten Nutzer sind in Russland. Maksim Kac stellte fest, dass sowohl Belarussen als auch Ukrainer seinen Blog sehen, aber der Anteil ist seit Beginn der massiven Invasion in die Ukraine stark zurückgegangen, während 55 Prozent der Zuschauer aus Russland kommen.[6] Hierbei geht es nur um Blogger, die liberale Ansichten vertreten und keine Kreml-Narrative verbreiten. Darüber hinaus gibt es Blogger, die sich historischen Themen widmen und mehr oder weniger stark offizielle geschichtspolitische Positionen vertreten und den Diskurs prägen. Sie sind insbesondere auf den Plattformen der *Russländischen Militärhistorischen Gesellschaft* (Rossijskoe Voenno-Istoričeskoe Obščestvo; RVIO) und der *Russländischen Historischen Gesellschaft* (Rossijskoe Istoričeskoe Obščestvo; RIO) und mit ihnen verbundenen Plattformen wie etwa *Pobeda RF*, *Rossija-Moja istorija* oder *Bessmertnyj polk* aktiv.[7] Dennoch bleibt festzustellen, dass es trotz der Gleichschaltung der zentralen Medien, insbesondere des Fernsehens als des wichtigsten Instruments der Propaganda und der Manipulation, nach wie vor eine Gegenöffentlichkeit gibt. Unabhängige professionelle Historiker haben ihre eigenen Kanäle geschaffen, über die sie historisches Wissen verbreiten, das pluralistischer ist, als es Gudkov & Zorkaja wahrnehmen.

> *Zweitens:* Zu den Institutionen, die das Geschichtsbewusstsein der breiten Bevölkerung in Russland prägen, gehören das staatliche Bildungssystem, das ein einheitliches ideologisiertes Bild von der Vergangenheit vermittelt, die Massenmedien, die unter der totalen Kontrolle der Präsidialverwaltung und der

---

[6] „Sejčas možno sil'no navredit Putinu. Maksim Kac o vyborach v Rossii, raznoglasijach s FBK, Izraile i psichoterapii. Nastojaščee vremja, 9.11.2023 <www.currenttime.tv/a/maksim-kats-vybory-rossia-fbk-izrail/32674789.html >.

[7] Die *Rossijskoe Istoričeskoe Obščestvo* wurde 2012 gegründet, ihr Vorsitzender ist der Chef des russländischen Auslandsgeheimdienstes SVR, Sergej Naryškin. Ziel der Gesellschaft ist es, „die landesweite Geschichtskultur auf der Basis einer objektiven Untersuchung, Berichterstattung und Popularisierung der nationalen Geschichte und der Weltgeschichte sowie der Bewahrung des nationalen Gedächtnisses zu schaffen". <https://historyrussia.org/>. Die *Rossijskoe Voenno-Istoričeskoe Obščestvo* wurde 2012 per Dekret von Präsident Putin gegründet. Den Vorsitz übernahm der damalige Kulturminister Vladimir Medinskij. <https://rvio.histrf.ru/>. Das Ziel der Organisation ist „die Förderung des Studiums der russländischen Militärgeschichte, die Bekämpfung von Verzerrungsversuchen, Popularisierung der Errungenschaften der Militärgeschichtswissenschaft, Förderung des Patriotismus und Erhöhung des Ansehens des Militärdienstes". Dietmar Neutatz: Putins Geschichtspolitikmaschine. Russlands Militärhistorische Gesellschafts, in: Osteuropa, 12/2022, S. 143–164.

Regionalbehörden stehen sowie die Kultureinrichtungen wie Museen, Theater, das Film- und Verlagswesen, Fachhochschulen und Universitäten, die in den vergangenen 20 Jahren immer stärker in einen zensierten Rahmen gepresst wurden. [. . .].[8]

Wenn wir also Umfragen zum Geschichtsbewusstsein der Bevölkerung durchführen, handelt es sich bei den Antworten nicht um ein vermeintlich „natürliches Interesse an der Vergangenheit" oder um „spontane" Reaktionen auf aktuelle Ereignisse, sondern uns werden Vorstellungen mitgeteilt, die von diesen Institutionen reproduziert werden und die sich vor Jahrzehnten formiert haben.

Auch diesen Thesen kann man nicht zustimmen. In der Tat hat der russländische Staat in den letzten zwei Jahrzehnten beträchtliche Mittel investiert, um eine spezifische Lesart der Geschichte zu propagieren.[9] Diese Propaganda wird sowohl durch das staatliche Bildungssystem als auch die Massenmedien verbreitet. Medienplattformen, darunter die der *Russländischen Historischen Gesellschaft* und der *Russländischen Militärhistorischen Gesellschaft,* setzen nicht nur netzbasierte Medienprojekte um, sondern organisieren Wanderausstellungen, kooperieren mit regionalen Universitäten und veröffentlichen Literatur.[10] Die Liste der Informationsquellen, aus denen Bürger und Bürgerinnen in Russland Wissen über die Geschichte beziehen können, ist nicht auf diese Quellen beschränkt. Die erwähnten Blogger und Plattformen bieten pluralistische Informationen und Interpretationen. Die enorm große Zahl ihrer Nutzer ist ein Indikator dafür, dass es sehr wohl ein „natürliches Interesse an der Vergangenheit" gibt. Dieses Material ist nach wie vor frei zugänglich und konkurriert mit staatsnahem Material. So haben Nutzer in Russland nach wie vor Zugang zu unterschiedlichen Quellen, die eine regimetreue Lesart ermöglichen und die einen kritischen Standpunkt vertreten. Allerdings sei eines nicht verschwiegen: Kritikern drohen Repressalien. So wurde im Juni 2024 gegen die Bloggerin und Historikerin Tamara Ejdel'man ein Strafverfahren wegen „Rehabilitierung des Nationalsozialismus" eröffnet.[11] Ejdel'man hatte sich bereits nach Beginn des massiven Angriffskrieges auf die Ukraine gezwungen gesehen, Russland zu verlassen und ins Exil zu gehen.

---

8 Gudkov, Zorkaja, Geschichte, Erinnerung und Gedächtnis [Fn. 1], S. 96.
9 Philipp Bürger: Geschichte im Dienst für das Vaterland: Traditionen und Ziele der russländischen Geschichtspolitik seit 2000. Göttingen 2018. – Nikolay Koposov: Memory Laws, Memory Wars: The Politics of the Past in Europe and Russia. Cambridge 2017.
10 Ein Beispiel für das gemeinsame Wirken der beiden Gesellschaften ist die „Erklärung von RIO und RWIO über die Unzulässigkeit der Verzerrung der Geschichte des Zweiten Weltkriegs", die sie am 8. Mai 2020 zum 75. Jahrestag des Kriegsendes verabschiedeten und veröffentlichten. In dieser Stellungnahme verurteilten sie die Erklärung der drei Präsidenten Estlands, Lettlands und Litauens, die an den Hitler-Stalin-Pakt als Auftakt des Zweiten Weltkrieges erinnert hatten. Die beiden offiziösen russländischen Geschichtsgesellschaften sahen darin „Geschichtsrevisionismus aus nationalistischen Positionen".<https://historyrussia.org/sobytiya/sovmestnoe-zayavlenie-rio-i-rvio-o-nedopustimosti-iskazheniya-istorii-vtoroj-mirovoj-vojny.html>. Zu den genannten Aktivitäten siehe exemplarisch: <https://rvio.histrf.ru/activities/news/v-murmanskoj-oblasti-otkrylas-vystavka-geroi-i-podvigi>, <https://rvio.histrf.ru/activities/news/rvio-i-yuzhnyj-federalnyj-universitet-dogovorilis-o-sotrudnichestve> und <https://rvio.histrf.ru/activities/news/deyatelnost-rvio-2021-knigoizdatelskaya-deyatelnost>.
11 Protiv Tamary Ejdel'man zaveli delo o reabilitacii nacisma. RBC, 28.6.2024 <www.rbc.ru/politics/28/06/2024/667ea0d69a79479e8bdc0ed6>.

Drittens: Die Schwierigkeit der Vergangenheitsbewältigung in Russland liegt auch darin begründet, dass Ende der 1980er Jahre und im Jahrzehnt nach dem Zusammenbruch der UdSSR die Lehrer an den Schulen desorientiert waren. Ohne „Anweisung von oben" wussten sie oftmals nicht, wie sie die dunklen Ereignisse des 20. Jahrhunderts einordnen und ihren Schülern vermitteln sollten – den stalinistischen Totalitarismus, die Massenrepressionen und den Terror, die Kollektivierung der Landwirtschaft, die Unterdrückung anti- oder reformkommunistischer Bewegungen in den sozialistischen Staaten. Fast zwei Jahrzehnte wurde einer ganzen Generation jede Interpretation der Zeitgeschichte vorenthalten.[12]

Dieser Aussage kann man nur teilweise zustimmen. Man kann kaum sagen, dass die meisten Angehörigen der Kohorte, die in den 1990er Jahren in die Schule gingen, oder auch die späteren Generationen eine positive Sicht auf die stalinistischen Repressionen hätten. Noch weniger kann man das von den jüngeren Generationen behaupten. Auf eine Umfrage des kremlnahen Umfrageinstituts VCIOM von 2017[13] über stalinistische Repressionen antwortete die überwältigende Mehrheit von 72 Prozent der Befragten auf die Frage „Sollte mehr über die stalinistischen Repressionen erzählt werden?" „Es ist notwendig, so viel wie möglich über die Opfer der Repressionen zu erzählen, solche Verbrechen sollten sich nicht wiederholen." Diese Option wählten 67 Prozent der Befragten zwischen 18 und 24 Jahren, 74 Prozent der Befragten zwischen 25 und 34 Jahren und 82 Prozent der Befragten zwischen 35 und 44 Jahren. Auf die Frage nach der Einstellung zu Stalins Repressionen wählten 53 Prozent der Befragten zwischen 18–24 Jahren, 42 Prozent der Befragten im Alter von 25–34 Jahren und 49 Prozent der Befragten von 35 bis 44 Jahren die Option „Repressionen sind in keiner Weise zu rechtfertigen. Sie sind ein Verbrechen gegen die Menschlichkeit". In der Tat ergab eine andere Umfrage des VCIOM 2018, dass in der Generation der 18- bis 24-Jährigen, d.h. derjenigen, die bereits in den 2000er Jahren beschult wurde, fast jeder zweite, exakt 47 Prozent der Befragten, nie etwas von Repressionen gehört hat.[14] Trotzdem ist auch hier auffällig, dass mehr als die Hälfte (58 Prozent) derjenigen, die sich schlecht über das Schicksal der Familienangehörigen informiert fühlen, die Opfer von Repressionen wurden, gerne mehr über deren Geschichte erfahren würden. Bei den 18- bis 24-Jährigen ist dieser Anteil mit 71 Prozent noch höher.[15]

Viertens: Die meisten dieser Vorstellungen, Mythen und Ideologeme von der „Überlegenheit des eigenen Landes" entstanden in den 1970er Jahren nach der Niederschlagung des Prager Frühlings, als die Hoffnung auf einen „Sozialismus mit menschlichem Antlitz" platzte. […] Nach dem langsamen Tod der marxistisch-leninistischen Ideologie tat sich ein ideologisches Vakuum auf,

---

[12] Gudkov, Zorkaja, Geschichte, Erinnerung und Gedächtnis [Fn. 1], S. 96.
[13] Stalinskie repressii: prestuplenie ili nakazanie? VCIOM, 5.7.2017, <https:// wciom. ru/ analytical-reviews/analiticheskii-obzor/stalinskie-repressii-prestuplenie-ili-nakazanie->
[14] Repressii XX veka: pamjat' o blizkich. VCIOM, 5.10.2018, <https://wciom.ru/analytical-reviews/analiticheskii-obzor/repressii-khkh-veka-pamjat-o-blizkikh>.
[15] Ebd.

das nach und nach mit Relikten des vorrevolutionären russischen imperialen Nationalismus gefüllt wurde und mit Fragmenten sowjetischer Großmachtideologie, des Militarismus und der Idee vom „russischen Sonderweg" verschmolz.[16]

Auch das ist so nicht richtig. Diese Prozesse nahmen bereits in der späten Stalin-Ära Gestalt an. Erinnert sei an die staatliche Kampagne gegen die „tiefe Verbeugung vor dem Westen" („nizkopoklonstvo pered zapadom") von 1948–1953. Die Vorstellung von der Überlegenheit der UdSSR über den kapitalistischen Rivalen USA und den Westen basierte zum einen auf der Überzeugung, das „fortschrittlichste Gesellschaftssystem" aufgebaut zu haben, zum anderen aber bereits damals auf dem Selbstbild einer Großmacht, das stark mit russischem Nationalismus, Chauvinismus und Antisemitismus verwoben war.[17]

Als der Kommunismus in den 1970er Jahren seine Ausstrahlungskraft verlor, spielte die Gesellschaft, wie Aleksej Jurčak in seinem bahnbrechenden Werk zeigt, ein performatives Spiel nach den Regeln des Systems, ohne sich noch für das kommunistische System zu interessieren.[18] Für die Sowjetbürger rückten Objekte des Konsums und das Private in den Vordergrund. Heute gelten die 1970er Jahre als „Goldene Epoche", als Jahre des Wohlstands und der sozialen Sicherheit, der innen- und außenpolitischen Stabilität; als Periode mit einem herausragenden Kulturleben.[19] Doch diese Charakterisierungen entsprachen nicht dem Empfinden der Zeitgenossen.[20] Heute ist in Russland die Erinnerung an diese Zeit losgelöst vom Kommunismus, denn dieser Begriff wird mit sozialer Nivellierung, einem grauen Alltag und Mangelwirtschaft assoziiert.[21]

> *Fünftens:* Analytisch lassen sich drei Funktionen des historischen Wissens unterscheiden: [. . .] 2. Historisches Wissen dient der rationalen Durchdringung der Vergangenheit, um die Unabgeschlossenheit der Geschichte zu verstehen. [. . .] An der Leserschaft wissenschaftlicher Literatur lässt sich schätzen, für wie viele Menschen diese Funktion des historischen Wissens relevant ist. So sind in der vom Verlag ROSPEN von 2007 bis 2023 herausgegebenen Reihe *Istorija Stalinisma* (Geschichte des Stalinismus) über 220 Bände erschienen. Die Durchschnittsauflage lag bei 1000–1500 Exemplaren. Der Kreis dieser „Geschichtsinteressierten" überschneidet sich mit jenen Kreisen, die Scham und Schuldgefühle für die Verbrechen des Staates in der Gegenwart empfinden und sich der Trägheit der sowjetischen Repressionsapparate wie der Geheimpolizei, der Staatsanwaltschaft oder der Gerichte im heutigen Russland

[16] Gudkov, Zorkaja, Geschichte, Erinnerung und Gedächtnis [Fn. 1], S. 96–97.
[17] Oleg Chlevnjuk: Stalin. Žizn' odnogo vožd'a: biografija. Moskva 2015, S. 363.
[18] Alexei Yurchak: Everything was forever until it was no more. The last Soviet Generation. Princeton 2005.
[19] Aleksandr Kustarev: Zolotye 1970e – nostalgija i reabilitacija, in: Neprikosnovennyj Zapas, 2/2007, <https://magazines.gorky.media/nz/2007/2/zolotye-1970-e-nostalgiya-i-reabilitaciya.html>.
[20] Ebd.
[21] Ekaterina Makhotina: Versprechen der Vergangenheit. Sowjetzeit in Geschichtspolitik und kollektiver Erinnerung in Russland nach 1991, in: Monika Rüthers (Hg.): Gute Erinnerungen an böse Zeiten. Nostalgie in „posttotalitären" Erinnerungsdiskursen nach 1945 und 1989. München 2021, S. 175–198.

bewusst sind. Zu diesen Geschichtsinteressierten gehört auch das um das Zigfache größere Publikum von Stalin-Verehrern, Kommunisten und Fans der
Dutzenden von Serien (!) populärer Bücher über den Diktator, die von großen
Publikumsverlagen wie *Ėksmo* herausgegeben werden und eine durchschnittliche Auflage von 15 000–20 000 Exemplaren haben.[22]

Die Auflage gedruckter Literatur heranzuziehen, um das Verhältnis von Kritikern und
Anhängern Stalins gegenüberzustellen, ist wenig überzeugend. Erstens haben wir es in
Russland mit einem entwickelten Raum des illegalen Literaturaustauschs im Internet, in
sozialen Netzwerken und auf Trackern zu tun.[23] Es ist unmöglich, genau zu ermitteln,
wie oft beispielsweise seriöse ROSPEN-Literatur von Nutzern heruntergeladen und geteilt wird und sie mit den Auflagen hagiographischer Literatur über Stalin zu vergleichen. Zweitens sind die ROSPEN-Bücher zur Geschichte des Stalinismus in erster Linie
wissenschaftliche Monographien, aus Fremdsprachen übersetzte oder auf Russisch ver-
fasste. Sie sind umfangreich und häufig in akademischer Sprache verfasst. Insofern erklärt es sich von selbst, dass das Publikumsinteresse an diesen Titeln niedriger ist als
das an den apologetischen Büchern der „Stalin-Bewunderer". Doch es gibt Gegenbei-
spiele. So hat etwa die russische Übersetzung von Anne Applebaums Buch *Gulag* von
2006 bis 2023 fünf Auflagen erlebt.

> *Sechstens:* Der Anstieg des Konsums und des Wohlstands, der den Wirt-
> schaftsreformen der Regierung unter Egor Gajdar zu verdanken war und 2008
> seinen Höhepunkt erreichte, wirkte sich auf das Lebensniveau der unteren
> Schichten der Gesellschaft Russlands nicht aus, obwohl die absolute Armut
> zwischen 2008 und 2010 deutlich zurückging.[24]

Diese Aussage ist kaum haltbar. Studien über die sozioökonomische Lage der Bevölkerung Russlands unter der Gajdar-Regierung zeigen, dass die Preise von Januar 1992 bis
September 1993 um das 163-Fache stiegen, während das Einkommen der Bevölkerung
nur um das 57-Fache stieg. Die Industrieproduktion ging 1992 gegenüber 1990 um 19
Prozent zurück.[25] 1992 lagen die Realeinkommen der Bürger bei 52 Prozent des Niveaus
von 1991. 1993 lag der Anteil der Armen an der russländischen Bevölkerung bei 31,5
Prozent, bis 1999 ging er nur leicht auf 29,9 Prozent zurück. Als arm gilt in Russland,
wer über ein Einkommen verfügt, das unter dem vom Staat festgelegten Existenzminimum liegt. Gleichzeitig hatte sich 1999 die Ungleichheit der Einkommen deutlich verschärft – in jenem Jahr verfügten die obersten 20 Prozent der Bevölkerung über 47

---

[22] Gudkov, Zorkaja, Geschichte, Erinnerung und Gedächtnis [Fn. 1], S. 99.
[23] Der Austausch von Raubkopien über BitTorrent Protokoll ist äußerst beliebt. Die Dateien werden in Teilen übertragen. Jeder Torrent-Client, der diese Teile empfängt (herunterlädt), gibt sie
gleichzeitig an andere Clients weiter; dieser lädt sie wieder hoch. Auf diese Weise werden
illegale Kopien von Büchern, Computerspielen oder Filmen weiterverbreitet. Das wird auch
mit Fachliteratur praktiziert.
[24] Gudkov, Zorkaja, Geschichte, Erinnerung und Gedächtnis [Fn. 1], S. 108.
[25] S.I. Golotik, N.V. Eliseeva, S.V. Karpenko: Rossija v 1992–2000 gg.: ėkonomika, vlast' i
obščestvo, in: Novyj istoričeskij vestnik, 8/2002, S. 164–203.

Prozent des gesamten Einkommens.[26] Zweifellos spielten die Reformen der Regierung von Egor Gajdar und seiner Nachfolger eine wichtige Rolle beim Übergang von der Planwirtschaft zur Marktwirtschaft in Russland. Gleichzeitig konnten die meisten Bürgerinnen und Bürger Russlands von den Reformen erst in den 2000er Jahren profitieren, als das Konsumniveau und der Wohlstand merklich stiegen. Noch im April 2000 waren die Löhne bei 42 Prozent der Arbeiter so niedrig, dass sie am oder unter dem Existenzminimum lagen.[27]

> *Siebtens:* Die deutsche Erfahrung im Umgang mit seiner dunklen Vergangenheit ist dem Durchschnittsbürger in Russland kaum bekannt und stößt auf wenig Interesse. Erst recht kann man nicht von einem ausgeprägten Interesse sprechen, wenn es darum geht, die Vergangenheit des eigenen Landes aufzuarbeiten.[28]

Das stimmt nicht. Hingewiesen sei auf Nikolai Epplées *Neudobnoe prošloe*, das 2020, 2021, 2022 und 2023 vier Auflagen erzielte.[29] Das Buch wurde 2021 mit dem „Prosvetitel'"-Preis ausgezeichnet. Weitere Bücher, die sich mit dem Trauma des Nationalsozialismus in der deutschen Gesellschaft befassen und hohe Auflagen erzielten, sind: Sebastian Hafners *Die Geschichte eines Deutschen* (2020)[30], Monica Blacks *Deutsche Dämonen* (2021)[31], Nicholas Stargarts *Der Deutsche Krieg 1939–1945* (2022)[32] oder Harald Jähners *Wolfszeit* (2023)[33].

Schlagwörter:
Geschichtspolitik, Erinnerung, Totalitarismus, Stalinismus, Großer Vaterländischer Krieg, Russland, Öffentliche Meinung, Levada-Zentrum

---

[26] Lilija Ovčarova: Bednost' v Rossii, in: Mir Rossii. Sociologija. Ėtnologija, 1/2001. S. 171–178, hier: S. 173, 175.

[27] A.E. Surinov: Social'no-ėkonomičeskaja situacija v 1992–2000 gg. – vozdejstvie na naselenie Rossii, in: Mir Rossii, 2/2001, S. 25–35, hier S. 28.

[28] Ebd., S. 39.

[29] Nikolaj Ėpple: Neudobnoe prošloe: Pamjat' o gosudarstvennych prestuplenijach v Rossii i drugich stranach. Moskva 2020. – Unterdessen gibt es auch eine deutsche Übersetzung: Nikolai Epplée: Die unbequeme Vergangenheit. Vom Umgang mit Staatsverbrechen in Russland und anderswo. Berlin 2023

[30] Sebastian Haffner: Istorija odnogo nemca. Sankt-Peterburg 2020.

[31] Monica Black: Zemlja, oderžimaja demonami. Moskva 2021.

[32] Nicholas Stargardt: Mobilizovannaja nacija. Germanija 1939–1945. Moskva 2022.

[33] Harald Jenner: Volč'e vremja. Germanija i nemcy: 1945–1955. Moskva 2023.

Konstantin Pachaljuk

Schmierstoff Geschichte

Russlands Kriegs- und Propagandamaschine

Das Putin-Regime hat zur Legitimation seiner Herrschaft eine imperiale,
etatistische und militaristische Ideologie geschaffen, in der die vermeintlichen Konstanten „Geschichte" und „Geopolitik" integrale Bestandteile sind.
Eine Vielzahl von Institutionen, Organisationen und einzelnen Akteuren
konkurriert willfährig um staatliche Mittel. Sie verbreiten die offizielle patriotische Erinnerungspolitik. Seit Beginn des großflächigen Krieges gegen
die Ukraine verstärkt der Staat die Kontrolle über das kollektive Gedächtnis
seiner Bürgerinnen und Bürger. Heldenerzählungen aus der Vergangenheit, imperiale Traditionsbestände, Geschichtsbilder aus dem „Großen Vaterländischen Krieg" sollen der Rechtfertigung des grundlos vom Zaun gebrochenen Krieges gegen die Ukraine dienen. Geschichte ist zu einem Instrument der Propaganda geworden. Doch sie wirkt allenfalls unter den
Bedingungen von Repression und Zensur.

Manch einer war überrascht, als Russlands Präsident Vladimir Putin im Februar 2024
in einem Gespräch mit dem amerikanischen Journalisten Tucker Carlson auf die Frage
nach den Gründen für den Angriff seines Landes auf die Ukraine einen halbstündigen,
bis ins 9. Jahrhundert zurückreichenden Geschichtsexkurs unternahm. Dies stieß selbst
bei amerikanischen Isolationisten auf verhaltene Reaktionen.[1] Carlson gab später von
sich, von Putins Monolog schockiert gewesen zu sein und nie etwas Dümmeres gehört
zu haben als dessen Aussage, der Zweck der Invasion bestehe in einer „Entnazifizierung" der Ukraine.[2] Für Russlands Machthaber gehört das Reden über Geschichte und
im Namen der Geschichte jedoch zum Alltag.

Seit Mitte der 2000er Jahre ist das Interesse des Putin-Regimes an der Geschichte be-
ständig gewachsen. Je autoritärer das Putin-System wurde, desto umfangreicher wurde
auch das Netz von Institutionen, die die staatliche Geschichts- und Erinnerungspolitik
betreiben. Der Rückgriff auf die Vergangenheit dient dem Regime dazu, sich politische
Legitimität zu verschaffen. Seit der großflächigen Invasion in die Ukraine im Februar
2022 sind Geschichtsbilder zum integralen Bestandteil des ideologischen Systems geworden, das der Rechtfertigung des grundlos vom Zaun gebrochenen Krieges dient.[3]

Konstantin Pachaljuk (1991), kand. nauk, Politikwissenschaftler und Historiker, Haifa

[1] Glenn Beck: What I learned from my talk with Tucker Carlson. Blaze media, 21.2.2024.
[2] Tucker Carlson exposed Putin's true war motive: For Russia to own Ukraine. The Washington
Post, 11.2.2024.
[3] Ivan Kurilla: Historical politics. Ideologisation of society as an attempt to change post-Soviet
identity. Re:Russia, 14.2.2024.

OSTEUROPA, 74. Jg., 5/2024, S. 147–166   doi: 10.35998/oe-2024-041

Erinnerungspolitik nach der „konservativen Wende" (2010–2021)

Um sich klarzumachen, worin die politische Bedeutung von Vergangenheit liegt, ist es nützlich, das Problem der Legitimation von Herrschaft durch die Linse der „postfundamentalistischen" politischen Theorie zu betrachten. Sie unterscheidet zwischen „Politik", verstanden als die tägliche politische Praxis, und „dem Politischen", den Grundlagen dieser Politik.[4] Auf diese Weise lassen sich zwei unterschiedliche, aber verknüpfte Problemstellungen ausmachen: auf der einen Seite die Rechtfertigung politischen Handelns konkreter Institutionen oder Eliten und die Sicherung ihrer Legitimität und auf der anderen Seite die Legitimation der Staatsmacht durch die Herausbildung eines Gefühls der Zugehörigkeit der Bürger zur politischen Gemeinschaft, die auf dem Konsens gründet, dass es bestimmte grundlegende Elemente der politischen Ordnung gibt, die unveränderlich sind. Das letztgenannte Problem war für Russland nach 1991 besonders kompliziert. Russland fand sich in neuen Grenzen wieder und musste ein neues politisches System aufbauen, das der Legitimation bedurfte. Mitte der 2000er Jahre begann man im politischen Umfeld um Vladimir Putin, die Lösung für das Identitätsproblem in der gemeinsamen Vergangenheit zu suchen.[5] Das Sprechen über die eigene Geschichte sah man als ein zentrales Instrument, um der politischen Sphäre eine Wertedimension hinzuzufügen und die „ideellen Grundlagen" aufzuzeigen, die die Russen (rossijane) zu Bürgern einer Nation machen würden. Diese Überzeugungen wurden 2020 in der erneuerten Verfassung gesetzlich verankert: Seither enthält sie die Formulierung, dass die Russländische Föderation durch eine „tausendjährige Geschichte" geeint sei.[6]

Die Instrumentalisierung der Vergangenheit hat eine weitere Ebene: Da in der politischen Elite in Russland informelle und rentenökonomische Praktiken weit verbreitet sind, mit denen sie sich Zugang zu leistungslos zu erwerbenden Mitteln verschaffen wollen, sehen sie in der Vergangenheit eine Ressource, die sich für eigene private Interessen nutzbar machen lässt.[7] Gut zu sehen ist dies daran, dass Putin den Vorsitz der beiden zentralen Institutionen auf dem Feld der Geschichtspolitik – die *Russländische Historische Gesellschaft* (seit 2012) und die *Russländische Militärhistorische Gesellschaft* (seit 2013) – in die Hände des Chefs des Auslandsgeheimdienstes Sergej Naryškin sowie in die von Vladimir Medinskij legte, der von 2012 bis 2020 als Kulturminister amtierte.[8]

Ein weiteres Beispiel ist die Strategie einer Reihe von Regionen, mit ihren „uralten Jubiläen" (1000 Jahre Jaroslavl', 1100 Jahre Smolensk) beim föderalen Zentrum hausieren zu gehen, um Sondermittel für verschiedene kulturelle, soziale und Infrastrukturprojekte zu erhalten. Es bildete sich ein ausgedehntes Netzwerk erinnerungspolitischer Akteure.

---

[4] Oliver Marchart: Die politische Differenz. Zum Denken des Politischen bei Nancy, Lefort, Badiou, Laclau und Agamben. Berlin 2010.

[5] Andrej Kolesnikov: Erinnerung als Waffe. Die Geschichtspolitik des Putin-Regimes, in: Osteuropa, 6/2020, S. 3–28.

[6] Konstitucija Rossijkoj Federacii [geänderte Fassung von 2020], Art. 67.1 Abs. 2, < http://duma.gov.ru/legislative/documents/constitution>. – Otto Luchterhandt: Missachtung der Verfassung. Eine Zwischenbilanz der Ära Putin, in: Osteuropa, 6/2020, S. 29–53.

[7] Simon G. Kordonskij: Soslovnaja struktura postsovetskoj Rossii. Moskva 2008. – Leonid Fišman, Viktor Mart'janov, Dmitrij Davydov: Rentnoe obščestvo. V teni truda, kapitala i demokratii. Moskva 2019.

[8] Dietmar Neutatz: Putins Geschichtspolitikmaschine. Die Russländische Militärhistorische Gesellschaft, in: Osteuropa, 12/2022, S. 143–164.

Unterdessen gibt es mindestens zwanzig föderale Behörden oder spezielle „Gedenkinstitute". Das „Rent-Seeking" der Leitungsgremien dieser Institutionen im Umgang mit Geschichte führte automatisch zu einer Vorliebe für deren nicht-kontroverse Seiten. Warum sich die Mühe machen, ein so komplexes Thema wie die stalinistischen Repressionen kulturell aufzuarbeiten (zumal damit die Frage nach der Verantwortung von Staat und Sicherheitsdiensten verbunden ist), wenn man auch über die heroische Vergangenheit oder das große kulturelle Erbe sprechen kann? Nach den Massenprotesten von 2011–2012 ging das sich zunehmend autoritär gebärdende Regime dazu über, die Öffentlichkeit aus dem Raum der politischen Interaktion zwischen den Eliten zu verbannen.[9] Soziologen und Philosophen sprachen von einer „konservativen Wende" und meinten damit eine Entpolitisierung sozialer und wirtschaftlicher Probleme bei der gleichzeitigen Politisierung von Kultur, Religion und Geschichte, d.h. von Fragen, die das Alltagsleben der Bürgerinnen und Bürger Russlands nicht direkt betrafen.[10]

Die staatliche Erinnerungspolitik propagierte das Bild einer „einheitlichen 1000-jährigen Geschichte Russlands", in dem der „Mythos des Großen Vaterländischen Krieges" eine zentrale Rolle spielte.[11] Eine Analyse der Reden von Präsident Putin aus den Jahren 2012–2018 zu Fragen der Geschichte macht deutlich, dass nach seinem Verständnis der Staat als zentrales Subjekt der Geschichte gilt und der höchste Wert darin besteht, ihm zu dienen.[12] Hieraus erklärt sich auch die weitgehende Ausblendung nicht-staatlicher Formen des sozialen Lebens und die Faszination für Heldengestalten aus dem Bereich der Armee und des Staates. Diese „Helden" sind die Verkörperungen von tugendhaftem Verhalten – sie dienen! Das öffentliche Sprechen darüber, was Russland ist, wurde durch ein Gespräch über die historische Vergangenheit ersetzt, wobei sich der Blick auf staatliche Formen verengte. Diese „Tugendethik" ließ keinen Platz mehr für eine moralische Reflexion auf der Grundlage universeller Prinzipien, eine Entwicklung, die in Einklang mit den autoritären Tendenzen stand.[13] Selbst historische Figuren wie Ivan Groznyj oder Iosif Stalin, die für massive Verbrechen an ihren Untertanen oder Mitbürgern stehen, wurden nun „normalisiert".[14]

In der Praxis setzten die staatlichen Geschichts- und Kulturpolitiker zum einen auf bewährte Formen der „Sicherung von Geschichte", also Denkmäler, Gedenktafeln und andere physische Objekte, und zum anderen auf verschiedenste Propagandaformate und Praktiken, mit deren Hilfe sich die gewünschten Geschichtsbilder im Alltag verbreiten

---

[9] Vladimir Gel'man: Avtoritarnaja Rossija. Begstvo ot svobody, ili počemu u nas ne priživaetsja demokratija. Moskva 2021.

[10] Leontij G. Byzov: Konservativnyj trend v sovremennom rossijskom obščestve – istoki, soderžanie i perspektivy, in: Obščestvennye nauki i sovremennost', 4/2015, S. 26–30. – Il'ja Budrajtskis: Mir, kotoryj postroil Chantington i v kotorom živem vse my. Moskva 2020.

[11] Ol'ga Ju. Malinova: Aktual'noe prošloe. Simvoličeskaja politika vlastvujuščej ėlity i dilemmy rossijskoj identičnosti. Moskva 2015.

[12] Konstantin Pakhaliuk: The Historical Past as the Foundation of the Russian Polity. Vladimir Putin's 2012–2018 Speeches, in: Russian Politics and Law, 5–6/2020, S. 129–149.

[13] Andreas Buller: Moral' i jazyk totalitarizma: bol'ševizma, nacional-socializma i putinizma. Münster 2023.

[14] Markku Kangaspuro, Jussi Lassila: From the Trauma of Stalinism to the Triumph of Stalingrad. The Toponymic Dispute Over Volgograd, in: Julie Fedor (Hg.): War and Memory in Russia, Ukraine and Belarus. Cham 2017, S. 141–170. – Charles J. Halperin: Ivan the Terrible in Russian Historical Memory since 1991. Boston, MA 2021. – Anton Weiss-Wendt, Nancy Adler (Hg.): The Future of the Soviet Past. The Politics of History in Putin's Russia. Bloomington 2021.

ließen, seien es historische Reenactments, die Ausstrahlung historisch-patriotischer Videos auf Großbildschirmen im städtischen Raum oder die Bemalung von Gebäudefassaden mit historisch-patriotischen Graffiti. Der Staat unterstützte praktisch jede Initiative von unten, solange sie sich in das herrschende Narrativ einpassen ließ.[15] Es gab in Russland keine zentrale Stelle, welche die Aktivitäten der verschiedenen erinnerungspolitischen Akteure koordiniert hätte oder Widersprüche zwischen unterschiedlichen Versionen der „patriotischen Vergangenheit" hätte glätten können. 2017 war es für den Staat einfacher, dem 100. Jahrestag der Russischen Revolution keine besonders große Aufmerksamkeit zu schenken als einen potenziellen Konflikt zwischen Anhängern des Russländischen Imperiums und solchen der Sowjetunion zu riskieren.[16] Allerdings versuchte der Staat, durch Gesetze und Medienkampagnen die Grenzen des Erlaubten enger zu ziehen. So wurde in den Jahren 2016–2017 der Petersburger Historiker Kirill Aleksandrov daran gehindert, seine Habilitationsarbeit zu verteidigen, in der er die Kollaboration der Vlasov-Armee mit der Wehrmacht als eine Form des sozialen Protests gegen Stalin thematisierte. Anschließend sah er sich einer öffentlichen Hetzjagd ausgesetzt. Der Druck auf die *Internationale Gesellschaft „Memorial"*, die sich der Aufarbeitung der stalinistischen Verbrechen verschrieben hatte, nahm von Jahr zu Jahr zu. Es wurde eine Reihe von gesetzlichen Bestimmungen verabschiedet, die verwaltungs- und strafrechtliche Sanktionen für den Straftatbestand „Rehabilitierung des Nationalsozialismus" vorsahen. Darunter fiel de facto die Leugnung (oder das, was als solche ausgelegt werden konnte) der entscheidenden Rolle der UdSSR beim militärischen Sieg über das nationalsozialistische Deutschland. Wie der Historiker Nikolaj Koposov zurecht konstatiert dienten diese gesetzlichen Regelungen nicht dem Schutz der Opfer, sondern hatten als Instrument in Russlands „Erinnerungskriegen" den Zweck, das Erbe Stalins zu verteidigen.[17]

Das Regime reicherte das offiziöse Geschichtsnarrativ um immer neue Aspekte an. Der Fokus lag auf Themen aus der Geschichte der Sowjetunion und des Russländischen Reichs. Die zeithistorische Aufarbeitung der Ursachen für den Zerfall des sowjetischen Imperiums 1991 unterblieb. Mit einer solchen Erinnerungspolitik sollte den Bürgern Russlands die Idee nahegebracht werden, dass eine Revision der derzeitigen politischen Ordnung möglich sei. Die makropolitische Identität baute auf Geschichtserzählungen auf, in denen sich „unsere Geschichte" auf dem Territorium inzwischen unabhängiger Staaten abgespielt hat. Indem Russlands Staatsmacht der Bevölkerung einbläute, wie die Rote Armee im Zweiten Weltkrieg „unsere Städte Kiew und Minsk" befreit habe, verstärkte sie den imperialen Komplex und untergrub damit auf der Ebene des „Politischen" die Legitimität von Russlands Grenzen und seiner gegenwärtigen politischen Ordnung. Die Annexion der Krim 2014 führte nicht nur zu einem Erstarken des

---

[15] Marlène Laruelle: Is Russia Fascist? Unraveling Propaganda East and West. Ithaca 2021. – Howard Amos: Prisoners of a Myth. Soviet PoWs and Putinist Memory Politics, in: Jade McGlynn, Oliver T. Jones (Hg.): Researching Memory and Identity in Russia and Eastern Europe. Cham 2022, S. 199–214.

[16] Il'ja Kalinin: Antirevolutionäre Revolutionserinnerungspolitik. Russlands Regime und der Geist der Revolution, in: Revolution retour. 1917–2017: Vorwärts, und stets vergessen. Berlin 2017 [= OSTEUROPA, 6–8/2017].

[17] Nikolay Koposov: Memory Laws, Memory Wars. The Politics of the Past in Europe and Russia. Cambridge 2017, S. 309.

Nationalismus,[18] sondern sie schuf auch einen wichtigen Präzedenzfall, der bewies, dass Grenzen revidierbar sind und dass sich Russlands Bevölkerung bereit zeigte, die Annexion des Territoriums eines anderen Staates als „Rückkehr historischer Gebiete" zu verstehen. Auf der Ebene der Symbolpolitik versuchte der Staat, die Vorstellung zu verfestigen, dass die Zugehörigkeit der Krim zu Russland eine natürliche historische Gegebenheit sei. Daher ließ man den fünften Jahrestag der Annexion im Jahr 2019 praktisch unbemerkt verstreichen. Die Geschichte der Halbinsel wurde ausschließlich als Teil der gesamtnationalen Geschichte erzählt, mit Stationen wie dem Krimkrieg, dem Bürgerkrieg und dem Zweiten Weltkrieg, und natürlich der Annahme des orthodoxen Christentums durch Fürst Vladimir im 10. Jahrhundert. Den Konflikt und schließlich den Krieg mit der Ukraine zeichneten die Medien im Spiegel des Großen Vaterländischen Krieges und des Kalten Krieges.[19]

In der zweiten Hälfte der 2010er Jahre blieb der Krieg im Donbass Teil der medialen Agenda, aber er war kein Gegenstand der staatlichen Erinnerungspolitik, die ihn praktisch ignorierte. Auch die Russen, die 2014 in der Ostukraine kämpften, fanden kaum Beachtung. Nach ihrer Rückkehr schufen sie eigene Heldenmythen wie etwa den um Igor' Girkin (Strelkov). Eine besondere Stellung als zentrale Heldengeschichte kam der Verteidigung von Slov'jans'k (russ. Slavjansk) zu, die der Bildung eines separatistischen Donbass den Weg bereitet habe.[20] Pavel Gubarev,[21] einer der Anführer der prorussischen Demonstrationen im Gebiet Donec'k 2014, schuf um den Donbass ein historisches Narrativ, in dem nur Russen und das Imperium Platz hatten: der Donbass als ehemaliges Grenzgebiet des imperialen Russland, das im 18. und 19. Jahrhundert von den Russen erschlossen und unter Stalin zu einem Zentrum der Industrialisierung gemacht worden war. Die Separatisten im Donbass waren für Gubarev Kämpfer gegen das globale Finanzkapital; als Ziel gab er aus, eine „russische Republik" als Ausgangspunkt für die „Wiedergeburt" ganz Russlands zu schaffen. Die Aktionen des russländischen Staates, einschließlich der Minsker Abkommen, nannte er unumwunden einen Verrat an der russischen Idee. In der Folge veröffentlichte der rechtsnationalistische Verlag *Černaja sotnja* (Schwarze Hundertschaft) eine Reihe von Memoiren „russländischer Freiwilliger" von 2014, die dieses Bild weiterentwickelten.[22] All diese Werke untergruben die These der offiziellen Propaganda Russlands, dass es sich bei den Kämpfen im Donbass um einen „innerukrainischen Bürgerkrieg" handle. Zugleich widersprachen sie der Logik der „konservativen Wende": Letztere setzt politische Passivität voraus, während sich die russischen Nationalisten nicht nur als unabhängiges Subjekt politischen Handelns begreifen, sondern auch im Namen einer „russischen Idee" und nicht des Staates handeln.

---

[18] Sam Greene S., Graeme Robertson: Putin v. the People. The Perilous Politics of a Divided Russia. New Haven, CT 2019.

[19] J. McGlynn: Beyond Analogy. Historical Framing Analysis of Russian Political Discourse, in: J. McGlynn, Researching Memory [Fn. 15], S. 141–159.

[20] Aleksandr Žučkovskij: 85 dnej Slavjanska. Nižnij Novgorod 2018.

[21] Pavel Gubarev: Fakel Novorossii. Moskva 2016. Gubarev stürmte am 1. März 2014 mit einem kleinen Trupp die Regionalverwaltung in Donec'k und erklärte sich zum Volksgouverneur. Am 6. März wurde er verhaftet, Anfang Mai wieder freigelassen. Nikolay Mitrokhin: Transnationale Provokation. Russische Nationalisten und Geheimdienstler in der Ukraine, in: OSTEUROPA, 5–6/2014, S. 157–174, hier S. 158.

[22] Vitalij Fedorov (Afrika): Zapiski terrorista (v chorošem smysle slova). Nižnij Novgorod 2015. – Michail Mančenko: Posetitel'. Memuary v trech častjach. Nižnij Novgorod 2017.

Auch unabhängige Institutionen widersetzten sich in unterschiedlichem Maße der Logik der „konservativen Wende" und dem radikalen russischen Nationalismus.[23] Meinungsumfragen zufolge war jedoch für 90 Prozent der Bürger Russlands neben der Kultur und einer starken Armee die eigene Geschichte die wichtigste Quelle des Stolzes.[24] Die „nostalgische Sehnsucht nach Größe"[25] widersprach grundlegend der Intention des Staates, unter Berufung auf die heroische Vergangenheit vor allem die jüngere Generation zu einer produktiven, zukunftsgerichteten Arbeit zu motivieren. Untersuchungen zeigen, dass dieses rückwärtsgewandte Suchen nach nationaler Größe bei jungen Menschen zur Infantilisierung führt. In der jungen Generation ist das Gefühl, für das Schicksal des Landes persönlich Verantwortung zu tragen, nur schwach ausgeprägt.[26]

Russlands Angriffskrieg und die Segmentierung von Putins Anhängerschaft

Als Putin sich im engsten Kreis zu einem Großangriff auf die Ukraine entschloss, ging er von einem schnellen Sieg aus. Je länger der Krieg jedoch dauert, desto stärker ist er eine Herausforderung für Russlands Machtelite; sie versucht alle Politikbereiche einschließlich der Geschichtspolitik an die beiden großen Ziele anzupassen: die Stabilität der Macht im Innern zu sichern und den Krieg zu gewinnen. Nach Meinungsumfragen befürworteten konstant etwa drei Viertel der Befragten die „Spezialoperation" gegen die Ukraine.[27] Allerdings erwies sich die „konservative Wende" unter den Bedingungen eines konventionellen Krieges als ausreichend, um die erforderliche Loyalität und Folgebereitschaft zu mobilisieren. Die heroischen Geschichtsbilder eigneten sich hier kaum als Handlungsmodell, da sie auf dem Mythos des Großen Vaterländischen Krieges als Verteidigungskrieg fußten. Im Sommer 2022 sah sich die Armee außerstande, eine ausreichende Anzahl von Freiwilligen für die Front zu rekrutieren. Nach einer Reihe von militärischen Niederlagen sahen sie sich gezwungen, eine Teilmobilmachung zu verkünden. Dies löste eine neue Emigrationswelle aus und rief verschiedenste Formen von passivem Widerstand hervor.[28] Im Herbst 2023 konstatierten die Soziologen Vladimir Zvonkovskij und Aleksandr Chodykin eine tiefe Spaltung der russländischen Gesellschaft. Aufgrund der staatlichen Repressionen und der Selbstzensur der Bürger fragten sie ihre Respondenten nicht nach deren Einstellung zum Krieg, sondern danach, ob und unter welchen Bedingungen sie bereit wären, einen sofortigen Friedensschluss zu unterstützen. Entschiedene Befürworter des Krieges und überzeugte Kriegsgegner hielten sich mit je 19 Prozent die Waage. Personen, die eher zu den „Bellizisten" neigten, machten 41 Prozent aus, und 18 Prozent

---

[23] Dmitrij V. Gromov: Nemcov most. Stichijnaja memoralizacija. Moskva 2017. – Aleksej Miller, Ol'ga Malinova, Dmitrij Efremenko (Hg.): Politika pamjati v Rossii – regional'noe izmerenie. Moskva 2023.

[24] Rodina – ėto zvučit gordo! VCIOM, 16.9.2016.

[25] Aleksej Levinson: SSSR v narodnoj pamjati, in: Neprikosnovennyj zapas, 6/2022, S. 6–9. – Ders.: Zabudem plochoe, in: Neprikosnovennyj zapas, 3/2023, S. 39–44.

[26] Lev Gudkov, Natalija Zorkaja, Ekaterina Kočergina, Karina Pipija: Postsovetskaja molodež'. Predvaritel'nye itogi. Moskva 2023.

[27] Zoltán Sz. Biro: The Falsification of History. War and Russian Memory Politics, in: Bálint Madlovics, Bálint Magyar (Hg.): Russia's Imperial Endeavor and Its Geopolitical Consequences. Budapest u.a. 2023, S. 51–76, hier S. 73.

[28] Mobilizacija. Včera i segodnja. SocioDigger, 1–2/2023.

gaben an, eher zu einer „pazifistischen" Haltung zu tendieren.[29] Dies korreliert mit den Ergebnissen einer im Herbst/Winter 2022 durchgeführten qualitativen Befragung des *Public Sociology Laboratory* (Laboratorija publičnoj sociologii). Die Forscher identifizieren in der Gesellschaft einen Typus von Menschen, der weit verbreitet ist, die „Nicht-Gegner des Krieges". Diese Leute rechtfertigen Russlands Angriffskrieg passiv, nehmen ihn als unvermeidliches Übel hin. Nicht wenige Befragte gaben an, ihnen seien die wahren Gründe und Umstände der Entscheidung für die Invasion in die Ukraine nicht klar, aber sie gehen davon aus, dass es schon berechtigte Gründe dafür gegeben habe. Nicht Russland habe den Krieg begonnen, nun aber müsse man ihn führen. Häufig wird angeführt, Kriege seien eine historische Normalität („Kriege hat es schon immer gegeben"). Damit geht eine Form von Nihilismus und Resignation einher: Die Welt sei schlecht und der Glaube an die Existenz universeller Werte sei naiv und weltfremd.[30] Dabei übernehmen viele dieser Personen, die den Krieg unterstützen oder ihn als gegeben hinnehmen, Argumente der staatlich propagierten „konservativen Wende". Kernelemente dieses Denkens sind die Ablehnung einer universellen Ethik und die Wahrnehmung von Politik als einem Arbeitsfeld für Profis, denen die Bürger vertrauen müssen. Auch die staatliche Geschichtspolitik dient ihnen als Fundus für ihre Argumente.

Eine im September 2023 durchgeführte Analyse von Telegram-Kanälen russischer Kriegsbefürworter ergab, dass das Lager der „Z-Patrioten" gespalten ist in militaristische „Z-Radikale" und loyale Staatspatrioten.[31] Die Speerspitze der ersten Gruppe bilden Männer, die sich im Kriegsgebiet aufhalten und als eine Art Kriegskorrespondent wirken. Die „Z-Radikalen" sehen sich als „Stimme" des durch die Bande der Waffenbrüderschaft geeinten „kämpfenden Volkes", das sie unter den schwammigen, aber bedeutungsvollen Begriff *svoi* (die Unsrigen) fassen. Für ihren Militarismus sind Geschichtsbilder zweitrangig, obwohl Letztere für die Traditionsbildung des „Ruhmes der russischen Waffen" durchaus eine Rolle spielen. Die Wortführer der loyalen Staatspatrioten hingegen sind zumeist Leute fernab der Front, die viel von nationaler Vergangenheit und Geopolitik sprechen. Im aktuellen Geschehen sehen sie nur einen Teil des „natürlichen" Schicksals ihres Vaterlandes.

Der Wandel der staatlichen Geschichtspolitik

Russlands Militärpropaganda ist gekennzeichnet durch eine aktive Geschichtsrhetorik mit dem Großen Vaterländischen Krieg als zentralem Bezugspunkt.[32] Verweise auf ihn dienen dazu, oberflächliche Parallelen zur Gegenwart herzustellen: Russland ist Erbe der UdSSR, Russlands Militär entspricht der Roten Armee, der „kollektive Westen" wird mit „Hitlers vereintem Europa" gleichgesetzt, und die Ukraine erscheint als künstlicher „Neonazi-Staat". Durch den angestrengten Versuch, sichtbare Indizien für die

---

29 Vladimir Zvonkovskij, Aleksandr Chodykin: Rossijskoe obščestvennoe mnenie v uslovijach voennogo konflikta, 2022–2023. Chişinău 2024, S. 125–157.

30 Svetlana Erpyleva, Saša Kappinen (Hg.): Smirit'sja s neizbežnost'ju. Kak rossijane opravdyvajut voennoe vtorženie v Ukrainu, 2023, S. 40–55, <http://publicsociology.tilda.ws/report2>.

31 Konstantin Pakhaliuk: The internal battle between Russia's patriots. 15.9.2023, <www.opendemocracy.net/en/odr/russia-patriots-dilemma-criticise-war-mobilisation-prigozhin-death>.

32 Biro, Falsification of History [Fn. 27]. – Mischa Gabowitsch, Mykola Homanyuk: Monuments and Territory. War Memorials and Russia's Invasion of Ukraine. New York, Budapest 2024.

Existenz von „Neonazis" zu finden, und die ostentative Pflege sowjetischer Denkmäler in den besetzten Gebieten wird ein symbolischer Raum geschaffen, der medial den realen Krieg ersetzt. Diese Art der Manipulation prägt auch die Sprache. Im Zusammenhang mit dem Krieg ist in Russland nicht von der „Ukraine" die Rede, sondern vom „neonazistischen Staat"; statt „Soldaten der ukrainischen Streitkräfte" heißt es „Bandera-Leute" (banderovcy), statt „Angriffskrieg" „militärische Spezialoperation". Dies erleichtert den Bürgern Russlands die Selbstrechtfertigung. In den Blogs radikaler Militaristen, etwa der Neonazi-Gruppe „Rusič" oder der Söldnergruppe Wagner, findet sich diese Form der historisch-mythischen Einbettung des aktuellen Krieges nur selten.[33]

In der staatlichen Rhetorik ergänzen sich Geschichts- und geopolitische Rhetorik: Politiker und Polittechnologen setzen beide bewusst ein, um in der Bevölkerung das Gefühl zu erzeugen, als Mitbeteiligte an der „Spezialoperation" in der Ukraine hätten sie Anteil an der „großen Geschichte" und der „Geopolitik", seien Subjekt grundlegender Veränderungen im Schicksal Russlands und der ganzen Welt – selbst wenn sie den Kern dieser Veränderungen nicht in Gänze begreifen könnten, so gebiete es doch die Größe des Augenblicks, dieses Schicksal zu akzeptieren. Eine solche Rhetorik ist zugleich antidialogisch, drückt sich darin doch die prinzipielle Weigerung der politischen Führung aus, den Bürgern die konkreten Ursachen des Krieges zu erklären.

Dies zeigt sich in Putins vier zentralen Reden des Jahres 2022, in denen er seine wichtigsten Entscheidungen rechtfertigte: seiner Rede an die Nation vom 21. Februar 2022 anlässlich der Anerkennung der Unabhängigkeit der Separatistengebiete Lugansk und Doneck, seiner Ansprache vom 24. Februar 2022 zur Begründung des Überfalls auf die Ukraine, seiner Erklärung der Teilmobilmachung am 21. September 2022 und der Ansprache vom 30. September 2022 zur Annexion der „Volksrepubliken" und der Gebiete Zaporož'e und Cherson.[34]

Trotz unterschiedlicher Akzente, die Putin in den Ansprachen setzt, erzählt er jeweils die Geschichte eines russländischen Staates, der um seinen Raum kämpft und ein Anrecht auf die Gebiete hat, in denen er einst präsent war. Das „russische Volk", als dessen Verteidiger er sich präsentiert, taucht nur dann auf, wenn es bedroht ist.

Die Wechselbeziehung zwischen „Geschichte" und „Geopolitik" zieht sich durch Putins Ansprachen. Die erstere ist vertreten in der These vom „künstlichen Charakter der Ukraine", die vom „kommunistischen Russland" in Gestalt von Lenin geschaffen worden sei. Stalin erscheint als „Sammler" der Lande des ehemaligen Russischen Reiches, dessen einzige Schuld darin bestehe, dass er es versäumte, das Ganze rechtlich zu fixieren – denn „unter den Bedingungen eines totalitären Regimes funktionierte alles auch so, und nach außen sah es gut aus, sehr attraktiv, geradezu hyperdemokratisch".[35] Die

---

[33] <https://t.me/grey_zone>. „Grey Zone" war 2022–2023 ein wichtiger Telegram-Kanal der Wagner-Gruppe.

[34] Vladimir Putin: Rede an die Nation. 21.2.2022, <https://zeitschrift-osteuropa.de/blog/putin-rede-21.2.2022/>. – Kriegserklärung. Die Ansprache des russländischen Präsidenten am Morgen des 24.2.2022, <https://zeitschrift-osteuropa.de/blog/vladimir-putin-ansprache-am-fruehen-morgen-des-24.2.2022/>. – Vladimir Putin: Erklärung der Teilmobilmachung, 21.9.2022 <https://zeitschrift-osteuropa.de/blog/vladimir-putin-erklaerung-der-teilmobilisierung/>. – Vladimir Putin: Rede zur Aufnahme der „Volksrepubliken Doneck und Lugansk" und der Gebiete Zaporož'e und Cherson in die Russländische Föderation, 30.9.2022, <https://zeitschrift-osteuropa.de/blog/rede-zur-aufnahme-der-volksrepubliken-doneck-lugansk-zaporoze-und-cherson/>.

[35] Vladimir Putin: Rede an die Nation vom 21.2.2022,

„geopolitische" Komponente besteht in der Erzählung von der permanenten Feindseligkeit des Westens und der „Erpressung" Russlands durch die Ukraine. Putin endet mit der Behauptung, die Ukraine bereite mit westlicher Unterstützung einen „Blitzkrieg" im Donbass vor, weshalb es „unumgänglich" sei, dass er, Putin, „unverzüglich die Unabhängigkeit und Souveränität der Volksrepublik Doneck und der Volksrepublik Lugansk" anerkenne.

Am Morgen der großflächigen Invasion bemühte Putin erneut das geopolitische Narrativ der ewigen Feindseligkeit des „kollektiven Westens". Zur Begründung für Russlands „Antwort" auf diese „Provokationen" griff er auf die historische Erfahrung zurück:

> Wir wissen aus der Geschichte sehr gut, dass die Sowjetunion im Jahr 1940 und noch Anfang 1941 auf jede erdenkliche Weise versucht hat, einen Krieg abzuwenden oder wenigstens hinauszuzögern. [. . .] Die Folge war, dass das Land nicht darauf vorbereitet war, sich mit ganzer Kraft dem Vordringen des nationalsozialistischen Deutschland entgegenzustellen, das unsere Heimat ohne Kriegserklärung am 22. Juni 1941 überfiel.[36]

Putins September-Reden unterschieden sich von der Logik her kaum von denen, die er im Februar gehalten hatte. Neu ist hier das Motiv der „Souveränität" Russlands, die es zu verteidigen gelte und die nun als Begründung für eine Notwendigkeit der Mobilmachung herhalten muss. Und Putins Erklärung zur Annexion von ukrainischem Territorium enthält insofern eine neue Richtung, als er den Krieg in den Kontext eines globalen Führungsanspruchs Russlands im Kampf gegen die ungerechte Weltordnung stellt. Auch in diesem Falle nimmt Russlands Machthaber wieder historische Bezüge zu Hilfe, indem er die koloniale Vergangenheit des Westens verurteilt und die Rolle der UdSSR als Anführerin des antikolonialen Kampfes hervorhebt. Das Russland der 1990er Jahre stellt er als eine Kolonie des Westens dar.[37]

Das gesamte Jahr 2023 hindurch vermied Putin derartige Reden. Erst Anfang Februar 2024 gab er wieder eine ausführlichere öffentliche Stellungnahme ab, diesmal in Form des erwähnten TV-Interviews mit dem ultrakonservativen amerikanischen Journalisten Tucker Carlson. Auf dessen Frage nach den Gründen für Russlands Angriff auf die Ukraine reagierte er mit einer historischen Abhandlung, in der er die bekannten Narrative von sich gab. Den historischen Teil füllte er mit Verweisen auf Archivdokumente (von denen er einige in Kopie an Carlson übergeben ließ), den Teil zur Gegenwart mit Schilderungen persönlicher Gespräche mit westlichen Führern. Damit wollte er dem Publikum offenbar zu verstehen geben, dass er unmittelbaren Zugang zum „heiligen Wissen" über die „große Geschichte" und die „Geopolitik" habe. Anders als 2022 fehlte diesmal der Hinweis auf den vermeintlichen „Genozid" an den ethnischen Russen im Donbass.

<https://zeitschrift-osteuropa.de/blog/putin-rede-21.2.2022/>.

[36] Kriegserklärung. Die Ansprache des russländischen Präsidenten am Morgen des 24.2.2022, <https://zeitschrift-osteuropa.de/blog/vladimir-putin-ansprache-am-fruehen-morgen-des-24.2.2022/>.

[37] Vladimir Putin: Erklärung der Teilmobilmachung, 21.9.2022, <https://zeitschrift-osteuropa.de/blog/vladimir-putin-erklaerung-der-teilmobilisierung/>. – Rede zur Aufnahme der „Volksrepubliken Doneck und Lugansk" und der Gebiete Zaporož'e und Cherson in die Russländische Föderation, 30.9.2022, <https://zeitschrift-osteuropa.de/blog/rede-zur-aufnahme-der-volksrepubliken-doneck-lugansk-zaporoze-und-cherson/>.

Dafür münzte Putin seine eigene ältere These, Polen trage die Verantwortung für die Entfesselung des Zweiten Weltkriegs, in eine Rechtfertigung Hitlers um („Hitler blieb, wenn er seine Pläne verwirklichen wollte, nichts anderes übrig, als in Polen zu beginnen").[38] Diese Argumentation war wohl bewusst gewählt, um einer konservativen Zuhörerschaft die „Natürlichkeit" von Russlands Ansprüchen auf einen Teil der Ukraine zu suggerieren und zu unterstreichen, dass der einzige Ausweg sei, zu Moskaus Bedingungen zu verhandeln. Es fällt auf, dass Putin offensichtlich nicht bereit war, sich auf Carlsons Publikum – amerikanische Konservative und Isolationisten – einzustellen, um bei diesen zu punkten: Dafür hätte er sehr viel konzilianter sein müssen. Was dahinter steckt, darüber können wir nur mutmaßen. Vielleicht ist die Erklärung einfach darin zu suchen, dass in Putins Selbstbild inzwischen das Gefühl dominiert, ein Weltenlenker zu sein, und er es nicht mehr nötig habe, sich auf das Niveau eines einfachen politischen Führers hinab zu begeben, der den Bürgern seines Landes gegenüber verantwortlich ist und ihnen und der Welt Erklärungen für sein Handeln schuldet.

Wachsender institutioneller Druck

Auf der institutionellen Ebene der Geschichtspolitik hat der Krieg zu einer Verstärkung von Tendenzen geführt, die bereits vorher zu beobachten waren. *Memorial* stand bereits in den 2010er Jahren unter Druck.[39] Ende Februar 2022 wurde die Organisation dann zwangsaufgelöst.[40] Die Repressionen gegen einzelne Mitarbeiter erreichten einen neuen Höhepunkt. Im August 2023 liquidierten Russlands Behörden auch das *Sacharov-Zentrum*.[41] Das Projekt „Letzte Adresse" geriet ebenfalls in Schwierigkeiten: Zwar wurden weitere Gedenktafeln für Opfer der sowjetischen politischen Repressionen an den vormaligen Wohnhäusern solcher Opfer angebracht, doch „verschwanden" im Jahr 2023 immer mehr bereits installierte Gedenktafeln in Moskau, St. Petersburg und Ekaterinburg – angeblich nach anonymen Beschwerden.[42]

Gegen Ende des zweiten Kriegsjahres begann das Regime, die Institutionen im Bereich der Erinnerungskultur weiter auszubauen, wohl um künftig die Kontrolle auf diesem Feld noch zu verstärken. Im November 2023 richtete Putin bei der Präsidialverwaltung ein *Nationales Zentrum für historisches Gedenken* ein. Im Januar 2024 verkündete Präsidentenberater Vladimir Medinskij, Vorsitzender der *Interministeriellen Kommission für historische Bildung* und der *Russländischen Militärhistorischen Gesellschaft*, die Einrichtung einer russländisch-belarussischen Geschichtskommission.[43] Bis dahin war der Austausch mit belarussischen Historikern über die *Stiftung „Historisches Gedächtnis"* (Fond „Istoričeskaja pamjat'") erfolgt.

---

[38] Interv'ju Takeru Karlsonu, 6.2.2024, <http://kremlin.ru/events/president/news/73411>.
[39] Ulrich Schmid: Anatomie einer Diskreditierung. Russlands Staatsmedien und Memorial, in: OSTEUROPA, 8–9/2021, S. 225–240. – Irina Ščerbakova: Memorial unter Druck. Techniken des repressiven Staates in Russland, in: OE, 3–4/2020, S. 215–228. – Evgenija Lezina: Memorial und seine Geschichte. Russlands historisches Gedächtnis, in: OE, 11–12/2014, S. 165–176.
[40] Verchovnyj sud Rossii okončatel'no likvidiroval „Memorial". BBC News Russland, 28.2.2022.
[41] Čto takoe Sacharovskij centr i počemu sud rešil ego likvidirovat'. Gazeta.ru, 18.8.2023.
[42] Repressirovannye tablički. Kto demontiruet znaki „Poslednego adresa" v Peterburge i kto ich vozvraščaet. Poslednij adres, 17.1.2024.
[43] Medinskij: rossijsko-belorusskaja komissija po istorii stanet stimulom dlja novych proektov. Tass, 25.1.2024.

Weiterhin wurde auch die Gesetzgebung für den „Schutz" der Geschichte erweitert. Im April 2022 unterzeichnete Putin ein Gesetz, das eine Gleichsetzung der Rolle der UdSSR und Nazi-Deutschlands im Zweiten Weltkrieg verbietet. Ende 2022 wurde ein Gesetz verabschiedet, das die „Entweihung" des Sankt-Georgs-Bandes, das seit Mitte der 2000er Jahre zum staatspatriotischen Symbol für Russlands militärischen Ruhm gemacht wurde, unter Strafe stellt.[44] Im Februar 2024 wiederum wurde ein Gesetzentwurf in die Staatsduma eingebracht, der vorsieht, eine Leugnung des „Genozids am sowjetischen Volk" während des Zweiten Weltkriegs strafrechtlich zu verfolgen.[45]

Wandel der Begrifflichkeiten

Überhaupt setzt die staatliche Geschichtspolitik einen starken Akzent darauf, das Konzept des „Genozids am sowjetischen Volk" zu verbreiten, mit dem die nationalsozialistischen Verbrechen in den besetzten Gebieten der Sowjetunion beschrieben werden können. Seit 2020 hat der Genozid-Begriff zunehmend Konjunktur. Anfangs ging es darum, die Sowjetunion in Geschichtsdebatten mit dem europäischen Ausland als „Hauptsieger" des Zweiten Weltkriegs, aber auch als Hauptopfer des nationalsozialistischen Vernichtungskrieges darzustellen. 2022 diente der Genozid-Begriff dann dazu, die Invasion in der Ukraine propagandistisch zu rechtfertigen: So wie die UdSSR seinerzeit gegen den Genozid am sowjetischen Volk gekämpft habe, kämpfe Russland heute dafür, „den Genozid an den Russen in der Ukraine" zu stoppen. Als Putin im September 2023 die Teilmobilisierung ankündigte, benutzte er dieses Argument als wichtigste moralische Begründung für seine Entscheidung.

Während das Thema bei radikalen „Z-Kriegsberichterstattern" wenig Beachtung findet, ist es in Medien, die sich an ein Publikum fernab der Front richten, überaus präsent.[46] Die wichtigsten Mechanismen zu seiner Verbreitung sind staatliche Propaganda, die Anerkennung des Genozid-Tatbestandes durch Gerichte, die Behandlung des Themas in Schulen und Universitäten sowie die Errichtung einer monumentalen „Gedenkstätte für die Opfer des nationalsozialistischen Genozids" in der Nähe von St. Petersburg im Januar 2024.

---

[44] Vera Demmel: Das Georgsband. Ruhmesorden, Erinnerungszeichen, Pro-Kreml-Symbol, in: OSTEUROPA, 3/2016, S. 19–31.

[45] V Gosdumu vnesut proekt o nakazanii za otricanie genocida v VOV, pišut CMI. RIA-Novosti, 20.2.2024.

[46] Konstantin A. Pachaljuk: Pamjat' o Cholokoste i nacistskich prestuplenijach v sovremennoj Rossii. Ot pljuralizma grupp žertv k „genocidu sovetskogo naroda, in: Cholokost i evrejskoe soprotivlenie vo vremja Vtoroj mirovoj vojny. Regional'nye osobennosti na Severnom Kavkaze i v drugich regionach SSSR. Ierusalim 2024, S. 213–242.

Vladimir Putin und Aljaksandr Lukašenka weihen am 27. Januar 2024 in Zajcevo in der Nähe des Gebiets Leningrad die „Gedenkstätte für die Opfer des nationalsozialistischen Genozids" ein. Fotos: Russländische Historische Gesellschaft

Während der Staat sich nicht lange mit Rechtfertigungen für die Einführung des Begriffs „Genozid am sowjetischen Volk" aufhielt, unternahm der linksnationalistische Publizist Egor Jakovlev in einem Anfang 2022 erschienenen Buch einen Erklärungsversuch. Er stellt darin das NS-Besatzungsregime als koloniale Gewaltherrschaft dar, zu deren Zielen es gehört habe, die Zivilbevölkerung in der Sowjetunion unter anderem durch Hunger planmäßig zu vernichten.[47] Jakovlev beginnt sein Buch mit einem Bericht über die Geschichte kolonialer Gewalt in Amerika und Australien und verweist im weiteren Verlauf auf Hitlers Anspruch auf sowjetische Gebiete als „neue deutsche Kolonie". Daran schließt er folgende Parallele an: Wenn heute bestimmte Arten kolonialer Gewalt als Genozid anerkannt werden, warum sollte man dann nicht auch den Vernichtungskrieg der Nazis als solchen klassifizieren? Anfang 2024 brachte Jakovlev ein weiteres Buch zur selben Thematik auf den Markt. Im Titel des Werks, das in Kooperation mit der *Militärhistorischen Gesellschaft* erschien, ist nun die Rede vom „Genozid an den sowjetischen Völkern".[48] Zuvor hatte schon Aleksandr Djukov, einer der Wortführer der staatlichen Erinnerungspolitik, gefordert, von einem „Genozid an einer Reihe von Völkern der UdSSR" zu sprechen; anzuwenden sei dieser Begriff auf die Vernichtung von Juden, Zigeunern, Russen und Belarussen – nicht aber von Ukrainern.[49] Auch Russlands Außenministerium stieg in die Debatte ein und besteht seit Sommer 2023 darauf, dass der Begriff Holocaust nicht allein auf Juden beschränkt werden dürfe.[50]

Hinter diesem Kampf um Begrifflichkeiten steht nicht nur der Wunsch der Staatsführung und ihrer Geschichtsideologen, die Menschen in Russland dazu zu erziehen, sich als „historische Opfer" zu sehen, sondern auch das Bestreben, endgültig Schluss zu machen mit einer Kultur der Erinnerung an den Nationalsozialismus, die auf einer Ethik der individuellen Verantwortung beruht. Elemente dieser Erinnerungskultur waren im Laufe der 2010er Jahre von intellektuellen Kreisen in Russland verinnerlicht worden und wurden dann 2022 von oppositionellen Medien und Kriegsgegnern benutzt, um über die Verantwortung der Bürger Russlands für die Verbrechen des Putin-Regimes zu sprechen.[51] So forderte etwa die Künstlerin Katja Margolis in den sozialen Netzwerken von den Angehörigen der intellektuellen Eliten Russlands, sich offen gegen den Krieg auszusprechen. In einem Interview erklärte sie, man dürfe sich an der „Normalisierung des Unnormalen", das in Russland geschehe, nicht beteiligen, und verwies direkt auf die negativen Erfahrungen im Dritten Reich.[52]

Da laut Meinungsumfragen junge Menschen den Krieg gegen die Ukraine am wenigsten unterstützen, hat das Regime den ideologischen Druck auf Schulen und Hochschulen verstärkt. Seit Mitte der 2010er Jahre werden Schulgeschichtsbücher daraufhin

---

[47] Egor Jakovlev: Vojna na uničtoženie. Tretij Rejch i genocid sovetskogo naroda. S.-Peterburg ²2022.

[48] Egor Jakovlev: Nacistskij genocid narodov SSSR. Neizvestnye stranicy. Moskva 2024. Siehe auch <https://t.me/vr_medinskiy/1665>.

[49] Djukov. Istorik-racionalizator, 24.10.2023, <https://t.me/historiographe/9682>.

[50] Stat'ja oficial'nogo predstavitelja MID Rossii M.V. Zacharovoj „Pamjati vsech žertv Cholokosta" dlja „Rossijskoj gazety". Ministerstvo inostrannych del Rossijskoj Federacii, 19.7.2023, <www.mid.ru/ru/foreign_policy/news/1897511>.

[51] Michail Nemcev: Počemu protivniki vojny ne gotovy priznat', čto nesut za nee otvetstvennost'? Važnye istorii, 10.7.2023. – Michail Nemcev: Tak my učilis' govorit' o smerti. Dnevnik 2022–2023 godov. S.-Peterburg 2024.

[52] Katja Margolis: „Pora ponjat', čto žertva sejčas – èto ne rossijan". Radio Svoboda, 8.4.2023.

kontrolliert, ob ihr Inhalt dem staatlich vorgegebenen „Historischen-kulturellen Standard" entspricht. Dies führte zu einem Wettbewerb zwischen mehreren Reihen „patriotischer Schulbücher", die von den wichtigsten Verlagen herausgegeben wurden. Bis 2021 kaufte der staatsnahe Verlag *Prosveščenie* („Aufklärung", „Bildung") der privaten Gruppe *Ėksmo* nach und nach alle Reihen und Titel im Lehrmittelbereich ab und sicherte sich de facto eine Monopolstellung auf diesem Markt.

In Zeiten des Krieges ließ sich nun problemlos die Idee eines „Einheitslehrbuchs" für das Fach Geschichte realisieren. Die ersten Schulbücher zur Geschichte des 20. Jahrhunderts wurden bis Herbst 2023 von Vladimir Medinskij und Anatolij Torkunov, dem Rektor der staatlichen Diplomatenschmiede MGIMO, dem *Moskauer Staatlichen Institut für Internationale Beziehungen*, verfasst. Die Darstellung der nationalen Geschichte beschränkt sich auf das Handeln des Staates und seiner Vertreter, während die gesellschaftliche Ebene praktisch nicht vorkommt. Die Außenwelt erscheint als Hort von Bedrohungen, hinter jeglicher internationaler Kooperation wittern die Autoren „Verrat an Russland". Die stalinistischen Verbrechen werden als notwendig gerechtfertigt, um auf die äußere Herausforderungen zu reagieren. Im Ringen um den großen Sieg im Zweiten Weltkrieg erscheinen sie als unvermeidlich.[53]

An den Hochschulen des Landes wurde 2023 der Kurs „Grundlagen der russländischen Staatlichkeit" eingeführt. In den unter der Aufsicht der Präsidialverwaltung erstellten Lehrbüchern für dieses Fach spielt die Geschichte ebenfalls eine zentrale Rolle, doch liegt hier der Schwerpunkt auf dem russländischen Staat als besonderer „Zivilisation". Russland verfüge über zeitlose kulturelle Werte, die über die Jahrhunderte hinweg die Grundlage der russländischen Staatlichkeit gebildet hätten und Russland vom Westen unterschieden. Wer nach konkreten Inhalten sucht, findet kaum mehr als eine Aufzählung von allgemeinen Tugenden wie Patriotismus oder traditionellen Familienwerten. Als historische Zeugen werden russische Religionsphilosophen und Nationalisten vor allem aus der Zeit um die Wende vom 19. zum 20. Jahrhundert bemüht. Russlands „Sonderweg" besteht nach den Inhalten der Lehrbücher zu urteilen darin, dass er „nichtwestlich" ist. Doch inhaltlich bleibt er unbestimmt. Sowohl in den Schul- als auch in den Hochschul-Lehrbüchern bespielen die Autoren das Thema russischer Ethno-Nationalismus. Sie stellen die russländische Nation zwar als multiethnische dar, betonen aber stets die zentrale Rolle der ethnischen Russen. Die treibende Kraft in der russländischen Geschichte ist in ihren Darstellungen jedoch weder das „russländische Volk" noch die ethnischen Russen, sondern der Staat als politische Struktur, die sich in offiziellen Institutionen manifestiert. Daher rührt im Übrigen auch die unscharfe Grenze zwischen Patriotismus und Nationalismus, der in der Regel eine ethnonational russische Tönung hat.

Während das Schulbuch ein Kapitel zum Krieg in der Ukraine enthält, in dem die einschlägigen Ansprachen des Staatspräsidenten wiedergegeben werden, bleibt das Thema in den Hochschullehrbüchern weitgehend ausgeklammert. Diese unterschiedliche Schwerpunktsetzung ist wohl damit zu erklären, dass dem Koautor des „einheitlichen Lehrbuchs" Vladimir Medinskij als Berater Putins daran gelegen sein musste, die offizielle Position zu vertreten, wohingegen die Intention der Autoren der Lehrbücher für den Kurs „Grundlagen der russländischen Staatlichkeit" eher darin bestand, den

---

[53] Konstantin A. Pachaljuk: Rossijskoe gosudarstvo i „edinyj" istoričeskij narrativ (kritičeskoe issledovanie „učebnika" „Istorija Rossii. 10 klass" V.P. Medinskogo i A.V. Torkunova, in: Istoričeskaja ėkspertiza, 4/2023, S. 42–92.

Studenten zu vermitteln, dass der russländische Staat etwas Großes und Bedeutendes sei und in einer ganz besonderen „Zivilisation" wurzele; und aus einer solchen Perspektive erscheint der aktuelle Krieg dann doch nur als etwas Temporäres, Vorübergehendes. In beiden Fällen wird den jungen Menschen jedoch das Bild eines starken, sich dynamisch entwickelnden Russland vermittelt, in dem sie ihre Lebensziele im Dienste des Staates verwirklichen können.

Ein weiterer Trend, der in jüngster Zeit zu beobachten ist, ist das bewusste Ausblenden staatlicher Verbrechen in der Sowjetunion und die zunehmende Heroisierung der Täter. Untersuchungen von *Memorial* ergaben, dass seit Beginn des russländischen Angriffskriegs gegen die Ukraine nicht weniger als 22 Denkmäler und Gedenkstätten für Opfer der stalinistischen Repressionen, polnische Verbannte und Gulag-Häftlinge oder im Kampf gegen die Rote Armee gefallene finnische Soldaten demontiert wurden.[54] Gleichwohl wurde im August 2023 in Velikie Luki (Gebiet Pskov) eine acht Meter hohe Stalin-Statue enthüllt. Im Oktober 2023 wurden auf dem Gelände der Gedenkstätte Mednoe (neben Katyn' einer der Orte, wo der NKVD 1940 Tausende polnische Kriegsgefangene erschossen hatte) Büsten von Lenin, Stalin und anderen Bolschewiki enthüllt. Der Direktor der Gedenkstätte erklärte, eine solche Entwicklung sei logisch, da all diese Personen „eine Beziehung zu den Repressionen" gehabt hätten.[55] Im selben Monat wurde in Kaliningrad, ehemals Königsberg, ein Denkmal für den zaristischen General Michail Murav'ev-Vilenskij eingeweiht, der zwar keinen Bezug zu der Region hat, aber führend an den Repressionen nach dem polnischen Aufstand von 1863/1864 beteiligt war. Der Gouverneur des Gebiets Kaliningrad erklärte, mit dem Denkmal würdige man Murav'ev-Vilenskij als „großen Staatsmann".[56] Angesichts der geographischen Nähe zu Polen lässt sich das Denkmal jedoch auch als eine Art „zwischenstaatliches Trolling" interpretieren.

Verwischung der Grenzen zwischen Vergangenheit und Gegenwart

Das Bestreben, Russlands Bürgern das Gefühl zu vermitteln, Teil der „großen Geschichte" zu sein, führt dazu, dass die Grenzen zwischen Vergangenheit und Gegenwart verschwimmen. Der Staat pflegt das Andenken an die Gefallenen der „militärischen Spezialoperation" mit einem groß angelegten Programm. Dabei sind Propaganda- und Gedenkpraktiken ununterscheidbar geworden.

Die Schlüsselrolle spielen hierbei die *Russländische Militärhistorische Gesellschaft* und die Partei der Macht *Edinaja Rossija*. Sie zeichnen verantwortlich für das massenhafte Anbringen von Gedenktafeln an Schulen, an denen in der Ukraine „gefallene Helden" einst Schüler waren, ebenso wie für die Kampagne „Schulbank des Helden" (Parta geroja), bei der ein Pult im Klassenzimmer einem „gefallenen Helden" gewidmet ist und die besten Schüler die „Ehre" haben, dort zu sitzen, oder auch für die Einrichtung von einschlägigen Schulmuseen zum Thema. Zudem sorgen sie dafür, dass Denkmäler errichtet, im öffentlichen Raum oder in Grünanlagen patriotische Symbole und Losungen installiert, Schautafeln mit Porträts der „Helden" aufgestellt oder Freiluftausstellungen organisiert werden.

---

[54] „Na rossijskoj zemle prosto ležat bezymjannye ljudi". Verstka, 17.11.2023.
[55] V memoriale postradavšim ot repressij ustanovili bjust Stalina. Lenta.ru, 1.10.2023.
[56] V Kaliningrade otkryli pamjatnik Murav'evu-Vilenskomu. Kaliningrad Today, 18.10.2023.

Stalin-Denkmal in Velikie Luki, März 2023

Eine „Schulbank des Helden"

Im Oktober 2023 enthüllte Büsten auf dem Gelände des „Mednoe-Gedenkkomplexes".
Foto: Daniel Korpusov

Wie viele derartige Initiativen während des Krieges angestoßen wurden, ist unbekannt. Aber die *Militärhistorische Gesellschaft* berichtet auf ihrer Website, dass alleine im Jahr 2022 23 Gedenktafeln an Schulen angebracht wurden. Diese Aktionen knüpfen an ein früheres Projekt der Organisation an, als über 3000 Gedenktafeln zu Ehren von Helden der Sowjetunion an Schulfassaden angebracht wurden.[57] Anfang 2023 recherchierten Journalisten der Zeitschrift *Doxa,* dass es zu diesem Zeitpunkt 432 solcher Gedenktafeln gab.[58] Experten gehen davon aus, dass es 2023 mehrere tausend Gedenkprojekte für „Helden der Spezialoperation" in ganz Russland gab, vor allem in kleineren Städten und Dörfern.[59]

In krassem Gegensatz zu diesen Aktivitäten steht die Tatsache, dass sich auch im dritten Kriegsjahr – anders als in der Ukraine – kein öffentliches Bestattungsritual für die Gefallenen des Krieges entwickelt hat. Anders als während der bewaffneten Infiltration in der Ostukraine versucht der Staat zwar nicht mehr, die Tatsache, dass es Tote gibt, zu verschleiern, doch die Beerdigung getöteter Soldaten ist allenfalls ein lokales Ereignis. Wenn sich Behördenvertreter daran beteiligen, geht das oft mit Trauerkundgebungen an einem Denkmal für die Helden des Großen Vaterländischen Krieges einher. Beamte oder Vertreter der Armee versuchen in ihren Ansprachen, den Tod des Gefallenen als ein Zeugnis des Mutes und des Heldentums im Dienst an der höheren Sache darzustellen. Im selben Sinne rechtfertigen Vertreter der Russischen Orthodoxen Kirche den Tod mit dem Hinweis darauf, dass Gottes Wege unergründlich seien. In der öffentlichen Inszenierung der Beerdigungen ist kein Platz für das Individuum: Der Staat eignet sich nicht nur das Leben der Bürger an, sondern auch deren Tod.[60] Dies kommt in Putins Rhetorik zum Ausdruck. Symptomatisch ist seine verdruckste Formulierung, als er im November 2023 bei einem Treffen mit Müttern gefallener Soldaten versuchte, deren Tod einen höheren Sinn zu verleihen:

> Manche Menschen leben oder leben nicht – man versteht es nicht, und wie sie gehen, wegen Wodka oder etwas anderem, auch das lässt sich nicht erklären; sie gehen halt dahin. Ob ein Mensch gelebt hat oder nicht, das entgeht einem auch irgendwie; der Mensch hat gelebt oder auch nicht. Aber Ihr Sohn hat gelebt, verstehen Sie? Sein Ziel wurde erreicht. Und das bedeutet, dass er nicht umsonst aus dem Leben geschieden ist.[61]

Bislang ist keine klare offizielle Linie zu erkennen, wie ein Heldenmythos um den „achtjährigen Krieg im Donbass" aussehen könnte. Allenfalls bildet er sich in den Blogs der militanten Bellizisten heraus.[62] Die staatlichen Stellen in den besetzten Gebieten sind eher daran interessiert, nationale Denkmäler zu schaffen oder zu restaurieren. Weder gibt es eine Kampagne zum Gedenken bekannter Feldkommandeure, die zwischen 2014

---

[57] Eigene Berechnungen auf der Grundlage von Informationen auf <rvio.histrf.ru>.

[58] Vojna ešče ne zakončilas', a tablički uže pojavilis'. Doxa, 2.2.2023.

[59] S načala vtorženija v Ukrainu po vsej Rossii pojavilis' tysjači pamjatnich znakov v čest' „geroev SVO". Meduza, 4.8.2023.

[60] Svetlana Eremeeva: Mertvoe vremja. Voennye pochorony 2022 goda v Rossii i v Ukraine. Sverdlovsk 2023.

[61] Vstreča s materjami voennoslužaščich – učastnikov SVO. Prezident Rossii, 25.11.2023, <http://kremlin.ru/events/president/news/69935>.

[62] <https://t.me/RSaponkov>. – <https://t.me/RtrDonetsk>. – <https://t.me/wargonzo>.

und 2021 im Donbass getötet wurden, noch eine Veröffentlichung von Memoiren. Selbst das staatliche Medienprojekt *Rossija segodnja* (Russland heute) über den „Genozid im Donbass" wurde im Juli 2023 eingestellt.[63] Am Ruhm des populären Militärbloggers Vladlen Tatarskij, der im April 2023 bei einem Bombenattentat in Petersburg getötet wurde, arbeiten seine Freunde und seine Witwe, die es in die Hand genommen hat, seine Werke und Erinnerungen zu veröffentlichen.[64] Eine studentische Initiativgruppe organisierte im Zentrum von Moskau eine improvisierte Gedenkstätte, stellte ihre Bemühungen aber nach der Intervention der Behörden im Oktober 2023 ein.[65]

Der Hauptgrund für die Abneigung des Regimes, einen Mythos um die Donbass-Kämpfer entstehen zu lassen, ist wohl in den Ereignissen rund um die „Wagner-Gruppe" zu sehen, die um die Jahreswende 2022/2023 begann, einen eigenen „Heldenmythos" zu kreieren, der nicht nur die Kämpfe um Bachmut, sondern auch die Aktivitäten der Söldnertruppe in Syrien und Afrika einschloss. Nach Prigožins Aufstand im Juni 2023 war dieser Versuch beendet. Die Repressionen, mit denen der Kreml reagierte, trafen nun auch Igor' Girkin (Strelkov) und einige seiner Anhänger, die Kritik an der Militärspitze und der russländischen Kriegsführung in der Ukraine geübt hatten. Der Staat braucht Bellizisten, die an die Front gehen, fürchtet aber deren Illoyalität. Daher liegt es nicht in seinem Interesse, sie durch seine Kultur- und Geschichtspolitik zu legitimieren.

Fazit

In den letzten zwei Jahren hat der russländische Staat die Kontrolle über das kollektive Gedächtnis seiner Bürger verstärkt. Die Geschichte ist zu einem Propagandainstrument geworden: Die Bürgerinnen und Bürger Russlands werden ermutigt, sich als Teil der „großen Geschichte" und der „Geopolitik" zu fühlen und bereit zu sein, unter Putins Führung alle Prüfungen zu bestehen. Formen der Erinnerungskultur wie Denkmäler oder Gedenktafeln sind nach wie wichtige Elemente, um sich der eigenen Geschichte zu vergewissern. Doch der Erfolg dieser Politik ist fraglich. Seit Beginn des massiven Angriffskriegs gegen die Ukraine hat sich in der Bevölkerung die Praxis entwickelt, als Zeichen der Anteilnahme und des politischen Protests Blumen an Denkmälern für die Opfer politischer Repressionen oder für berühmte Ukrainer niederzulegen. Zu einem breiten öffentlichen Phänomen wurde dies Anfang 2023 nach dem Einschlag einer russländischen Rakete in ein Wohnhaus in Dnipro. Danach entstanden in 62 Städten Russlands über 90 solcher „spontaner" Gedenkaktionen. Nichts Vergleichbares gab es für getötete Mobilisierte der eigenen Armee oder Opfer des Beschusses von Städten in Russland. Dagegen war nach dem Flugzeugabsturz, bei dem die Führung der Wagner-Gruppe im August 2023 ums Leben kam, eine ähnliche Form spontaner Trauer und Protests zu beobachten: Als Putins Regime den Wagner-Anführern ein offizielles Gedenken verweigerte, entstanden spontan 77 Gedenkorte ohne behördliche Genehmigung, zumeist in der Nähe von Kriegsdenkmälern.[66]

---

[63] <https://t.me/DonbassGenocide>.
[64] <https://t.me/vladlentatarsky>.
[65] <https://t.me/c/1875876236/1473>.
[66] Aleksandra Archipova, Jurij Lapšin: Spontannye svjatlišča. Smert' Naval'nogo i memorial'nyj protest. Re:Russia, 5.3.2024.

Seit Jahrzehnten wird die makropolitische Identität Russlands um den Mythos des Großen Vaterländischen Krieges konstruiert, dem die Annahme eines gerechten Verteidigungskrieges zugrunde liegt. Der Versuch, diesen Mythos zur Legitimation des Angriffskrieges zu verwenden, ist nur unter der Bedingung der Zensur möglich. Gäbe es eine freie Diskussion, würde dieses Konstrukt sofort zusammenbrechen. Auch das politische Selbstbild Russlands der letzten Jahrzehnte ist ins Wanken geraten. Es beruhte auf der Vorstellung, dass Russland ein friedliebendes Land sei. Heute müssen die Bürger mit verschiedenen Mitteln davon überzeugt werden, dass die militärische Aggression die neue Normalität ist.

Putins System sichert sich politische Loyalität durch zwei Mechanismen: zum einen durch die Unterdrückung Andersdenkender und die Aufrechterhaltung eines Repressionsapparats, zum anderen dadurch, dass er jedem, der es möchte, ermöglicht, am Krieg zu verdienen. Dies können Unternehmen sein, die an der Produktion von Rüstungs- und Armeegütern aller Art sowie der Versorgung der Armee mitwirken. Das sind aber auch die Soldaten und ihre Familien, die für ihren Einsatz im Krieg vergleichsweise gut bezahlt werden und bei Invalidität oder Tod hohe Versorgungszahlungen erhalten. Mit der Berufung auf Geschichte und Geopolitik versucht das Putin-System die Vorstellung zu verbreiten, dass das, was derzeit geschieht, normal und legitim ist. Je länger aber der Krieg dauert und je größer die Zahl der direkt Beteiligten, desto stärker brauchen die Soldaten und die Bevölkerung Anreize, um durchzuhalten, und Erklärungen, um das eigene Tun zu rechtfertigen.

Ohne es zu wollen verstärkt das Putin-Regime das Trauma in der eigenen Bevölkerung. Die offizielle Erinnerungspolitik der 2010er Jahre verherrlichte die imperiale Vergangenheit und ließ den Zusammenbruch der UdSSR als ein Trauma erscheinen. Nun wird auch der aktuelle Krieg zu einem traumatischen Erlebnis, da das Regime sich weigert, ihn zu erklären, und die öffentliche Debatte auf die Themenfelder Geschichte und Geopolitik verlagert. Einerseits kann das Regime nicht auf die Vorstellung verzichten, dass Russland stets nur „Verteidigungskriege" geführt habe.[67] Andererseits erfordern Siege an der Front die Herausbildung einer militaristischen Kultur. Doch deren Träger sind nicht zwangsläufig loyal gegenüber der politischen Führung. Bislang hat sie nur eine taktische Lösung gefunden: Sie manipuliert Bilder und Inhalte in der Erwartung, dass ein Sieg im Krieg alle Probleme lösen wird.

Aus dem Russischen von Andrea Huterer, Berlin

Schlagwörter:
Ukrainekrieg, Propaganda, Erinnerungspolitik, Geschichte, Russlandbilder, Identität, Vergangenheit

---

[67] In einem der Lehrbücher „Grundlagen der Staatlichkeit" heißt es entsprechend, Russland habe „bei der Ausdehnung des eigenen Territoriums nicht auf militärische Gewalt zurückgegriffen". V.M. Marasanova, V.É. Bagdasarjan u.a.: Osnovy rossijskoj gosudarstvennosti. Učebno-metodičeskij kompleks po discipline dlja obrazovatel'nych organizacij vysšego obrazovanija. Moskva 2023, S. 33.

Antonina Klokova

Umwertung und Vereinnahmung

Russland: Kunstmusik im Dienste des Staates

Das Putin-Regime stellt seinen Angriffskrieg gegen die Ukraine als Verteidigungskrieg dar. Es gelte, die Ukraine vom „Nazismus" zu befreien und
dem feindlichen „kollektiven Westen" entgegenzutreten. Zur Legitimation
des Krieges und zur Stärkung des gesellschaftlichen Kampfgeists vereinnahmt das Regime Dmitrij Šostakovičs berühmteste Symphonien: die 7.
„Die Leningrader" und die 13. „Babij Jar". Sergej Rachmaninov wird als
Heroe des großrussischen Patriotismus inszeniert, und regimenahe Dirigenten wirken daran mit, durch Konzerte und Wettbewerbe kulturelle Normalität
zu simulieren und durch die Aufführung russischer Werke Musik zu einer
klingenden Propagandawaffe zu machen.

Im Stalinismus entstand der sowjetische Musikkanon. Die wichtigsten Vertreter des
europäischen Musikerbes wurden nach den Vorgaben der Kommunistischen Partei in
Einklang mit den ideologischen Ansprüchen des Regimes gebracht. Diese Umwertung
war die Aufgabe der sowjetischen Musikkritik.[1] Auch die großen Komponisten aus der
Zarenzeit wurden „sowjetisiert": Modest Mussorgskij wurde zum Volkstümler und
Revolutionär,[2] Michail Glinkas *Ein Leben für den Zaren* avancierte nun unter dem Namen
Ivan Susanin zur „ersten sowjetischen Oper"[3] und Petr Čajkovskij galt nun als patrioti-
scher Volkskünstler.[4]

Diese Umwertung und Vereinnahmung von Musik ist kein Anachronismus. Im heutigen
Russland kehren die Verantwortlichen im Musikbereich zu dieser Praxis zurück. Sie ist
offensichtlich Teil der politischen Kultur Russlands. Auch das Ziel ist das gleiche wie
damals. Es geht um Selbstbehauptung und um die Demonstration der staatlichen Überlegenheit mit dem Mittel der Kunstmusik, die weltweit anerkannt und breit rezipiert
wird. Doch diffus bleibt die Substanz, für die dieser Aufwand betrieben wird. Für welche
politische Ordnung, für welchen höheren Zweck soll die Kunstmusik vereinnahmt
werden, wofür soll sie werben? Die Lage im Putinschen Russland erinnert an den Sozialismus in der späten Sowjetunion, als die Idee des Kommunismus nicht mehr als eine

---

Antonina Klokova (1983), Dr. phil., Musikwissenschaftlerin, Hamburg
Von Antonina Klokova erschien in OSTEUROPA: Meine moralische Pflicht. Mieczysław Wein-
berg und der Holocaust, in: OE, 7/2010, S. 173–182.
[1]   Pauline Fairclough: Classics for the Masses. Shaping Soviet Musical Identity under Lenin and
Stalin. New Haven, London 2016. – Marina Raku: Muzykal'naja klassika v mifotvorčestve
sovetskoj ėpochi. Moskva 2014.
[2]   Raku, Muzykal'naja klassika [Fn. 1], S. 72.
[3]   Ebd., S. 507.
[4]   Ebd., S. 634ff.

OSTEUROPA, 74. Jg., 5/2024, S. 167–183   doi: 10.35998/oe-2024-042

leere Hülle war und das allgegenwärtige Gefühl der Stagnation zur Ritualisierung des gesellschaftlichen Lebens und schließlich zur Implosion des gesamten Systems führte, wie der russisch-amerikanische Anthropologe Aleksej Jurčak in seiner aufschlussreichen Studie gezeigt hat.[5]

Im heutigen Russland gibt es noch immer relativ unabhängige Konzertbühnen und Musikmedien. Doch die Verantwortlichen an den großen Theatern und Konzerthäusern sowie die Chefredaktionen der Fachzeitschriften stehen unter staatlicher Kuratel. Der präsidentielle Machtapparat bestimmt den kulturellen Diskurs. In Zeiten des Krieges gegen die Ukraine oder der „militärischen Spezialoperation", wie es im Jargon des Putin-Regimes heißt, greifen die staatlichen Kulturbehörden zur Stärkung der Kampfmoral entweder auf populäre sowjetische und vorsowjetische Kompositionen zurück oder vergeben Auftragskompositionen, die die gleiche Aufgabe erfüllen sollen.

Šostakovičs „Leningrader" als „antifaschistische" Waffe

Es war schier unvermeidlich, dass Dmitrij Šostakovič, der bereits in der Sowjetunion als „Staatskomponist" von der Macht instrumentalisiert wurde, auch jetzt wieder zu Staatszwecken in Dienst genommen wird.[6] Ausgerechnet auf das Jahr 2022, als Russland seine Großinvasion in der Ukraine startete, fiel der 80. Jahrestag der Uraufführung von Šostakovičs 7. Symphonie, der berühmten „Leningrader". Šostakovič hatte dieses Werk „Der Stadt Leningrad" gewidmet, die damals unter der Blockade der deutschen Wehrmacht litt. Dass diese Symphonie weltweit als ein Werk verstanden werden sollte, das den Widerstandsgeist der Sowjetunion zum Ausdruck brachte, war minutiös geplant. Noch während Šostakovič das Werk komponierte, startete die Sowjetunion eine internationale Werbekampagne. Diese trug Früchte: Die 7. Symphonie wurde zur Legende.[7] Die Mythologisierung dieses Werkes verwandelte die Komposition im In- und Ausland zu einer klingenden Waffe. Das machte die kritische Auseinandersetzung mit der Genese und Aussage der Symphonie lange Zeit unmöglich. Denn das hätte das Symbol der geistigen Überlegenheit des Sowjetstaats ins Wanken bringen können. Erst in der Spätphase der Sowjetunion, unter den Vorzeichen von Perestrojka und Glasnost, führte die Šostakovič-Forschung den Nachweis, dass der Komponist die Arbeit an dieser Symphonie bereits vor dem Überfall der Wehrmacht auf die Sowjetunion aufgenommen und dem Werk ursprünglich ein anderes Motiv zugrunde gelegen hatte.[8]

Davon unbenommen greift das Putin-Regime auf die 7. Symphonie zurück. Für die Politiktechnokraten des Kreml und die Kulturpolitiker bleibt das Werk das perfekte Instrument, um den Krieg gegen die Ukraine zu legitimieren. Sie setzen auf den Mythos

---

[5] Alexei Yurchak: Everything Was Forever, Until It Was No More. The Soviet Last Generation. Princeton 2005. Russ.: Aleksej Jurčak: Ėto bylo navsegda, poka ne končilos'. Poslednee sovetskoje pokolenie. Moskva 2015.

[6] Antonina Klokova: Schostakowitsch in der späten Sowjetunion und in postsowjetischer Zeit, in: Dorothea Redepenning, Stefan Weiss (Hg.): Schostakowitsch-Handbuch (im Erscheinen).

[7] Dorothea Redepenning: Das Werden eines Mythos. Dmitrij Šostakovičs 7. Symphonie, „Die Leningrader", in: Die Leningrader Blockade. Der Krieg, die Stadt und der Tod. Berlin 2011 [= OSTEUROPA, 8–9/2011], S. 169–194.

[8] Lev Lebedinskij: O nekotorych muzykal'nych citatach v proizvedenijach D. Šostakoviča, in: Novyj mir, 3/1990, S. 262–267.

dieses Symbols des gerechten Kampfes gegen „die Nazis". Zum 80. Jahrestag der Uraufführung der „Leningrader" Symphonie fand in Sankt Petersburg am 9. August 2022 ein großes multimediales Musikfest statt. Den Kern der Veranstaltung bildete eine Aufführung der Symphonie unter Leitung des „verdienten Künstlers der UdSSR", des Bratschisten und Dirigents Jurij Bašmet. Auf einer Großleinwand im Hintergrund wurden historische Aufnahmen aus der belagerten Stadt gezeigt. Erinnerungen von Zeitzeugen an die Blockade wurden vorgetragen, Verse berühmter Dichterinnen und Dichter wie Anna Achmatova, Ol'ga Berggol'c oder Robert Roždestvenskij wurden rezitiert.[9] Die Einführung zu diesem Konzert übernahm kein ausgewiesener Musikkritiker oder Literat. Präsident Vladimir Putin persönlich war es, der dem Publikum per Videoschalte seine Interpretation von Šostakovičs Symphonie zuteilwerden ließ:

> Noch heute, viele Jahrzehnte später, weckt Šostakovičs Leningrader Symphonie in den nachkommenden Generationen stärkste Gefühle: die Bitterkeit des Verlusts und die Freude über den Sieg, die Liebe zur Heimat und die Bereitschaft, sie zu verteidigen. Das ist der Ausweis wahrer, großer Kunst. Werke werden für alle Zeit groß, die echte, ewige Werte preisen und Menschen jeden Alters, jeder Nationalität und Religion vereinen, die die Wahrheit und das Licht bekräftigen, die immer die Oberhand behalten über die Lüge und die Mächte der Finsternis [. . .].
> Ihre musikalischen Themen erzählen eindringlich von schwersten Prüfungen, von Schmerz, von tiefem Leid. Doch das Wichtigste, was sie enthalten, ist eine wahrhaft prophetische Siegesgewissheit. Diese stärkte den Glauben der Leningrader, des gesamten sowjetischen Volks und aller, die gegen den Nazismus kämpften, an den Triumph des Humanismus und der Gerechtigkeit.[10]

Die implizite Botschaft ist klar: Auch heute wieder braucht das Heimatland all seine Bürger, die im Krieg gegen die „Lüge und die Mächte der Finsternis" zusammenstehen, um über die ukrainischen „Nazis" und ihre Verbündeten im Westen zu siegen und „Humanismus" und „Gerechtigkeit" triumphieren zu lassen.

Mit seiner politischen Indienstnahme von Šostakovičs Werk steht Putin in einer historischen Linie mit keinem Geringeren als Iosif Stalin: Dieser hatte 1936 Šostakovičs Oper *Lady Macbeth von Mzensk* besucht und danach in der Parteizeitung *Pravda* einen Verriss publiziert, der unter dem Titel „Chaos statt Musik" weltweit Berühmtheit erlangte.[11] Diese persönliche Intervention hatte damals keine andere Funktion als heute: Dem sowjetischen Führer (vožd) ging es darum, unmissverständlich klarzumachen, dass der Staat, den er verkörperte, die oberste ideologische Instanz war.[12] Eine „unpolitische" Musik und Kultur konnte es nicht geben.

---

[9] Ein Minutenprotokoll des Musikfests bietet Friedrich Geiger: Musik unter Putin. Šostakovičs Leningrader Sinfonie, in: Archiv für Musikwissenschaft, 4/2023, S. 308–329, hier S. 328f.

[10] Putin zajavil, čto pravda i svet vsegda berut verch nad silami t'my. RIA Novosti, 9.8.2022, <https://ria.ru/20220809/putin-1808458850.html>.

[11] Jens Malte Fischer: Im Zerrspiegel ihrer Zeit. Dmitri Schostakowitschs Oper Lady Macbeth von Mzensk, in: Jürgen Schläder (Hg.): „Theater ist ein Traumort". Opern des 20. Jahrhunderts von Janácek bis Widmann. Berlin 2005, S. 164–172.

[12] Jurčak, Eto bylo navsegda [Fn. 5], S. 51, S. 95–102.

Russlands Kulturpolitik vereinnahmt Šostakovič als ein Symbol zur Stärkung des gesellschaftlichen Kampfgeists und der Unterstützung des Regimes im Krieg gegen die „nazistische" Ukraine und den „feindlichen" Westen, der Russland „vernichten" wolle. Ein Beispiel ist das Musikfestival „Šostakovič. Außerhalb der Zeit" (Šostakovič. Nad vremenem), das im September und Oktober 2023 in Samara und Tol'jatti stattfand.[13] Die Wahl des Veranstaltungsorts Samara (ehemals Kujbyšev) ist kein Zufall: Dort hatte Šostakovič seine 7. Symphonie vollendet, dort wurde sie uraufgeführt. Daran erinnerte der Gouverneur des Gebiets Samara, Dmitrij Azarov, in seinem Grußwort:

> Heute, in einer für das ganze Land schicksalhaften Zeit, ist es besonders wichtig, sich auf das Wertvollste zu besinnen, was wir haben: auf unsere große Geschichte, unsere Traditionen und unser so reiches geistiges und kulturelles Erbe. Die Veranstaltung eines solchen Großfestivals trägt zur Erreichung dieses Ziels bei. [. . .]
> Unsere Stadt hat im Leben des großen Komponisten eine besondere Rolle gespielt. Hier vollendete er in einer für das Land schwierigen Zeit seine legendäre 7. Symphonie, die zum Symbol der Unerschütterlichkeit, der Tapferkeit und des Großen Sieges wurde und auch heute noch von besonderer Bedeutung ist. Das Internationale Festival der Künste zu Ehren des bedeutenden Komponisten Dmitrij Šostakovič erinnert jeden von uns an Russlands ruhmreiche Geschichte, [. . .] an die großen Söhne des russischen Landes, an die Kraft und Bedeutung der Kultur und die Wichtigkeit ihrer Erhaltung und Entwicklung.[14]

Die Symphonie *Babij Jar* und die Hetze gegen „ukrainische Nazis"

Wie die „Leningrader" bietet auch Šostakovičs zweite weltberühmte Symphonie, die 13. („Babij Jar"), dem Putin-Regime Anknüpfungspunkte, sie im Kampf gegen „die Nazis" in der Ukraine propagandistisch auszuschlachten. Weltweit gilt „die 13." als Holocaust-Symphonie *par excellence*. Ihre gegenwärtige Konjunktur in Russland ist mehrdeutig. Šostakovič wird als großer patriotischer Künstler vereinnahmt, der sich in den Dienst des Staates gestellt habe. Gleichzeitig findet eine nachholende Aufarbeitung des Holocaust statt, der allerdings nur insoweit von Interesse ist, als er dem neuen geschichtspolitischen Narrativ entspricht, dass es während des Zweiten Weltkrieges zu einem „Genozid am sowjetischen Volk" gekommen sei.[15]
Den Bezug zum Holocaust hat der erste Satz. In diesem thematisch und musikalisch herausragenden Kopfsatz verarbeitete Šostakovič Evgenij Evtušenkos episches Gedicht von 1961 „Über Babij Jar gibt es kein Denkmal". Es prangert den ewigen Antisemitismus, die Morde und die Geschichte der Pogrome bis zur Erschießung von über 33 000 Juden am 29./30. September 1941 durch die deutschen Einsatzgruppen in der Schlucht vor den Toren Kiews an.[16]

---

[13] IV Meždunarodnyj festival' iskusstv „Šostakovič. Nad Vremenem", <https://nadvremenem.ru>.
[14] <https://nadvremenem.ru/?page_id=1269>.
[15] Egor Jakovlev: Nacistskij genocid narodov SSSR. Neizvestnye stranicy. Moskva 2024.
[16] Babyn Jar. Der Ort, die Tat und die Erinnerung. Berlin 2021 [= OSTEUROPA, 1–2/2021].

Zum Saisonauftakt 2023/24 des neuen Moskauer Konzertsaals *Zarjad'je* ertönte Anfang September 2023 an zwei Abenden die 13. Symphonie unter der Leitung des griechischen Stardirigenten Teodor Currentzis, der inzwischen auch die russländische Staatsbürgerschaft besitzt. Staatsnahe Medien nutzten diese Aufführungen, um auf perfide Weise den Holocaust mit der Ukraine in Verbindung zu bringen. So äußerte die Musikkritikerin Ol'ga Rusanova:

> Das Thema Holocaust wurde in der Sowjetunion nicht zuletzt deshalb verschwiegen, weil ukrainische Kollaborateure in die Hinrichtungen und Erschießungen verstrickt waren. Diese Tatsache wurde verschwiegen, weil sie dem Dogma von der „Völkerfreundschaft" widersprach.[17]

Dass ukrainische Hilfspolizisten 1941 zur Absperrung des Exekutionsgeländes herangezogen wurden, ist historisch unbestritten.[18] Aber Rusanova insinuiert mehr: Dass Ukrainer unmittelbar an den Erschießungen beteiligt gewesen seien. Das ist der Brückenschlag zur heutigen Propaganda, mit der das Putinsche Russland seinen Krieg gegen die Ukraine zu rechtfertigen versucht. Dass man es mit „Nazis" wie vor 80 Jahren zu tun habe.
Ein weiterer Aspekt ist bemerkenswert. Auf dem Umweg, den „ukrainischen Kollaborateuren" die Mitschuld am Holocaust zuzuweisen, wird die Tatsache, dass Juden auf sowjetischem Territorium von den Deutschen systematisch vernichtet wurden, nur weil sie Juden waren, in Russland endlich anerkannt. Das war bis bis vor kurzem anders.
Am 6. November 2023 folgte in der Konzert- und Sportarena „MTS Live Hall" in Moskau ein Multimedia-Event im Rahmen „des Kultur- und Aufklärungsprojekts" *Babij Jar*,[19] für das der ehemalige Betriebsdirektor der Dresdner Semperoper, Hans-Joachim Frey, verantwortlich zeichnete, der in Deutschland aufgrund seiner Nähe zum Putin-Regime in die Kritik geraten ist. Unter Leitung von Jurij Bašmet erklang erneut Šostakovičs 13. Symphonie. Auf Großleinwänden wurden prominente Künstler eingeblendet, die das Evtušenko-Gedicht rezitierten.[20] Dass russlandweit bekannte Künstler aus der Unterhaltungsindustrie wie der Schauspieler und Komiker Evgenij Chazanov, der Liedermacher Aleksandr Rozenbaum oder die Jazz- und Unterhaltungssängerin Larissa Dolina, viele von ihnen jüdischer Herkunft, an diesem Abend des Gedenkens mitwirkten, unterstreicht, welche Bedeutung nun dem „jüdischen Thema" der 13. Symphonie beigemessen wird.
Darum gab es von Anfang an Konflikte. 1962 war ihre Uraufführung gefährdet gewesen: Die Kritik des Zentralkomitees der KPdSU hatte sich am ersten Satz entzündet, denn dessen Botschaft stand in krassem Gegensatz zur offiziellen Kulturpolitik. Der spezifische sowjetische Antisemitismus ließ es nicht zu, die jüdische Bevölkerung als eigene Opfergruppe anzuerkennen – nach offizieller Lesart waren die Kyiver Juden in Babyn

---

[17] Ol'ga Rusanova: Ja vse sterplju. Teodor Kurentzis ispolnil v „Zarjad'e" trinadcatuju simfoniju Dmitrija Šostakoviča. Muzykal'naja žizn', 12.9.2023, <https://muzlifemagazine.ru/ya-vse-sterplyu/?fbclid=IwAR2jF9dbvDTmSy8kpmkdrbZB4AJQRW-XQ0TuEjXXs4jtnjkXJHuSQHVA0cA>.

[18] Bert Hoppe: Babyn Jar. Massenmord am Stadtrand, in: Babyn Jar [Fn. 16], S. 5–22.

[19] <https://бабийяр.рф/>.

[20] Bašmet primet učastie v koncerte, posvjaščennom godovščine tragedii Bab'ego Jara. TASS, 30.10.2023, <https://tass.ru/kultura/19153467>.

Jar als „friedliche sowjetische Bürger" umgebracht worden. Also zwangen die sowjetischen Behörden Evtušenko, Teile seines Gedichts umzuschreiben: Er ersetzte die Verse, die den staatlichen Antisemitismus und die Judenvernichtung in Babyn Jar anprangerten, durch Zeilen, in denen der russisch-sowjetische Patriotismus gepriesen wurde. In der Form wurde der Text kurz nach der Uraufführung auch in Šostakovičs Symphonie übernommen.[21]

Originalfassung (V. 6–10 und 73–79)	*Angepasste Fassung*
Мне кажется сейчас – я иудей	Я тут стою, как будто у криницы,
Вот я бреду по древнему Египту.	Дающей веру в наше братство мне.
А вот я, как на кресте распятый, гибну,	Здесь русские лежат и украинцы,
и до сих пор на мне – следы гвоздей.	**С евреями** лежат в одной земле.
Mir scheint jetzt, ich bin selbst ein Jude.	Hier stehe ich, als wär' ich an der Quelle,
Hier wandere ich durch das alte Ägypten.	Die mir den Glauben in unsere Bruderschaft
Und hier sterbe ich, ans Kreuz geschlagen,	gibt.
und seit der Zeit trag ich die Spuren der	Hier liegen Russen und Ukrainer,
Nägel.	Sie liegen **mit den Juden** in einer Erde.
[...]	[...]
И сам я, как сплошной беззвучный крик,	Я думаю о подвиге России,
над тысячами тысяч погребенных.	Фашизму преградившей путь собой,
Я – каждый здесь расстрелянный старик.	До самой нашей наикрохотной росинки
Я – каждый здесь расстрелянный ребенок.	Мне близкой всею сутью и судьбой.
Und ich bin selbst ein gänzlich lautloser	Ich denke an die Heldentat Russlands,
Schrei,	Das dem Faschismus den Weg versperrte,
über tausend und abertausend Toten.	Bis auf den allerkleinsten Tropfen
Ich bin jeder hier erschossene Greis.	Ist mir das ganze Los und Schicksal nah.
Ich bin jedes hier erschossene Kind.	

Heute lässt die Musikkritik diesen politisch belastenden Teil der Aufführungsgeschichte aus. Die Musikjournalistin Ol'ga Rusanova informiert allenfalls über die Überlegungen, die Änderungen am vierten Satz der Symphonie, dem das Poem „Ängste" zugrunde liegt, vorzunehmen.[22] Jedoch verliert sie kein Wort darüber, dass Evtušenko seine Verse für den ersten Satz der Symphonie umschreiben musste. Eine solche Fokusverschiebung hilft, bei der Rezeption der Symphonie über die politisch-brisante Werkgeschichte hinwegzusehen.

---

[21] Sof'ja Chentova: Udivitel'nyj Šostakovič. Sankt-Peterburg 1993, S. 73 f. – Dorothea Redepen-ning: Töne der Erinnerung. Musikalische Deutungen von Babij Jar, in: Babyn Jar [Fn. 16], S. 141–174, hier S. 152, 171–174. Die folgenden Verse (zusammengefasst in jeweils zwei mal vier Verse) einschließlich der Übersetzung werden hier – leicht modifiziert – nach diesem Auf-satz (S. 173) zitiert.

[22] Rusanova, Ja vse sterplju [Fn. 17].

Die eigentliche Bedeutung des Werks wird schlicht übergangen und für naiv und veraltet erklärt. Die Sätze „Humor", „Im Laden", „Ängste" und „Karriere" stehen für typische Erscheinungen des sowjetischen Lebens. Die Menschen verloren allen Widrigkeiten zum Trotz nicht ihren „Humor". Das ewige Warten von Frauen in der Schlange vor dem Laden war Inbegriff eines Alltags, dessen Entbehrungen und Strapazen vor allem Frauen bewältigen mussten, von denen viele ihre Männer im Krieg verloren hatten. „Ängste" vor Denunziation, Repression und Gewalt prägten die Atmosphäre im Land der Kriegsgewinner, während die „Karriere" als opportunistischer Lebenssinn die eigene höchst prekäre Lage zumindest für kurze Zeit zu stabilisieren vermochte. All diese Themen sind im heutigen Russland wieder brennend aktuell. Da erstaunt es nicht, dass die Kritik sich zu diesen anderen Gedichten Evtušenkos und zu ihrer musikalischen Verarbeitung nicht äußern mag.

Gegenüber der Schriftstellerin Marietta Šaginjan soll Šostakovič geäußert haben, in der 13. Symphonie habe er „das Problem der staatsbürgerlichen [. . .] Moral behandelt".[23] Ob diese Aussage tatsächlich von ihm stammt, lässt sich nicht klären.[24] Die 13. Symphonie ist jedoch ähnlich wie Vasilij Grossmans großer Roman *Leben und Schicksal* ein Beispiel dafür, wie sich in der Sowjetunion der 1960er Jahre mit einem Kunstwerk Systemkritik betreiben ließ. Und das offizielle Verdrängen der Judenvernichtung in Babyn Jar sowie der hartnäckige staatliche Antisemitismus scheinen Evtušenko, Grossman und Šostakovič den entscheidenden Impuls dazu gegeben zu haben.[25]

Der heutige Umgang mit der 13. Symphonie ist insofern problematisch, als Russlands Ideologen die nationalsozialistischen Verbrechen an der jüdischen Bevölkerung der Sowjetunion durch den ideologischen Zerrspiegel zeigen und für ihre Kriegspropaganda missbrauchen: Die Juden stehen hier nicht als singuläre Opfergruppe des Holocaust, sondern bilden mit „Ukrainern und Russen" die gemeinsame große Opfergruppe der „sowjetischen Zivilisten". Die in Evtušenkos Poem – genauer gesagt in seiner „korrigierten" Fassung – gepriesene „Heldentat Russlands", die „dem Faschismus den Weg versperrte", wird dem Publikum als leuchtendes Vorbild vor Augen geführt, denn die Gelegenheit für neue „Heldentaten" ist bereits da: in Form des Krieges gegen die Ukraine, wo immer noch die gleichen „Nazis" am Werke sind, die seinerzeit den deutschen Faschisten bei ihrem Mordgeschäft zur Hand gingen. So verstellen offiziell mit der gesellschaftlichen Aufklärung über den Holocaust betraute und als solche international anerkannte Institutionen die eigene in den letzten 30 Jahren durchgeführte Forschung und passen sie der aktuellen politischen Agenda an. Deutlich wird dies am Motto der Ausstellung „Holocaust: Vernichtung, Befreiung, Rettung" des *Zentrums „Holocaust"* in Moskau, die im Rahmen des erwähnten „Kultur- und Aufklärungsprojekts" *Babij Jar* präsentiert wird: Sie dient offiziell dem Ziel, „die Verbrechen der Nazis und ihrer Handlanger auf dem besetzten Gebiet der UdSSR und in den Todeslagern" zu zeigen.[26]

---

[23] Zitiert nach Chentova, Udivitel'nyj Šostakovič [Fn. 21], S. 56f.

[24] Die Šostakovič-Forschung geht heute davon aus, dass dem Komponisten zugeschriebene Äußerungen und Fachbeiträge in Wirklichkeit oft von anderen verfasst wurden. Daniel Shitomirski: Blindheit als Schutz vor der Wahrheit. Aufzeichnungen eines Beteiligten zu Musik und Musikleben in der ehemaligen Sowjetunion. Berlin 1996, S. 229–233.

[25] Antonina Klokova: In Memoriam. Holocaust-Verarbeitung im Instrumentalwerk Mieczysław Weinbergs im Kontext der sowjetischen Musik. Hofheim 2023, hier vor allem S. 115–127.

[26] Vystavka Centra „Cholokost" na meroprijatii, posvjaščennom pamjati Bab'ego Jara. Centr „Cholokost", 7.1.2023, <https://бабийяр.рф/#rec637674798>.

Indienstnahme von Künstlern: von Skrjabin bis Currentzis

Jubiläen weltweit bekannter Komponisten waren schon immer eine Projektionsfläche für unterschiedliche Interessen. In der frühen Sowjetunion eignete sich die sowjetische Musikkritik auch die Werke von Bach, Beethoven, Händel und Mozart an, stilisierte sie zu „Revolutionshelden" und stattete sie mit „sowjetischen Zügen" *avant la lettre* aus.[27] Seit Beginn der „militärischen Spezialoperation" im Februar 2022, die das Putin-Regime propagandistisch von Anfang an als einen Kampf gegen den „kollektiven Westen" darstellt, sind die offiziellen Anforderungen an das Kultur- und Musikleben in diesem Zusammenhang darauf zugeschnitten, die Überlegenheit der russischen Musik zum Ausdruck zu bringen.

Das erste große Jubiläum, das sich potenziell dazu eignete, die unerreichte Größe der russischen Musik zu betonen, war der 150. Geburtstag Aleksandr Skrjabins (1872–1915).[28] Die offiziellen Feierlichkeiten in Moskau waren für Januar/Februar 2022 terminiert worden. Dieses Festival dürfte auf absehbare Zeit die letzte von politisch-programmatischer Indoktrination „freie" Musikveranstaltung gewesen sein. Geleitet wurde es vom Pianisten Boris Berezovskij, der aus seiner Loyalität zum Putin-Regime keinen Hehl macht und als einer der ersten prominenten Musiker Russlands Angriff auf die Ukraine öffentlich unterstützte.[29]

Obgleich Skrjabins Rezeption als Musikerneuerer, „Einreißer der alten Grundpfeiler" und russischer Musikprophet[30] durchaus Stoff bietet, um daraus politisches Kapital zu schlagen, gibt sein Werk – ungeachtet dessen, dass es für die globale Entwicklung der Musik im 20. Jahrhundert unentbehrlich ist – für eine national-russische Interpretation der Musik wenig her. Da bieten die Figur und das Werk Sergej Rachmaninovs (1873–1943), eines Zeitgenossen und Kontrahenten Skrjabins, größeren Raum für Propaganda. Obwohl sich Rachmaninov bereits im Dezember 1917 den revolutionären Wirren in Russland entzog und damit zu einem prominenten Vertreter der „weißen Emigration" und in den Augen der Bolschewiki zu einem „Volksfeind" der ersten Generation wurde, gehört er zu jenen Komponisten, deren Werk sich das sowjetische Regime aneignete und für die neue sowjetische Musik in Dienst nahm. Dieser Prozess verlief nicht linear: Anfang der 1930er Jahre hielten die Mitglieder der RAPM (Rossijskaja associacija proletarskich muzykantov, Russländische Assoziation Proletarischer Musiker) ein Scherbengericht über Rachmaninov und sein Œuvre ab, nachdem dieser im Exil den indischen Schriftsteller

---

[27] Fairclough, Classics [Fn. 1], S. 123–133.

[28] Anton Safronov: Kak Skrjabin stal sovremennym. K 150-letju kompozitora, 6.1.2022, <https://muzlifemagazine.ru/kak-skryabin-stal-sovremennym/>.

[29] In einer Talkshow im Ersten Kanal am 10.3.2022 sagte Berezovskij: „Klar tun die uns da leid und wir gehen vorsichtig vor, aber kann man nicht einfach drauf pfeifen, sie einkreisen und den Strom abschalten? [. . .] Ich spreche von den westlichen [Regionen der Ukraine; A.K], von Kiew." <www.youtube.com/watch?v=utEjiBBroHA> (ab 8′12′). Zudem gab er von sich: „Wir müssen diesen Krieg gewinnen und dann etwas Gutes und Freundschaftliches in dem Land [der Ukraine; A.K.] aufbauen. [. . .] Ich bin überzeugt, dass die Wahrheit die Menschen erreichen wird, in einem Jahr wird sich die Wahrheit durchgesetzt haben." Zit. nach: Vozmuščenie razžigajuščimi vojnu zajavlenijami rossijskogo pianista Borisa Berezovskogo. infobae.com, 16.3.2022, <www.infobae.com/ru/2022/03/16/outrage-at-warmongering-statements-by-russian-pianist-boris-berezovsky/>.

[30] Natalja Dundukova: Transformacija obraza Aleksandra Skrjabina v russkoj presse 1910–1917 godov, in: Muzykal'naya akademija, 1/2024, S. 176–191.

Rabindranath Tagore nach dessen Besuch in der Sowjetunion der Schönfärberei des Stalinismus bezichtigt hatte.[31] Weil Rachmaninovs Œuvre für die Klavierliteratur unverzichtbar war, kamen sein Klavierwerk und andere Kompositionen ab Mitte der 1930er Jahre wieder ins Repertoire. Nach dem Überfall der deutschen Wehrmacht auf die Sowjetunion im Juni 1941 stellte Rachmaninov seinen guten Namen in der Heimat wieder her: Er spendete – wie auch der Kontrabass-Virtuose und Dirigent Serge Koussevitzky (urspr. Sergej Kusevickij; 1874–1951) sowie der Geiger Jascha Heifetz (Josif Chejfec; 1901–1987), die ebenfalls zur ersten Welle der Emigranten gehört hatten – durch Benefizkonzerte eingenommenes Geld an die Rote Armee.[32] Diese Praxis, die eigene Loyalität unter Beweis zu stellen, versuchen Künstlerinnen und Künstler aus der Film-, Theater- oder Unterhaltungsmusikbranche auch heute für sich geltend zu machen, die nach dem Überfall auf die Ukraine zuerst Kritik an Russlands Krieg geäußert hatten oder sich nicht offen auf die Seite Russlands geschlagen hatten, sich dann aber „eines Besseren besannen".[33]

Der plötzliche Tod Rachmaninovs 1943 veranlasste den sowjetischen Komponistenverband und die Kulturbürokratie, hastig einen eigenen, sowjetischen Mythos um den Komponisten zu kreieren.[34] In Biographien und Monographien, im Konzertbetrieb und im Rundfunk wurde Rachmaninov nun als Russe im Ausland im Dienste seines Heimatlandes gezeichnet.[35] Während er in der Sowjetunion zum musikalischen „Revolutionär" erhoben wurde,[36] spielt heute seine vermeintliche patriotische Hingabe an sein Heimatland die ausschlaggebende Rolle. Auf der Website der staatlichen Stiftung *Russkij mir*, die im Ausland die „große" russische Kultur und die Ideologie der „Russischen Welt" verbreiten soll, zitiert eine Musikjournalistin den sowjetischen Bildhauer Sergej Konenkov mit den Worten:

> Rachmaninov hatte eine qualvolle Sehnsucht nach seiner Heimat, und das Bewusstsein des von ihm begangenen Fehlers bedrückte ihn mit den Jahren zusehends. Das Heimatgefühl lebte immer in ihm, es erlosch nie. Er interessierte sich brennend für alles, was aus der Sowjetunion kam, und sein Interesse an seiner erneuerten Heimat war aufrichtig und tief. Ich bin überzeugt, dass hierauf auch die allmähliche Rückkehr der Schaffenskraft von Sergej Vasil'evič zurückzuführen ist, der in den 1930er Jahren solche Kompositionen schuf wie die „Russischen Lieder",[37] seine Rhapsodie über ein Thema von Paganini und insbesondere die 3. Symphonie, die Boris Asaf'ev „zutiefst russisch" nannte.[38]

---

[31] Richard Taruskin: Tales of Push and Pull, in: Musical Lives and Times Examined. Keynotes and Clippings, 2006–2019. Oakland 2022, S. 319–327, hier S. 321f.

[32] Fairclough, Classics [Fn. 1], S. 186f.

[33] So etwa der Schauspieler und künstlerische Leiter des Moskauer Theaters der Nationen Evgenij Mironov, der nach dem Überfall Russlands auf die Ukraine eine Anti-Kriegs-Petition unterzeichnet hatte. Wenige Monate später reiste er in den Donbass und nach Mariupol', um dem Staat seine Loyalität zu bekunden. Kritikovavšij specoperaciju Evgenij Mironov uvidel pravdu Mariupolja i vse ponjal: „Ja dolžen ljudjam pomoč". Komsomol'skaja Pravda, 2.6.2022, <www.kp.ru/daily/27399/4596760/>.

[34] Fairclough, Classics [Fn. 1], S. 187–191.

[35] Anatolij Solovcov: S.V. Rachmaninov. Moskva, Leningrad 1947, S. 35f.

[36] Tamara Levaja: Sergej Rachmaninov v zerkale otečestvennoj muzykal'noj publicistiki, in: Muzykal'naja akademija, 3/2003, S. 167–171, hier S. 169.

[37] In Rachmaninov Werkverzeichnis finden sich keine „Russischen Lieder". Möglicherweise sind die *Troi chansons russes* für Chor und Orchester gemeint, die allerdings bereits 1926/1928 entstanden.

[38] Anna Genova: Sergej Rachmaninov: „Ja – russkij kompozitor". Russkij mir, 1.4.2023,. Asaf'ev war ein sowjetische Komponist und Musikwissenschaftler.

In diesem Aufsatz darf die Rachmaninov-Notiz natürlich nicht fehlen, die dieser angeblich einer seiner großzügigen Überweisungen an die sowjetische Armee beigefügt habe:

> Von einem Russen zur Unterstützung des russischen Volks in seinem Kampf gegen den Feind. Ich will an den vollständigen Sieg glauben, ja ich glaube an ihn.[39]

Im selben Grundton beschwört Denis Macuev, Pianist, Rachmaninov-Interpret und Vorsitzender der Rachmaninov-Stiftung, den tiefsitzenden Patriotismus des Komponisten:

> [Rachmaninov] konnte sich selbst nicht ohne Russland vorstellen. In all den Jahren der Emigration verging kein Tag, an dem er nicht an seine Heimat, an sein [Dorf] Ivanovka [...] gedacht hätte. [...] Rachmaninov konnte sich bis zu seinem Ende nicht [...] mit diesem Verlust abfinden. [...] In seinen Werken fand er durch sein Leiden, durch die innere Tragödie das Licht, das siegt [...]. Rachmaninov wird heute mehr denn je gebraucht.

Auch das musikalische Idiom ausgewählter Kompositionen wie etwa der 1. Symphonie, in der Rachmaninov auf Elemente der russischen Volksmusik und Musik der Sinti und Roma zurückgriff,[40] bietet den Verantwortlichen aus dem Musikbetrieb und der Kulturpolitik einen musikalischen Ansatzpunkt, um Rachmaninov zum Komponisten zu erklären, der den „russischen Nationalcharakter" ausgedrückt habe.

> Russische Musik und die Musik Sergej Rachmaninovs bereichern zweifellos den kulturellen Code des russischen Menschen. Sie sind ein Mittel, um seine persönlichen Qualitäten, seine geistige Welt zu formen. Rachmaninov sagte von sich: „Ich bin ein russischer Komponist und meine Heimat hat meinen Charakter und meine Ansichten geprägt. Meine Musik speist sich aus meinem Wesen und deswegen ist sie russische Musik."[41]

Manche Beobachter heben vor allem die religiöse und spirituelle Ausrichtung einiger Kompositionen Rachmaninovs hervor, der sich von den Liturgien des russisch-orthodoxen Christentums inspirieren ließ.[42] Dies passt wunderbar dazu, dass die Russische Orthodoxe Kirche heute uneingeschränkt zu Russlands Präsident Putin und seinem Kriegskurs steht und die staatliche Kriegspropaganda fester Bestandteil öffentlicher Verlautbarungen der Kirchenleitung und kirchlicher Predigten ist.[43]

---

[39] Ebd.

[40] Artem Ljachovič: Rachmaninov i nacional'nyj romantizm, in: Muzykal'naja akademija, 1/2018, S. 14–21, hier S. 18f.

[41] Muzykal'nyj festival' „Denis Macuev predstavljaet: Dialog pokolenij." K 150-letiju S.V. Rachmaninova, <https://фондкультурныхинициатив.рф/public/application/item? id=7e1c17a8-d934-4b17-8303-577b7b0ca532>.

[42] Valerij Poljanskij: Ispolnjaja muzyku Rachmaninova, ja oščuščaju ego nezrimoje prisustvie, 25.7.2023, <https://muzlifemagazine.ru/valeriy-polyanskiy-ispolnyaya-muzyku-ra/>.

[43] Reinhard Flogaus: „Heiliger Krieg" und „Katechon" Russland. Das Moskauer Patriarchat auf dem Weg in die Häresie, in diesem Heft, S. 61–75. – Joachim Willems: Ein Diener zweier Herrn. Patriarch Kirill und seine Kriegspredigten, in: Osteuropa, 3–4/2023, S. 221–234.

Die Tatsache, dass ausgerechnet diese religiös inspirierten Werke des Komponisten bis in die späten 1980er Jahre auf sowjetischen Bühnen nicht aufgeführt werden durften, bleibt in der heutigen Rezeption unerwähnt. Der künstlerische Leiter der Staatlichen Symphoniekapelle Russlands, Valerij Poljanskij, wendet diese Tatsache ins Positive: Im Interview mit der Fachzeitschrift *Muzykal'naja žizn'* erinnert er sich, wie 1986 der heutige Patriarch Kirill, damals Metropolit von Smolensk und Kaliningrad, seinem Chor in der Smolensker Kathedrale die Aufnahme zweier Kompositionen Rachmaninovs, nämlich von dessen *Vsenoščnoe bdenie* (Vigil/Nachtwache) und seiner Liturgie des heiligen Johannes Chrysostomos, ermöglicht habe.

Der 150. Geburtstag Sergej Rachmaninovs wurde 2023 in Russland im großen Stil gefeiert. Konzerte mit seiner Musik fanden in vielen Städten Russlands statt, auch in solchen, mit denen der Komponist verbunden war, die aber aufgrund fehlender Infrastruktur kaum dafür geeignet sind, so sein Landgut Ivanovka im Gebiet Tambov. Einen kleinen Abstecher machte die vom Russländischen Staatlichen Musikmuseum konzipierte Ausstellung „Sergej Rachmaninov: Ich bin ein russischer Komponist" nach Deutschland, wo sie im Russischen Haus in Berlin gezeigt wurde. Die Eröffnung der Ausstellung in Berlin am 27. März 2023 erfolgte in Anwesenheit des Direktors des Musikmuseums, Michail Bryzgalov, und des russländischen Botschafters in Deutschland, Sergej Nečaev.[44] Gleichzeitig gastierte die Ausstellung im Deutsch-Russischen Kulturinstitut in Dresden. Zuvor war sie bereits in Baden-Baden, Wien, Paris, Rom, Brüssel, Colombo, Buenos Aires und anderen Städten zu sehen gewesen.

Während Russland in der Ukraine Krieg führt und zahlreiche westliche Staaten darauf mit einem Bündel von Sanktionen und der Aussetzung von Kulturbeziehungen reagiert haben, wird Rachmaninovs Leben und Werk in Russland institutionalisiert. Im Sommer 2022 hob der bereits erwähnte Pianist Denis Macuev in seiner Funktion als Vorsitzender der Rachmaninov-Stiftung mit Rückendeckung der offiziellen Kulturpolitik die „Rachmaninov-Competition" aus der Taufe. Macuev hält Rachmaninov neben Čajkovskij für „die" russische Ikone, die es zu bewahren und zu kultivieren gelte.[45] Offensichtlich ist der Rachmaninov-Wettbewerb als Pendant zum internationalen Čajkovskij-Wettbewerb gedacht, der alle vier Jahre stattfindet. Die „Rachmaninov-Competition" wird von regimenahen Musikern wie dem Komponisten Aleksandr Čajkovskij, dem Dirigenten Valerij Gergiev und Valerij Poljanskij organisiert. Doch vor allem die Mitwirkung international bekannter Musiker, die eine Affinität zu Russland haben, soll dem Eindruck entgegenwirken, Russland sei durch den Krieg in der Ukraine isoliert: Ausländische Juroren waren im Jahr 2022 Maksim Mogilevskij, Christopher Chen, Frederick Kempf, Atsuhiko Gondai und Lui Shih-Kun.[46]

---

[44] Vystavka „Sergej Rachmaninov: Ja – russkij kompozitor" otkrylas' v Drezdene i Berline, 30.3.2023, <https://muzlifemagazine.ru/vystavka-sergey-rakhmaninov-ya-russ/>.

[45] Poljanskij, Ispolnjaja muzyku Rachmaninova [Fn. 42].

[46] Der Pianist Maksim Mogilevskij (1968) entstammt einer russisch-jüdischen Musikerdynastie, ist heute belgischer Staatsangehöriger und nimmt seit Mitte der 2000er Jahre wieder aktiv am Musikleben Russlands teil. – Christopher Chen ist ein australischer Dirigent. Nach Assistenz-Aufträgen in den USA und Finnland ist er überwiegend in China und anderen fernöstlichen Ländern tätig. – Frederick (Freddy) Kempf, geb. 1977, ist ein englischer Pianist mit deutsch-japanischen Wurzeln und ein Nachfahre des deutschen Pianisten und Komponisten Wilhelm Kempff. Kempf belegte 1998 den dritten Platz beim Čajkovskij-Wettbewerb in Moskau. – Atsuhiko Gondai ist ein japanischer Komponist, der seit einigen Jahren mit Jurij Bašmet kooperiert. – Lui Shih-Kun (1939) ist ein chinesischer Pianist. Liu studierte bei Samuil Fejnberg

Die Russische Post feiert den 150. Geburtstag von Sergej Rachmaninov, März 2023

Ausgeschrieben wird der Rachmaninov-Musikwettbewerb in drei Kategorien: Interpretationskunst (Klavier), Komposition und Dirigieren. Bei der Ankündigung des Wettbewerbs wurde besonderer Nachdruck auf die Zahl und Herkunft der eingereichten Bewerbungen gelegt: 530 Anträge aus 33 Ländern: „Olympische Spiele der besonderen Art im Kunstbereich".[47] Obwohl Musikerinnen und Musiker, die in Russland ausgebildet wurden, die meisten Auszeichnungen gewannen, waren unter den Preisträgern auch Ausländer, für die sogar ein sechster Preis eingeführt wurde, um die Internationalität des Wettbewerbs zu unterstreichen.[48] Einige dieser ausländischen Musiker sind nun in Russlands Musikbetrieb tätig, so der französische Dirigent Clément Nonciaux (geb. 1992), der in Berlin ausgebildet wurde und beim Rachmaninov-Wettbewerb einen zweiten Preis errang.

Nonciauxs Engagement in Russland fällt mit der gestiegenen Nachfrage nach Dirigenten zusammen, denn nach Beginn des massiven Angriffskriegs haben etliche namhafte Orchesterleiter wie Vladimir Jurovskij, Vasilij Petrenko, Tugan Sochiev, Valentin Urjupin und Andrej Borejko Russland den Rücken gekehrt. Nonciaux ist in ganz Russland auf Tournee und dirigiert – mitunter in Begleitung von Denis Macuev – verschiedene

---

und wurde 1958 beim ersten Čajkovskij-Wettbewerb in Moskau mit einem zweiten Preis ausgezeichnet.

[47] Olga Ljubimova: Talant ne imeet nacional'nosti, 15.6.2022,
<https://muzlifemagazine.ru/talant-ne-imeet-nacionalnosti/>.

[48] Aleksandr Kulikov: Pobeditelej (ne) sudjat. Zaveršilos' fortepiannoe sorevnovanie meždunarodnogo konkursa imeni S.V. Rachmaninova. muzlifemagazine.ru, 27.6.2022,
<https://muzlifemagazine.ru/pobediteley-ne-sudyat/>.

Klangkörper an den bedeutendsten Häusern Moskaus.[49] Die Presse bezeichnet Nonciaux als Vermittler zwischen der russischen und der französischen Kultur sowie als leidenschaftlichen Kenner und Interpreten der russischen Musik. Die Ansichten, die Nonciaux teilt, bedienen erstaunlich gut die heutigen nationalistischen Einstellungen, etwa zum Leben und Schaffen Rachmaninovs:

> Rachmaninovs Leben war sehr bewegend, auch nachdem er nach Amerika emigriert war. Wie sehr hat er dort seine Heimat vermisst. Wenn ich seine Werke dirigiere, spüre ich diese Sehnsucht.[50]

Ob es sich dabei um eine tatsächliche Aussage des Dirigenten handelt, bleibt unklar, denn es ist nicht ersichtlich, in welcher Sprache derartige Interviews geführt werden und wie es um die Übersetzung und die redaktionelle Bearbeitung steht.

Nonciauxs Haltung in Interviews ist betont apolitisch. Mit Politik beschäftige er sich nie. Doch einige Bemerkungen, etwa gegenüber der *Literaturnaja gazeta*, offenbaren das Gegenteil. Damit gießt er Wasser auf die Mühlen jener Polittechnologen und Staatsideologen im heutigen Russland, die zu gerne vom „verrottenden Westen" sprechen:

> Ich habe den Eindruck, dass es in Russland noch immer ein Interesse an Frankreich gibt, sogar eine Art Wunschbild von allem Französischen, eine Erwartung an das, was es in der Wirklichkeit nicht gibt. Vielleicht wäre es besser, wenn die Russen von Reisen nach Frankreich absehen würden, damit dieses Wunschbild erhalten bleibt.[51]

Auch die Karriere von Jeremy Nathan Walker (geb. 1992), der ebenfalls am Rachmaninov-Wettbewerb in der Kategorie Dirigieren teilgenommen hatte, jedoch vor dem Finale ausgeschieden war, nahm dank der enormen Nachfrage nach Musikern aus dem europäischen Ausland, die bereit sind, in Russland aufzutreten, Fahrt auf. Die Berichterstattung über ihn ist auffallend positiv. Walker sei „offen" und „fröhlich", ganz ohne die berüchtigte Geziertheit und Kälte eines Engländers, kurz, ein Inbegriff der russischen „ehrlichen Seele".[52]

Ein weiterer Dirigent, der regelmäßig mit Orchestern in Russland arbeitet, ist der Italiener Alessandro Cadario (geb. 1979). Der Erste Gastdirigent des Mailänder Orchesters *I Pomeriggi Musicali* hat bereits mehrfach mit dem Orchester des Mariinskij-Theaters in St. Petersburg, dem Russländischen Nationalorchester und dem Staatlichen Symphonieorchesters der Republik Tatarstan konzertiert. Über sein Engagement in Russland erzählt Cadario möglichst allgemein, ohne mit einem Wort die politische Lage in Russland zu streifen:

---

[49] 2023 und 2024 gab es Auftritte im Čajkovskij-Konzertsaal der Moskauer Philharmonie, an der Neuen Oper und am Moskauer Konservatorium. Hinzu kamen Dirigate u.a. in Krasnojarsk, Novosibirsk, Tjumen' und Kazan'. <www.clementnonciaux.com/calendar>.

[50] Kleman Nonsje (Clement Nonciaux): Russkaja kul'tura vdochnovljaet menja. Muzlifemagazine.ru, 2.7.2022, <https://muzlifemagazine.ru/kleman-nonsyo-russkaya-kultura-vdokhn/>.

[51] „Russkij mir otkryl mne vse svoi dveri". Ljuboznatel'nyj francuz c barchatnoj rukoj. Literaturnaja gazeta, 29.9.2023, <https://lgz.ru/article/russkiy-mir-otkryl-mne-vse-svoi-dveri/>.

[52] „Džeremi Uolker [Jeremy Walker]: Neobchodimo ispolnjat' muzyku, kotoruju pišut prjamo segodnja", 24.3.22, <https://muzlifemagazine.ru/dzheremi-uolker-neobchodimo-ispolnyat/>.

Es ist mir ein Vergnügen, mit Konzerten hierher zurückzukehren. [...] Ich kann
mir mein Leben ohne russische Musik schwer vorstellen. [...] Über das uner-
messliche Russland lässt sich stundenlang sprechen. [...] Russlands Dirigentenschule hat mich immer interessiert – Namen wie Jurij Temirkanov oder Valerij Gergiev.[53]

Nicht zum ersten Mal in Russlands Musikgeschichte genießen ausländische Dirigenten
viel Aufmerksamkeit. Erinnert sei an die Jahre 1933 bis 1937. Damals flüchteten jüdische, auch kommunistisch gesinnte, deutsche, österreichische und ungarische Dirigenten und Musiker wie Peter Hermann Adler, Fritz Stiedry, Eugen Szenkar und andere vor
den Nationalsozialisten und ihren Verbündeten in die Sowjetunion und genossen dort
für kurze Zeit eine relative Sicherheit.[54] Ihr Engagement in der Sowjetunion stand zwar
unter anderen Vorzeichen, doch die Sowjetunion nutzte die Präsenz dieser Künstler propagandistisch aus.
Das Putin-Regime versucht heute, sich in diese Tradition zu stellen. Dabei schrecken
Kulturfunktionäre nicht vor einer Rhetorik der Heuchelei zurück, wenn sie in Zeiten des
Krieges mit der Ukraine und der Konfrontation mit dem Westen gemeinsame „humanis-
tische Werte" und den „internationalen kulturellen Zusammenhalt" beschwören. So be-
teuerte Russlands Kulturministerin Ol'ga Ljubimova aus Anlass des 9. Internationalen
Kulturforums in St. Petersburg im November 2023:

Der eigentliche Sinn unseres Austauschs ist nicht die *cancel culture*, sondern
die Kultur des Zusammenhalts. Das ist sehr wichtig. Wir wollen uns nicht mit
Politik, sondern mit einer allen gemeinsamen kulturellen humanistischen Ta-
gesordnung beschäftigen [...].
Den Weggang einiger Regisseure und Dirigenten können wir nicht bestreiten.
Davor sollten wir nicht die Augen verschließen. Aber ich denke, es ist viel
wichtiger, dass jede Herausforderung, jede Prüfung im Leben eines Menschen
wie auch im künstlerischen Umfeld einerseits eine Art Stress, andererseits eine
Gelegenheit für Aufbrüche, unerwartete Debüts und die Suche nach neuen Namen ist. [...] Deshalb müssen wir uns alle darüber im Klaren sein, dass keine
personelle Veränderung die Kultur als Ganzes beeinträchtigen kann.[55]

Die Bedeutung der hofierten ausländischen Dirigenten und Interpreten für das Musikleben in Russland von heute ist ähnlich wie die in den 1930er Jahren. Jeweils sollen sie
die Lücken füllen, welche die Emigranten und Flüchtlinge rissen, die sich den Wirren
der Revolution bzw. dem Krieg gegen die Ukraine und den Repressionen gegen die eigene Bevölkerung zu entziehen versuchten. Allerdings war der Gewinn von damals

---

[53] Alessandro Kadario: Kompozicija očen' važna v dirižerskom iskusstve, 6.5.2023,
    <https://muzlifemagazine.ru/alessandro-kadario-kompoziciya-ochen/>.
[54] Die Aufarbeitung der musikalischen Emigration in die Sowjetunion begann Anfang der 1990er
    Jahre. Eckhard John: Vom Traum zum Trauma. Musiker-Exil in der Sowjetunion, in: Hanns-
    Werner Heister, Claudia Maurer Zenck, Peter Petersen (Hg.): Musik im Exil. Folgen des Na-
    zismus für die internationale Musikkultur. Frankfurt/Main 1993, S. 255–278.
[55] Ol'ga Ljubimova: dialog na forume v Sankt-Peterburge budet posvjaščen kulture ob"edinenija,
    <https://tass.ru/interviews/19276273>.

anders zu bemessen als der heutige: Während damals die ausländischen Musikschaffenden in der Sowjetunion nicht nur Zuflucht fanden, sondern als ausgewiesene Experten und Wissensvermittler fungierten und ein neues Repertoire in die Sowjetunion brachten, zeichnen sich die heutigen ausländischen Künstler fast ausschließlich durch eine loyale oder opportunistische Einstellung zur politischen Lage in Russland aus.

Die ausländischen Musiker und Dirigenten, die heute, in Zeiten des von Russland vom Zaun gebrochenen chauvinistischen Angriffskrieges, ins Land kommen, spielen eine wichtige Rolle in Russlands Innen- und Kulturpolitik. Sie wirken mit an der Aufrechterhaltung der vermeintlichen Normalität und Offenheit des Landes. Hier seien neben dem bereits erwähnten Hans-Joachim Frey, der hinter fast allen großen Musikveranstaltungen in Russland steht, drei deutsche Musiker – der Pianist Justus Frantz,[56] der Cellist Benedict Klöckner[57] und die Sopranistin Simone Kermes[58] – oder auch der südafrikanisch-niederländische Dirigent Conrad van Alphen genannt.[59] Ihre Bedeutung ist nicht auf das Musikleben Russlands begrenzt. Sie genießen auch im Ausland hohes Ansehen.[60] Ein Sonderfall ist der Dirigent Teodor Currentzis (geb. 1972). In St. Petersburg als Schüler Il'ja Musins (1903–1999) ausgebildet, machte er in Russland als griechischer Repräsentant der russischen Dirigentenschule Karriere und wurde zu einem arrivierten Teil des russländischen Musikestablishments. Diese „russische Dirigentenschule", die in der internationalen Musikwelt als anerkannte Größe gilt, wird unkritisch wahrgenommen.[61] Schließlich hat sie eine hybride Identität: Die Vorbilder dieser „russischen" Schule waren in erster Linie Deutsche und Österreicher. Il'ja Musin lernte das Dirigieren bei Nikolaj Mal'ko (1883–1961), einem Schüler des Österreichers Felix Mottl (1856–1911), sowie Aleksander Gauk (1893–1963), einem Schüler Nikolaj Čerepnins (1873–1945), und verfeinerte seine Fertigkeiten als Assistent des erwähnten Fritz Stiedry (1883–1968), der von 1933 bis 1937 das Leningrader Philharmonieorchester leitete. Russlands Medien berichten aufmerksam darüber, dass Currentzis in einigen EU-Staaten bis heute Anerkennung genießt und dort mit seinem Orchester *musicAeterna* auftritt:

---

[56] Pianist Justus Frantz verteidigt Engagements in Russland, in: Neue Musikzeitung, 4.12.2023, <www.nmz.de/menschen/pianist-justus-frantz-verteidigt-engagements-russland>.

[57] V Kazani otkryvaetsja festival' „Rachlinskie sezony", 10.4.2024, <https://muzlifemagazine.ru/v-kazani-otkryvaetsya-festival-rakhl/>.

[58] Simona Kermes: Važno krasivo i pravil'no proživat' každyj moment svoej žizni, 18.1.2023, <https://muzlifemagazine.ru/simona-kermes-vazhno-krasivo-i-pravil/>.

[59] V Kazani prochodit XII Meždunarodnyj festival' „Rachlinskie sezony". Ministerstvo kul'tury Respubliki Tatarstan, 23.4.2023, <https://mincult.tatarstan.ru/index.htm/news/2186900.htm>.

[60] Hans-Joachim Frey „exportierte" den SemperOpernball ins Ausland, zunächst nach St. Petersburg, wo er als „Dresdner Opernball" zweimal (2019 und 2021) stattfand. Es folgte im November 2022 in Dubai ein „Dresden Opera Ball", bei dem sich internationale Künstler wie Plácido Domingo, die lettische Sopranistin Marina Rebeka oder der deutsche Trompeter Otto Sauter mit Künstlern begrenzter Prominenz aus Russland wie dem Quintett des Jazz-Musikers Igor' Butman oder Fidan Damirova-Frey die Bühne teilten. Und in Dubai, dem neuen Mekka für reiche regimeloyale Russen, finden nun Musikfestivals für jene Zielgruppe statt. Siehe: <https://russianemirates.com/news/uae-news/v-dubaye-anonsirovali-programmu-drezdens-kogo-opernogo-bala/>.

[61] Vgl. etwa die Einschätzung des italienischen Dirigenten Alessandro Cadario in: Alessandro Kadario, Kompozicija očen' važna [Fn. 53].

Dirigent Teodor Currentzis und die musicAeterna in New York, 2019
Foto: Alexandra Muraveva/CC BY-SA 4.0

„[E]s ist das „einzige russische Orchester, das heute im Westen empfangen wird".[62] Ebenso aufmerksam verfolgen sie, wenn Festspiele oder Konzertveranstalter in der EU sich aufgrund von Currentzis' Nähe zum Putin-Regime dagegen entscheiden, ihn einzuladen.[63] Mit ähnlicher Hingabe wird jeder Auftritt des Dirigenten in Russland kommentiert. Regelmäßig führt Currentzis Meisterklassen an den führenden Musikhochschulen des Landes durch. Dadurch bildet sich ein Kreis von Musikern, die durch ihn und seine Orchester auch im Ausland ihren Durchbruch feiern.[64]

Für Russlands Kulturpolitik und einschlägige Medien ist jedes Engagement eines russischen Künstlers im Westen Anlass zu propagandistischem Stolz, verspricht man sich davon doch eine Steigerung des internationalen Ansehens des Landes.[65] Auch das

---

[62] Marina Gajkovič: Devjataja simfonija Bruknera ko dnju roždenija orkestra MusicAeterna, 4.2.2024, <www.ng.ru/culture/2024-02-04/6_8939_moscow.html>. – Teodor Kurentzis debjutiruet s orkestrom Koncertgebau, 17.1.2023, <https://muzlifemagazine.ru/teodor-kurentzis-debyutiruet-s-orkest/>.

[63] Venskij festival' otmenil vystuplenie Kurentzisa posle obraščenija Oksany Lyniv, 14.2.2024, <https://muzlifemagazine.ru/venskiy-festival-otmenil-vystuplen/>.   –   Muzykal'noe soobščestvo Evropy snova raskololos' vo menii nasčet Kurentzisa, 19.7.2023, <https://muzlifemagazine.ru/muzykalnoe-soobshhestvo-evropy-snova/>. – Teodor Kurentzis nominirovan na vysšuju avstrijskuju nagradu, 10.3.2023, <https://muzlifemagazine.ru/teodor-kurentzis-nominirovan-na-vyssh/>.

[64] Danil Postanogov: Solistka Permskoj opery pokorjaet Evropu s Teodorom Kurentzisom. Ura.ru, 10.8.2023, <https://ura.news/news/1052674594>.

[65] Vgl. beispielsweise: V Dubae sostojalsja koncert simfoničeskogo orkestra Jurija Bašmeta. TASS, 23.4.2024, <https://tass.ru/kultura/20620723>. – V Brjussele v Russkom dome prošel prazdničnyj koncert ko Dnju Rossii. TASS, 14.6.2024, <https://tass.ru/kultura/21094663>. – V Italii ljubjat russkuju kul'turu, no zapret poka ne snjat. Russkij mir, 13.11.2023,

erinnert an das Wirken der sowjetischen *Allunionsgesellschaft für kulturelle Verbindungen mit dem Ausland* (VOKS), die den Auftrag hatte, im Ausland Konzerte mit sowjetischer Musik zu organisieren, um dadurch „eine günstige gesellschaftliche Lage zur Unterstützung des politischen Kurses der sowjetischen bevollmächtigten Vertretungen" zu erzielen und „die Intelligenz der kapitalistischen Staaten" für die Sowjetunion zu gewinnen.[66]

Auf typische Weise kommentiert heute die Leiterin des Russischen Hauses in Luxemburg, Marina Bočarova, eine durch mehrere westeuropäische Länder führende Konzertreise russländischer Solistinnen und Solisten:

> Das Erbe russischer Komponisten und das überragende Niveau der russländischen Vortragskunst sind die Visitenkarte unseres Landes in der Welt. Uns war es wichtig, unser Publikum in Luxemburg am Vorabend des Tages Russlands (Den' Rossii) noch einmal daran zu erinnern. Die Musik Čajkovskijs, Rimskij-Korsakovs und Prokof'evs ist unverwechselbar. Und in der heutigen Darbietung durch junge Solisten, deren Begabung in Wettbewerben im In- und Ausland Anerkennung findet, klang sie zeitgemäß und aktuell.[67]

Russlands Medien greifen Erfolge russischer Musikerinnen und Musiker in Europa und in den USA gerne auf.[68] Jeden kritischen politischen Unterton lassen sie geflissentlich weg.[69]

Schlagwörter:
Musik, Propaganda, Dmitrij Šostakovič, Sergej Rachmaninov, Ukrainekrieg

---

<https://russkiymir.ru/publications/319805/?sphrase_id=1633197>.

[66] Zentrales Staatsarchiv der Oktoberrevolution (CGAOR SSSR), f. 5283, op. 1, d. 100, Bl. 118. Zit. nach Geiger, Musik unter Putin [Fn. 9], S. 309f. Den bevollmächtigten Vertretungen entsprechen heute die Botschaften.

[67] V Ljuksemburge prošel koncert russkoj klassičeskoj muzyki. TASS, 8.6.2024, <https://tass.ru/kultura/21045339>.

[68] Marija Babalova: Soprano Dar'ja Brusova i pianist Mark Vaza vyigrali konkurs IVC v Niderlandach. RG.ru, 23.10.2023, <https://rg.ru/2023/10/24/pobedili-duetom.html>.

[69] Rossijskaja violončelistka stala laureatom germanskoj muzykal'noj premii. TASS, 19.1.2024, <https://tass.ru/kultura/19769633>. Die Preisträgerin, die Cellistin Anastasija Kobekina, bekannte sich öffentlich als Gegnerin des Putin-Regimes und des Angriffskriegs auf die Ukraine. Russische Cellistin: „Man kann sich sein Heimatland nicht aussuchen. Ich bin gegen die Politik des derzeitigen Regimes". Zofinger Tagblatt, 19.4.2023, <www.zofingertagblatt.ch/russische-musiker-und-musikerinnen-ich-habe-kein-recht-ueber-das-verhalten-von-inhabern-dieses-oder-eines-anderen-passes-zu-diskutieren/>.

Geometrie der Nation
Geschichte und Gegenwart der Ukraine

OSTEUROPA 12/2023, 208 Seiten, 14 Abbildungen, 4 Karten, 24.- €

Irina Rebrova

Gekapert und ideologisiert

Eine Ausstellung über NS-Opfer in Russland

Die Wanderausstellung „Pomni o nas . . .“ („Erinnere dich an uns . . .“)
über den nationalsozialistischen Massenmord an Menschen mit Behinderungen im Nordkaukasus 1942/1943 sollte der Öffentlichkeit in Russland
das Schicksal einer kaum beachteten Opfergruppe ins Bewusstsein rufen.
Sie wurde von 2018 bis 2021 in Russland gezeigt. 2022 kam es zur „feindlichen Übernahme“ der Ausstellung durch eine russländische Stiftung.
Diese verdrehte die Inhalte: Nun soll die Ausstellung das Narrativ vom
„Genozid am sowjetischen Volk“ verbreiten und vor dem Hintergrund von
Russlands Krieg gegen die Ukraine das „verbrecherische“ Wesen des
„faschistischen“ Feindes illustrieren.

Dass die Geschichte eine „politische Prostituierte“ sei, vernahm ich Anfang der 2000er
Jahre an einer Universität in Russland aus dem Munde eines Professors für Russländische Geschichte des 20. Jahrhunderts. Damals verband ich wenig mit dem Begriff
„politische Prostituierte“. Erst später wurde mir klar, dass die Bolschewiki ihn im vor-
und nachrevolutionären Russland verächtlich auf politische Gegner anwandten.[1] Bezogen auf das, was heute in Russland geschieht, ist die Feststellung dieses Hochschulleh-
rers aktueller denn je. Geschichte dient dem Staat als politisches Instrument zur Förderung des Patriotismus, zur Mobilisierung der Nation im Kampf gegen den äußeren
„Feind“ und zur Konsolidierung der Macht des Regimes. Zu diesem Zweck werden
Schulbücher umgeschrieben, propagandagetränkte „patriotische“ Dokumentar- und
Spielfilme produziert und von der offiziellen geschichtspolitischen Linie abweichende
Bücher aus dem Verkehr gezogen. In der staatlichen Erinnerungspolitik spielen der
„Große Vaterländische Krieg“ 1941–1945 und der große Sieg des sowjetischen Volkes
über den „Faschismus“ die zentrale Rolle. Dieses geschichtliche Ereignis ist im kol-
lektiven Bewusstsein der Bevölkerung Russlands tief verankert.[2]

Irina Rebrova (1979), Dr. phil., Historikerin, wissenschaftliche Mitarbeiterin am Zentrum für
Antisemitismusforschung der TU Universität Berlin, Alfred Landecker-Lecturer

[1] Weite Verbreitung erlangte der Begriff durch den Film *Lenin v Oktjabre* (Lenin im Oktober;
1937) von Michail Romm. In einer Szene äußert Lenin, nachdem er einen Artikel von Lev
Kamenev und Grigorij Sinov'ev in der menschewistischen Zeitung *Novaja Žizn'* gelesen hat:
„Sehen Sie, Genosse Vassilij, wie diese Scheinheiligen, diese politischen Prostituierten uns im
Stich gelassen haben. Sie haben die Partei und die Pläne des Zentralkomitees verraten!“ Poli-
tičeskie prostitutki, in: Vadim Serov (Hg.): Enciklopedičeskij slovar' krylatych slov i vyraženij.
Moskva 2005, <www.bibliotekar.ru/encSlov/15/127.htm>.

[2] Lev Gudkov: Die Fesseln des Sieges. Russlands Identität aus der Erinnerung an den Krieg, in:
Ders: Wahres Denken. Analysen, Diagnosen, Interventionen. Berlin 2017 [= Edition OSTEU-
ROPA 2], S. 75–98.

OSTEUROPA, 74. Jg., 5/2024, S. 185–196   doi: 10.35998/oe-2024-043

Seit Anfang der 2010er Jahre haben die immer schon pompösen Feiern zum Tag des Sieges am 9. Mai in der Russländischen Föderation einen nahezu sakralen Charakter angenommen. In einem wahren „Siegeswahn" (pobedobesie)[3] geraten solche Veranstaltungen in Russland zu einer Art politischer „Katharsis", bei der die Teilnehmer zu einem unkritischen Kollektiv verschmelzen und die historische Essenz in den Hintergrund rückt. Ende 2018 initiierte die im Jahr 2013 gegründete Organisation „Poiskovoe dviženie Rossii" (Suchbewegung Russlands), die sich unter anderem um die Suche und Identifizierung gefallener sowjetischer Soldaten aus dem Zweiten Weltkrieg kümmert und zu einem wichtigen geschichtspolitischen Akteur in Russland geworden ist, das Projekt „Bez sroka davnosti" (Ohne Verjährungsfrist).[4] Es wird vom Staat gefördert und hat sich zu einem Sprachrohr des Regimes entwickelt. Ein Ziel dieser geschichtspolitischen Kampagne ist es,

> die historische Erinnerung an die Tragödie der Zivilbevölkerung der UdSSR, der Opfer der Kriegsverbrechen der Nazis und ihrer Komplizen während des Großen Vaterländischen Krieges zu bewahren.[5]

Insbesondere dient sie dazu, die Verbrechen der deutschen Besatzer als „Genozid am sowjetischen Volk", „Genozid an den Völkern der Sowjetunion" oder „Genozid an den slawischen Völkern" zu interpretieren.[6] Damit soll die Heldenerzählung vom „Großen Vaterländischen Krieg" mit der Anerkennung des unikalen Opferstatus der sowjetischen Bevölkerung in Einklang gebracht werden.

Im Rahmen des Projekts „Ohne Verjährungsfrist" sind gut zwei Dutzend Sammelbände mit Dokumenten zu NS-Verbrechen auf dem Gebiet der Russländischen Sozialistischen Föderativen Sowjetrepublik (RSFSR), geordnet nach einzelnen Regionen, erschienen.[7] Die Geschichte des Holocaust in den besetzten Gebieten der RSFSR, die dank der Arbeit lokaler Historikerinnen und Historiker sowie von Mitgliedern jüdischer Gemeinden seit den 1990er Jahren recht gut erforscht ist,[8] wird kaum thematisiert, obwohl die Bände Quellen zur systematischen Vernichtung der Jüdinnen und Juden enthalten. Dafür gibt es in vielen Bänden ein separates Kapitel „Die Vernichtung von Bürgern in Krankenhäusern und anderen medizinischen Einrichtungen", in dem Quellen zum Massenmord

---

3　Der pejorative Begriff „pobedobesie" („Siegeswahn, -besessenheit") wurde 2005 von dem Priester Georgij Mitrofanov als Reaktion auf den Pomp der Feierlichkeiten zum 60. Jahrestag des Sieges der UdSSR im „Großen Vaterländischen Krieg" geprägt und fand im russischsprachigen Internet weite Verbreitung, umso mehr nach Russlands Annexion der Krim 2014 und dem Beginn des Krieges in der Ostukraine.

4　Zur Organisation: <https://rf-poisk.ru/informaciya-o-dvizhenii.html>.

5　<https://безсрокадавности.рф/o-nas/istoriya-proekta/>.

6　Bez sroka davnosti <https://безсрокадавности.рф/category/news/?order_by=term&term_id=35>. – Genocid narodov SSSR. Sudebnye rešenija o priznanii genocida narodov SSSR, in: Nauka. Obščestvo. Oborona, <www.noo-journal.ru/genotsid-sovetskogo-naroda/>. Seit 2024 wird der Begriff „Genozid an den Völkern der Sowjetunion" in Russland mehr oder weniger offiziell gebraucht. Egor Jakovlev: Nacistskij genocid narodov SSSR. Neizvestnye stranicy. Moskva 2024.

7　<https://безсрокадавности.рф/biblioteka/sborniki-po-regionam/>.

8　Irina Rebrova: Re-Constructing Grassroots Holocaust Memory. The Case of the North Caucasus. Berlin, Boston 2020.

an dieser spezifischen NS-Opfergruppe, darunter vor allem Menschen mit Behinderungen, präsentiert und eingeordnet werden.

Bis vor wenigen Jahren war die Geschichte der systematischen Ermordung von Menschen mit Behinderungen auf dem Territorium der RSFSR unter deutscher Besatzung kaum erforscht und hatte keinen Platz in der offiziellen Erinnerung an zivile NS-Opfer. Erstmals wurde das Thema in der Wanderausstellung „Pomni o nas . . ." („Erinnere dich an uns...")[9] behandelt, die zwischen 2018 und 2021 in Russland gezeigt wurde. Diese Ausstellung, die auf Deutsch „Vergesst uns nicht . . ." heißt, beschäftigt sich zum einen mit dem Massenmord an Menschen mit geistigen und körperlichen Behinderungen sowie an jüdischen Ärztinnen und Ärzten unter der nationalsozialistischen Besatzung des Nordkaukasus und zum anderen mit der Erinnerung an diese Verbrechen.[10] Entgegen der ursprünglichen Intention der Kuratorin, eine bislang kaum beachtete Opfergruppe der NS-Herrschaft in Osteuropa in den Fokus zu rücken, wurde die Ausstellung 2022 von der russländischen Seite vereinnahmt und in den Dienst der neuen Doktrin vom „Genozid an den Völkern der Sowjetunion" und der „patriotischen" Erziehung der jungen Generation gestellt: Es handelt sich um den eklatanten Fall einer „Prostituierung" der Geschichte.

Das Ausstellungsprojekt „Pomni o nas . . ."

Die Suche nach Quellen für die Wanderausstellung zur Geschichte der Massentötungen von Menschen mit geistigen und körperlichen Behinderungen sowie von jüdischen Ärzten im südlichsten Teil der RSFSR 1942/1943 entpuppte sich als herausfordernde Aufgabe: Die offizielle Geschichtsschreibung in der Sowjetunion und in Russland hob aus der Masse der „friedlichen Sowjetbürger" nur sehr beschränkt spezifische Gruppen von NS-Opfern hervor. Die Ausstellung sollte wenigstens einem Teil der Abertausenden von vergessenen Opfern der deutschen Besatzungsherrschaft eine Stimme geben. Der Fokus richtete sich auf Opfer im medizinischen Sektor: auf ermordete Patientinnen und Patienten psychiatrischer Kliniken, Kinder mit körperlichen und geistigen Beeinträchtigungen, die in speziellen medizinischen Einrichtungen behandelt wurden, sowie jüdische Mediziner, die im Nordkaukasus unter deutsche Besatzung gerieten und Opfer des Holocaust wurden.[11]

---

[9] Der vollständige Ausstellungstitel der russischen Version lautet: „Erinnere dich an uns . . ." Eine Ausstellung, die dem Gedenken an die Patienten psychiatrischer Kliniken, Kindern mit Behinderungen und jüdischen Ärzten gewidmet ist, die während der nationalsozialistischen Besatzung des Nordkaukasus getötet wurden.

[10] Die Ausstellung wurde von der Verfasserin des vorliegenden Aufsatzes kuratiert. Sie ging hervor aus dem von der Stiftung „Erinnerung, Verantwortung und Zukunft" geförderten Projekt „Erstellung einer Wanderausstellung über vergessene NS-Opfer: Jüdische Ärzt:innen und behinderte Menschen unter NS-Besatzung des Nordkaukasus und in der (post-)sowjetischen Erinnerungskultur" <https://nsvictims.ru/>. Die deutschsprachige Version der Ausstellung „Vergesst uns nicht . . ." konzipierte Irina Rebrova 2020 am Museum Berlin-Karlshorst. Margot Blank, Jörg Morré, Irina Rebrova: „Vergesst uns nicht ...". Opfer deutscher Vernichtungspolitik im Nordkaukasus 1942/43. Berlin-Karlshorst. Berlin 2020.

[11] Blank, „Vergesst uns nicht . . ." [Fn. 10], S. 6.

Die Ausstellung umfasst zwei Teile. Der erste Teil stellt die allgemeine Geschichte der Massentötungen von Menschen mit geistigen Erkrankungen im Deutschen Reich im Rahmen der „Aktion T4"[12] und die NS-Politik gegenüber dieser Opfergruppe in den besetzten Gebieten der Sowjetunion dar. Einzelne Fälle veranschaulichen die massenhafte Tötung von erwachsenen und minderjährigen Patientinnen und Patienten psychiatrischer Kliniken in Rostov am Don, Krasnodar, Novočerkassk, Taganrog, Stavropol', Ejsk (Jejsk) und im Dorf Tret'ja Rečka Kočety sowie die Ermordung körperlich beeinträchtigter oder an Knochentuberkulose erkrankter Kindern in Novočerkassk, in Ejsk und im Kurort Teberda.[13] Nach neuesten Erkenntnissen wurden im besetzten Nordkaukasus etwa 2800 Menschen mit Behinderungen ermordet.[14] Daneben behandelt die Ausstellung das Schicksal jüdischer Mediziner, die dem Holocaust zum Opfer fielen. Sie erinnert zum einen an einheimische Ärzte aus den jüdischen Gemeinden in der Region, insbesondere aus Rostov am Don. Zum anderen richtet sich der Blick auf die in den Nordkaukasus evakuierten jüdischen Ärzte, beispielsweise aus der Medizinischen Hochschule in Stavropol' (1935–1943 Vorošilovsk).

Im zweiten Teil der Ausstellung liegt das Augenmerk auf der Art und Weise, wie in der Sowjetunion und im postsowjetischen Russland der Opfergruppen Patienten und Ärzte gedacht wurde und wird. In der UdSSR entstanden erst in den 1980er Jahren auf Initiative Einzelner schlichte Denkmäler zur Erinnerung an Menschen mit Behinderungen. Seit dem Zerfall der Sowjetunion und der Öffnung der Archive beteiligen sich Lokalhistoriker sowie Mitglieder der jüdischen Gemeinden – unter Billigung der örtlichen Behörden oder zumindest unbehindert von diesen – an dieser Erinnerungsarbeit. Die Ergebnisse sind in die Ausstellung eingeflossen.

Die Ausstellung „Pomni o nas . . ." wurde im Dezember 2018 eröffnet und bis Sommer 2021 in über 30 Städten in Russland gezeigt; nach offiziellen Angaben hatte sie über 70 000 Besucher.[15] Das Projekt war insofern einzigartig, als die Ausstellung nicht nur über die nationalsozialistischen Verbrechen an Menschen mit Behinderungen und an jüdischen Ärzten als Holocaust-Opfer informierte, sondern auch auf lokale Initiativen aufmerksam machte, die das Gedenken an diese Opfergruppen pflegen.

---

[12] Ernst Klee: „Euthanasie" im Dritten Reich. Die „Vernichtung lebensunwerten Lebens". Frankfurt/Main 2010. – Maike Rotzoll u.a. (Hg.): Die nationalsozialistische „Euthanasie"-Aktion „T4" und ihre Opfer. Geschichte und ethische Konsequenzen für die Gegenwart. Paderborn 2010. – Götz Aly: Die Belasteten. „Euthanasie" 1939–1945. Eine Gesellschaftsgeschichte. Frankfurt/Main 2013. – Brigitte Bailer, Juliane Wetzel (Hg.): Mass Murder of People with Disabilities and the Holocaust. Berlin 2019.

[13] Irina Rebrova (Hg.): „Pomni o nas . . .". Katalog vystavki, posvjaščennoj pamjati pacientov psichiatričeskich klinik, detej-invalidov i vračej-evreev, ubitych v period nacistskoj okkupacii Severnogo Kavkaza. Krasnodar 2019.

[14] Dazu die Karte der Tatorte in den besetzten Gebieten der RSFSR auf der Webseite „Pomni o nas . . .", <https://nsvictims.ru/russia/karta/>. – Einen Überblick über die Zahl der Opfer im Nordkaukasus bietet Irina Rebrova: People with Disabilities under the Nazi Occupation of the North Caucasus. Victims with(out) Memory in Soviet and Modern Russia, in: Grzegorz Rossoliński-Liebe (Hg.): Operation Barbarossa and its Aftermath. New Approaches to a Complex Campaign. New York, Oxford (im Erscheinen).

[15] <https://nsvictims.ru/russia/>, Abschnitt „O proekte".

Rezeption und Vermittlung der Ausstellungsinhalte in Russland

Die umfangreiche Medienberichterstattung über das Projekt deutet darauf hin, dass Russland allmählich Menschen mit Behinderungen als spezielle NS-Opfergruppe in seine offizielle Erinnerungspolitik einbezieht.[16] Die Gästebücher der Ausstellung sind voll mit Reaktionen und Gedanken von Besuchern. Das Ausstellungsthema war für viele Menschen neu, obwohl die Verbrechen der „Faschisten" an „friedlichen Sowjetbürgern" dank ständiger Wiederholungen in Russlands Medien natürlich im Bewusstsein der Bevölkerung verankert sind. Aus vielen Einträgen in den Gästebüchern spricht Empörung über die „ungeheuerlichen Verbrechen der Faschisten", die sich in ihrer Niedertracht gerade die Unschuldigsten und Schwächsten unter den „friedlichen sowjetischen Bürgern" zum Opfer erwählt hätten.[17] Hier wirkt weiterhin das sowjetische Gedächtnismodell, das jedoch auf neues, noch nicht reflektiertes Wissen angewandt wird. Viele Besucher begreifen die Kernaussage der Ausstellung nicht, machen sich nicht klar, dass diese Menschen mit Behinderungen von den nationalsozialistischen Besatzern nicht deswegen getötet wurden, weil sie besonders schwach waren und keinen Widerstand leisten konnten, sondern dass sie aus rassisch-ideologischen Motiven umgebracht wurden.

Die Ausstellungs-Guides in Russland gingen zunächst eher oberflächlich auf das Thema „Menschen mit Behinderungen und jüdische Mediziner als Opfer des NS-Besatzungsregimes" ein und erzählten stattdessen – entsprechend der offiziellen Erinnerungskultur – oftmals entweder Geschichten über die heroische Verteidigung der Heimatorte oder über die Ermordung von Partisanen und Kommunisten, die in der Sowjetunion zu lokalen Helden wurden. Um das Personal der Ausstellung besser zu schulen, entwickelte die Kuratorin der Ausstellung didaktische Materialien. 2019 erschien ein Ausstellungskatalog, der neben den Texten, die auf den Schautafeln der Ausstellung zu lesen waren, auch Aufsätze lokaler Historikerinnen und Historiker zu einzelnen Aspekten der Ausstellung enthielt. Der Katalog bot vertiefte Informationen, um Zusammenhänge besser verstehen zu können.[18] 2020 entstand ein Dokumentarfilm über die Ausstellung, der auf dem YouTube-Kanal des Projekts veröffentlicht ist.[19] Fortan wurde der Film in das offizielle Veranstaltungsprogramm am jeweiligen Ausstellungsort aufgenommen. 2021 wurden die Schautafeln der Ausstellung in Form von Informationsplakaten reproduziert, die regionale Museen, Bibliotheken und Vereine kostenlos nutzen können.[20] So war es möglich, die Ausstellung „Pomni o nas . . ." auch nach dem offiziellen Ende der Finanzierung des Projekts in verschiedenen

---

[16] Medienberichte in Russland <https://nsvictims.ru/geografia_demonstracii_vistavki/>. Die beliebteste Internet-Suchmaschine in Russland, yandex.ru, lieferte 2022 mehr als neun Millionen Ergebnisse für die Schlüsselwörter „exhibition remember about us", <https://yandex.ru/ search/?text=exhibition+remember+about+us&lr=177>.

[17] Die Inhalte verschiedener Gästebücher sind im Projektarchiv der Autorin festgehalten. Archiv des Projektes „Pomni o nas . . .".

[18] Rebrova, „Pomni o nas . . .". Katalog [Fn. 13].

[19] Videoėkskursija „Pomni o nas . . .", <https://youtu.be/wa5L2rtC5G4?si=MGneXFXVqnHFFKtl>; mit deutschen Untertiteln: <https://youtu.be/qsTCYhupArA?si=Z-LlVazYtjv4UTrR>.

[20] <https://nsvictims.ru/plakaty_pomni_o_nas/>.

Städten Russlands zu zeigen. Die Berichterstattung auf *Instagram* half, neue Ausstellungsorte finden.[21] Die Ausstellung gewann nach 2021 erheblich an Reichweite.

Vereinnahmung des Projekts

Mit der massiven Invasion Russlands in die Ukraine am 24. Februar 2022 kamen alle Aktivitäten zur Bewerbung der Ausstellung in Russland zum Erliegen: Instagram wurde verboten. Die Zusammenarbeit mit Museen und Bibliotheken wurde unmöglich, obwohl die öffentliche Resonanz auf die Ausstellung sehr positiv war. Einige regionale Experten von „Pomni o nas . . .“ stellten bei Gedenkveranstaltungen weiterhin die Ausstellungsplakate aus und informierten die lokale Bevölkerung über diese Gruppe von NS-Opfern. Behörden und Propagandisten instrumentalisierten jedoch nun die Ausstellung für ihre Zwecke. Bis heute wird die Ausstellung gezeigt, allerdings ohne Mitwirkung der Kuratorin. Alle Versuche, ihr Urheberrecht geltend zu machen und die Nutzung ihres Projekts unter den veränderten Bedingungen zu unterbinden, blieben erfolglos.

2022 erhielt die Stiftung *Vol'noe delo – Jug* („Freie Sache – Süd“) des Oligarchen Oleg Deripaska, Mittel aus der *Stiftung für Präsidialzuschüsse* (Fond presidentskich grantov), um die Ausstellung „Pomni o nas . . .“ fortzuführen.[22] Die Leiterin von *Vol'noe delo – Jug,* Anna Pridnja, hatte 2021 vereinbarungsgemäß eine digitale Version der Plakate zur Verfügung gestellt bekommen, um die Ausstellung in einer Reihe von Bezirken der Region Krasnodar präsentieren zu können. Nachdem sich dies 2021 nicht hatte realisieren lassen, wurde die Vereinbarung aufgekündigt. Als die Stiftungsleiterin 2022 ihre Absicht erklärte, den Plan doch noch umzusetzen, hatte Russland bereits seine Großinvasion in die Ukraine gestartet. Die Ausstellungskuratorin erklärte daraufhin, dass sie es ablehne, künftig mit einer russländischen Organisation zusammenzuarbeiten, die Russlands Invasion in die Ukraine unterstützt.

Zu der Zeit stand Stiftungsgründer Deripaska noch nicht auf der Sanktionsliste der EU. Er äußerte sich auch nicht öffentlich zur Lage in der Ukraine. Anna Pridnja wiederum versicherte, dass die Vergangenheit im Allgemeinen und die Ausstellung „Pomni o nas . . .“ nichts mit der aktuellen Situation zu tun hätten. Die Ausstellung sei weiterhin wichtig, da sie helfe, russländischen Jugendlichen Wissen über den Zweiten Weltkrieg zu vermitteln.[23] Im Nachhinein stellte sich heraus, dass dies eine Vorspiegelung falscher Tatsachen war: Die Stiftung *Vol'noe delo – Jug* hatte die Fördermittel für die Präsentation der Ausstellung in eigenem Namen und ohne Einwilligung der Kuratorin bei der *Stiftung für Präsidialzuschüsse* beantragt und erhalten. Im Antrag wurde auf die Relevanz des Projektes im Kontext der „Ereignisse, die sich derzeit auf der weltpolitischen Bühne abspielen“, verwiesen und „die das Problem der Verfälschung und Verzerrung der Geschichte des Großen Vaterländischen Krieges im postsowjetischen Raum und der

21 <www.instagram.com/VISTAVKA_POMNI_O_NAS/>.
22 Vystavočnyj proekt POMNI O NAS (Projekt-Nr. 22-2-002020), Ocenka [Abschlussbericht], <https://оценка.гранты.рф/award/project/848fa9f1-7a9f-4903-a3aa-665575758d52/results>.
23 Novosti Administracii Ust'-Labinskogo gorodskogo poselenija, 8.6.2022, <www.город-усть-лабинск.рф/news/novosti/vystavka-pomni-o-nas-/>.

Revision der Resultate des Zweiten Weltkriegs und der Verherrlichung des Nazismus aufwerfen".[24]

Die Ausstellung, die den Blick auf eine ganz spezifische Gruppe von Opfern des Zweiten Weltkriegs richten wollte, wurde so zu einer Geisel der russländischen Geschichtspolitik: Im heutigen Russland muss der Sieg im „Großen Vaterländischen Krieg" als Grundlage für die Stärkung des russländischen Patriotismus und den Glauben an einen Sieg über die „ukrainischen Nazis" herhalten.

Von Sommer bis Dezember 2022 zeigte die Stiftung *Vol'noe delo – Jug* die Ausstellung „Pomni o nas . . ." in sechs Bezirken der Region Krasnodar. Offiziell hatte sie rund 20 000 Besucher.[25] Verschwiegen wurde, dass das aus deutschen Mitteln geförderte Projekt von der *Deripaska-Stiftung* mit stillschweigender Zustimmung der *Stiftung für Präsidialzuschüsse* de facto vereinnahmt worden war. Weder im Antrag noch im Abschlussbericht wurde der Name der Kuratorin des Projekts genannt. Das gilt auch für das Gros der Publikationen über die Durchführung der Ausstellung in der Region Krasnodar.[26] Proteste der Kuratorin bei der *Stiftung für Präsidialzuschüsse* verhallten ungehört. Verweise auf das Urheberrecht der Autorin der Ausstellung kontert die Stiftung unter Verweis auf Artikel 1724 des Zivilgesetzbuchs der Russländischen Föderation, der „die freie Nutzung eines Werks zu Informations-, wissenschaftlichen, Bildungs- oder kulturellen Zwecken" erlaubt.[27] Manche Medienberichte nennen die russische Historikerin Irina Akulič, die mit *Vol'noe delo – Jug* kooperiert, als „Leiterin des Projekts". Bisweilen ist zu lesen, für das Projekt „Pomni o nas . . ." hätten verschiedene Wissenschaftler und Forscher bislang unzugängliches Quellenmaterial zu NS-Verbrechen aus Archiven Russlands, Deutschlands, Israels, Moldovas, der USA und anderer Länder zusammengetragen.[28] In Wirklichkeit beruht das gesamte Projekt ausschließlich auf den persönlichen Recherchen der Verfasserin in staatlichen und privaten Archiven in diesen Ländern.[29]

Seit 2022 stellen russländische Medien die Ausstellung „Pomni o nas . . ." so dar, als wäre sie Teil des Projekts „Ohne Verjährungsfrist".[30] Dies entspricht nicht dem

---

24 Vystavočnyj proekt POMNI O NAS, Kapitel „Osnovanie social'noj značimosti <https://xn--80afcdbalict6afooklqi5o.xn--p1ai/public/application/item?id=848fa9f1-7a9f-4903-a3aa-665575758d52>.
25 Vystavočnyj proekt POMNI O NAS [Abschlussbericht] [Fn. 24].
26 Die Verfasserin dankt dem regionalen Experten des Projekts „Pomni o nas . . ." Maksim Vatutin für die Erstellung einer Liste mit Links zu Veröffentlichungen über die Ausstellung im Jahr 2022. Die Liste umfasst neun Seiten mit Links zu regionalen Publikationen sowie Mitteilungen in sozialen Netzwerken und auf den Websites regionaler Museen.
27 Graždanskij kodeks Rossijskoj Federacii (č. 4), 8.12.2006, N 230-FZ, <www.consultant.ru/document/cons_doc_LAW_64629/84bbd636598a59112a4fe972432343dd4f51da1d/>.
28 V Kavkazskom rajone organizovana vystavka istoriko-prosvetitel'skogo proekta „Pomni o nas . . .". MTRK Kropotkin, 12.10.2022, <https://kropotkintv.ru/news/v-kavkazskom-rayone-organizovana-vystavka-istoriko-prosvetitelskogo-proekta-pomni-o-nas-/>.
29 Rebrova, „Pomni o nas . . .". Katalog [Fn. 13], S. 8–11.
30 Pamjat' i dolg. krd.ru, 10.1.2023, <https://krd.ru/administratsiya/administratsii-vnutrigorodskikh-okrugov/kvo/news/pamyat-i-dolg/>. – V Kurganinske prošel kruglyj stol po realizacii proekta „Bez sroka davnosti" w Krasnodarskom krae. Centr graždanskogo vospitanija molodeži Kubani, 4.5.2023, <https://patriotkuban.ru/press-tsentr/novosti/details.php?ELEMENT_ID=14082>. – „Pomni o nas" – vystavka pod takim nazvaniem otkrylas' 27 sentjabrja 2022 v vystavočnom zale MBU „Tbilisskij RDK", in: Prikubanskie ogni, 29.9.2022, <https://prikubanskieogni.ru/post/30447/>.

ursprünglichen Ziel der Ausstellung: Sie sollte das Schicksal der Angehörigen einer spezifischen Gruppe von Opfern der nationalsozialistischen Besatzer im Nordkaukasus einer breiten Öffentlichkeit vor Augen führen. Dieses Ziel ist seit der „Kaperung" des Projekts durch Vertreter russländischer offizieller Institutionen weitgehend aus dem Blick geraten; die Ausstellung dient nun nur noch als Instrument, um die These vom „Genozid an den Völkern der Sowjetunion" zu belegen. An jeder Begleitveranstaltung der Ausstellung sind nun Repräsentanten der örtlichen Verwaltung und der „Poiskovoe dviženie Rossii" beteiligt. Die Ausstellungstafeln sind zur Kulisse für „patriotische" Gespräche über die Entdeckung und Identifizierung verschollener Soldaten und getöteter Zivilisten geworden. Ab 2021 suchte eine von der Deripaska-Stiftung unterstützte Suchmannschaft nach den Überresten von Kindern mit Behinderungen aus der regionalen Kinderklinik im Dorf Tret'ja Rečka Kotčety (heute Suvorovskoe), doch führten die Ausgrabungen nicht zu dem erwarteten Ergebnis.[31] Dies hielt lokale Suchgruppen nicht davon ab, ihre Aktivitäten auszuweiten, die weit über die Suche nach Massengräbern mit den Leichen von Menschen mit Behinderungen hinausgehen.

Am 19. Dezember 2022 fand in Ust'-Labinsk die erste regionale Tagung „Erinnerung und Pflicht" (Pamjat' i dolg) statt, die dem Projekt „Ohne Verjährungsfrist" gewidmet war. Sie stellte gleichzeitig die Finissage der Ausstellung „Pomni o nas . . ." dar. An der Tagung nahmen neben Historikern, Archivaren und Museumsmitarbeitern auch Vertreter staatlicher Behörden und des Ermittlungskomitees der Russländischen Föderation sowie Mitglieder der wichtigsten „Suchorganisationen" und der *Jugendarmee* (Junarmija) teil. Das Tagungsziel bestand darin, in der Region Krasnodar eine zentrale Datenbank „mit den Ergebnissen von [Such-]Expeditionen, Archivmaterial, Namen und Geschichten von Menschen, die die Schrecken der Besatzung während des Großen Vaterländischen Krieges überlebt haben", zu schaffen.[32] Politische Kräfte vor Ort vereinnahmen also regelmäßig und gerne die Ausstellung „Pomni o nas . . .".

Instrumentalisierung des Behindertenthemas

Die Instrumentalisierung des Projekts hat unterschiedliche Formen angenommen. Es sind keineswegs nur staatliche und staatsnahe Akteure, die es für ihr Anliegen zu nutzen versuchen. In Rostov am Don instrumentalisierte eine Journalistin des unabhängigen journalistischen Non-Profit-Projekts *Coda* die Ausstellung. Dass die Eröffnung der Ausstellung „Pomni o nas . . ." 2018 in Rostov am Don stattfand, war kein Zufall: Die Rostover Regionalabteilung der *Allrussländischen Gesellschaft zum Schutz von Geschichts- und Kulturdenkmälern* (VOOPIiK) war der russländische Hauptpartner des Ausstellungsprojekts. Die Veranstaltung fand im Wissenschaftlichen Hochschulzentrum Nordkaukasus der Südlichen Föderalen Universität statt. Es handelt sich um einen

[31] Irina Akulič: Rol' poiskovych organizacij Rossii w ustanovlenii mest massovych zachoronenij pacientov psichiatričeskich klinik – žertv nacistskoj okkupacii (na primere Krasnodarskogo kraja), in: Irina Rebrova: „Pomni o nas . . .". Ljudi s invalidnost'ju – maloizvestnye žertvy nacistskogo režima v okkupirovannych regionach RSFSR. Sankt-Peterburg 2022, S. 378–382.

[32] Kubanskie poiskoviki prinjali učastie v regional'noj konferencii „Pamjat' i dolg". Centr graždanskogo vospitanija molodeži Kubani, 23.12.2022, <https://patriotkuban.ru/press-tsentr/novosti/details.php?ELEMENT_ID=13689>.

historischen Ort. Hier war während des Zweiten Weltkriegs eine psychiatrische Klinik untergebracht. Angehörige des Sonderkommandos 10a der Einsatzgruppe D der Sicherheitspolizei und des SD ermordeten 72 Patienten durch Kohlenmonoxid in einem Gaswagen.

Die Ausstellung weckte das Interesse zahlreicher regionaler Medien, darunter das unabhängige Portal *Coda*.[33] Aber auch *Coda* stellte die Ausstellung „Pomni o nas . . .“ fälschlicherweise als ein Projekt dar, das in Russland nicht akzeptiert werde. Die Ausstellung finde „quasi im Geheimen" statt und erhalte kaum Aufmerksamkeit.[34] Das entsprach nicht der Wahrheit. Im Gegenteil waren im Dezember 2018 Dutzende Medienberichte in regionalen Zeitungen und im Internet über das Projekt und die Ausstellung erschienen.[35] Die *Coda*-Journalistin bezog sich auf sowjetische Erfahrungen mit der Stigmatisierung von Patienten psychiatrischer Kliniken, um zu zeigen, dass die Gesellschaft in Russland noch nicht bereit sei, sich mit solchen Themen auseinanderzusetzen. Tenor des Beitrags war, es gebe in Russland keinen Platz für Toleranz und Inklusion, vielmehr sei das „sowjetische Erbe" spürbar, denn heute wie damals würden psychiatrische Themen marginalisiert.[36] Dadurch verlagerte sich der Fokus von der Tatsache, dass die Ausstellung einer spezifischen Gruppe von Opfern der NS-Besatzung während des Zweiten Weltkriegs gewidmet war, hin zur Stigmatisierung von „geistig Kranken" und der Vertuschung ihrer Probleme im Russland von heute. Solche Dinge anzusprechen, ist zweifellos wichtig und notwendig, da Inklusion in Russland immer noch ein Randthema ist und es kaum Programme zur Integration von Menschen mit geistigen und körperlichen Einschränkungen gibt. In diesem Sinne war die Ausstellung nicht nur ein wichtiger Beitrag zur Änderung der Haltung gegenüber dieser speziellen Opfergruppe der NS-Vernichtungspolitik, sondern sie bot auch die Gelegenheit, über die Situation von Menschen mit Behinderungen im heutigen Russland nachzudenken. Das Problem war nur, dass der Inhalt des Artikels das Ausstellungsprojekt nicht als solches in den Blick rückte, sondern dass es der *Coda*-Journalistin allein als Aufhänger für ihr Thema diente.

„Kaperung" der Erinnerung

Ein weiteres Beispiel dafür, wie russländische Behörden die Ausstellung „kaperten", bietet der Fall Ejsk. In dieser Stadt in der Region Krasnodar wurde die Ausstellung „Pomni o nas . . ." 2019 mit Förderung der deutschen *Stiftung „Erinnerung, Verantwortung und Zukunft"* (EVZ) gezeigt. Die Eröffnung fand am 9. Oktober statt, dem jährlichen Tag des Gedenkens an die 214 Kinder mit Behinderungen aus dem Kinderheim Ejsk, die 1942 von Angehörigen des Sonderkommandos 10a der Einsatzgruppe D in einem Gaswagen umgebracht worden sind.[37] Diese Geschichte war bereits zu sowjetischer Zeit bekannt,

---

[33] <https://codaru.com/about/>; englischsprachiges Portal: <www.codastory.com/>.
[34] Polina Efimova: Otbrakovany i ubity, 16.1.2019 (gespeicherte PDF-Version des Artikels im Archiv des Projekts „Pomni o nas . . .").
[35] Vgl. die Hinweise auf Medienberichte auf der Webseite des Projektes „Pomni o nas . . .", <https://nsvictims.ru/geografia_demonstracii_vistavki/rostov-na-donu/>.
[36] Efimova, Otbrakovany i ubity [Fn. 33].
[37] Blank, „Vergesst uns nicht . . ." [Fn. 10], S. 36–37. – Irina Rebrova, Alexander Friedman: Behinderte Kinder als Opfer der nationalsozialistischen Mordpolitik. Die Beispiele Schumjatschi

doch wurden in der UdSSR und bis 2019 auch in Russland die geistigen und körperlichen Behinderungen der Kinder – und somit der Grund für ihre Ermordung durch die nationalsozialistischen Besatzer – verschwiegen.[38] Dieses Beschweigen geschieht mitunter noch heute. Der Kindermord an sich war es, der den Besatzern als Akt der besonderen Grausamkeit angerechnet wurde. Während des Krieges hatte das Beschweigen der Behinderung der Opfer auch den Zweck, unter den Angehörigen der Roten Armee den Hass auf den Feind zu verstärken: Fasste man die Kategorie der Kinder allgemein, so konnte dazu auch jedes Kind eines sowjetischen Soldaten zählen. 1980 wurde auf dem städtischen Friedhof von Ejsk, wohin – jedenfalls nach offiziellen Angaben – die Gebeine der ermordeten Kinder umgebettet worden waren, ein Denkmal für sie errichtet. Seit 2012 finden dort jährlich Gedenkveranstaltungen statt, an denen Vertreter der örtlichen Verwaltung, Mitarbeiter des Ejsker Samsonov-Museums für Geschichte und Heimatkunde sowie Kriegsveteranen und Schulkinder teilnehmen. 2019 war geplant, das Gedenken mit der Eröffnung der Ausstellung „Pomni o nas . . .“ und einer wissenschaftlichen Tagung, auf der die offiziellen Partner des Ausstellungsprojekts vertreten sind, zu begehen.

Russlands Sicherheitsbehörden zeigten sich sehr interessiert und forderten neben Informationen zur Ausstellung und Tagung Listen mit den vollständigen Kontaktdaten aller Teilnehmer sowie eine Reihe von Archivdokumenten an, die die Kuratorin für die Ausstellung zusammengetragen hatte. Am Vorabend der Eröffnung wurde klar, was der Sinn und Zweck der letztgenannten Forderung war: Regionale und föderale Medien berichteten über die Freigabe wichtiger Quellen zum NS-Massenmord an den Kindern des Kinderheims aus dem regionalen Archiv des Inlandsgeheimdienstes (FSB-Archiv). Fast all diese Quellen waren in Historikerkreisen bereits bekannt; sie waren auch für die Ausstellung herangezogen worden.[39] Am 9. Oktober 2019 wurde im zentralen Fernsehsender *Pervyj kanal* (Erster Kanal) zur Hauptsendezeit ein Interview mit Mitarbeitern des Samsonov-Museums für Geschichte und Heimatkunde ausgestrahlt, welche die Veröffentlichung der Archivalien kommentierten und über einen dank der neuen Erkenntnisse wiedergefundenen Verwandten eines der überlebenden Kinder aus dem Kinderheim berichteten. Ein Zusatzaspekt der Geschichte war, dass dieser Verwandte auf der 2014 durch Russland besetzten Halbinsel Krim wohnte. Der mediale propagandistische historische Brückenschlag bestand darin, dass im August 1941 über 100 Kinder aus dem Waisenhaus in Simferopol' nach Ejsk evakuiert worden waren.[40] Die regionalen Behörden in Ejsk luden nun Vertreter der Verwaltung von Simferopol' zu den

---

(Gebiet Smolensk) und Jejsk (Gebiet Krasnodar), in: Jörg Osterloh, Jan Eric Schulte, Sybille Steinbacher (Hg.): „Euthanasie"-Verbrechen im besetzten Europa. Zur Dimension des nationalsozialistischen Massenmords. Göttingen 2022, S. 289–306.

[38] Irina Rebrova: Ubijstvo 214 vospitannikov Ejskogo detskogo doma. Istorija sobytij i pamjat' o nich v (post-)sovetskoj Rossii, in: Konstantin Pachaljuk (Hg.): Tragedija vojny. Gumanitarnoe izmerenie vooružennych konfliktov XX veka. Moskva 2021, S. 190–212.

[39] TV-Bericht über die Ereignisse in Ejsk am 9. Oktober 2019 in der Nachrichtensendung *Fakty 24* des Senders *Kuban 24*, 10.10.2019, <www.youtube.com/watch?v=ZYNey2h_sqk&list =PLh0eWlCoAdz4eMnJHjYdZvCVzomX4YffA>. – V Rossii opublikovany dokumenty ob ubijstve 214 detej v Ejske w gody Velikoj Otečestvennoj vojny. RIA Novosti, 7.10.2019, <https://ria.ru/20191007/1559498762.html>. – Zakopannye ili zadušennye. Novye detali kazni 214 detej w gody vojny. RIA Novosti, 7.10.2019, <https://ria.ru/20191007/1559490596.html>.

[40] Marina Sidorenko: Neokončennaja istorija dvuch fotografij, <https://muzeisamsonova.ru/chast-23-neokonchennaya-istoriya-dvuh-fotografiy/>.

Veranstaltungen am 9. Oktober 2019 ein. Diese reisten tatsächlich an, um sich persönlich von der Geschichte der Ermordung der Kinder mit Behinderungen durch die NS-Besatzer erzählen zu lassen.[41] Dieser Krim-Delegation schenkten die Medien große Aufmerksamkeit.

Die Veröffentlichung der genannten Archivdokumente jubelte der Erste Kanal des russländischen Fernsehens landesweit zur Sensation hoch. Staatliche und staatsnahe Medien schenkten der eigentlichen Ausstellungseröffnung in Ejsk keine Beachtung, aber die Fakten verdrehten sie so, dass der Ruhm für die „Aufdeckung" der NS-Verbrechen an den Kindern mit Behinderungen von Ejsk russländischen Experten zufiel. Es war offensichtlich, dass offizielle Stellen nicht zulassen wollten, dass ein Projekt, das von einer deutschen Stiftung finanziert wurde und sich mit Opfern der NS-Besatzung befasst, öffentliche Aufmerksamkeit erregte. In Russlands aktueller Erinnerungskultur zum Großen Vaterländischen Krieg und den sowjetischen Opfern darf der westliche „Feind" keine aktive Rolle als Mitgestalter spielen.

Das einzige wirklich Neue, was die Veröffentlichung der Quellen aus dem regionalen FSB-Archiv erbrachte, war das Bekanntwerden einer handschriftlichen Tabelle, in der die Nationalität und der Grad der Behinderung der 1942 ermordeten Kinder aus dem Kinderheim Ejsk vermerkt sind.[42] Seither werden die Ejsker Kinder im offiziellen Gedenken an die Opfer des „Großen Vaterländischen Krieges" als „Kinder mit Behinderungen" geführt. Dies ist wichtig, denn damit wird implizit auch auf ihre Todesursache hingewiesen: Sie wurden eben nicht als sowjetische Kinder getötet, wie es die sowjetische Erinnerungskultur üblicherweise darstellte, sondern als Kinder mit Behinderungen, die in der nationalsozialistischen Ideologie als nicht lebenswert galten.

Zwei Wochen nach der Ausstellungseröffnung in Ejsk leitete das Ermittlungskomitee der Russländischen Föderation ein Strafverfahren gegen Angehörige des nationalsozialistischen Besatzungsregimes ein, denen die Beteiligung an der Ermordung der Jejsker Kinder vorgeworfen wurde.[43] Die Medien in Russland veröffentlichten die Namen von drei Deutschen, die den Ermittlungen zufolge am Kindermord beteiligt waren und bislang nicht strafrechtlich belangt worden waren.[44] Im Juli 2022 erkannte das Regionalgericht Krasnodar „die Verbrechen der Nazi-Besatzer, die während des Großen Vaterländischen Krieges auf dem Territorium der Region Krasnodar begangen wurden, als Genozid" an.[45] Ejsk wurde zu einem der vom Gericht behandelten Fälle. Derartige „Kriegsverbrecher-Prozesse" stehen auch im Zusammenhang mit dem Bestreben der Staatsmacht, das Konzept des „Genozids an den Völkern der

---

[41] Simferopol'skaja delegacija posetila g. Ejsk. Novost' Simferopol'skogo gorodskogo soveta, 15.10.2019, <http://simgov.ru/press/government/3504/>.

[42] V Rossii opublikovany dokumenty [Fn. 39]. – Zakopannye ili zadušennye [Fn. 39].

[43] SK načal rassledovat' ubijstvo 214 detej w Ejske nacistami. RIA Novosti, 30.10.2019, <https://ria.ru/20191030/1560393095.html>.

[44] Von den drei vom Ermittlungskomitee genannten Deutschen konnte ich nur eine Person, den Arzt Dr. Strauch, identifizieren. Strauch war in einem der Nachkriegsprozesse gegen NS-Verbrecher in der Bundesrepublik Deutschland angeklagt worden. Ermittlungsverfahren 119c Js 12/69 gegen ehemalige Angehörige des Einsatzkommandos 12, Staatsarchiv München, Staatsanwaltschaft, 33416.

[45] Sud priznal prestuplenija nemecko-fašistskich zachvatčikov na Kubani genocidom. RIA Novosti, 25.7.2022, <https://ria.ru/20220725/genotsid-1804838624.html>.

Sowjetunion" in Gerichtsurteile zu gießen und damit als juristische Kategorie zu verfestigen.[46]

Fazit

Im Rahmen meiner Dissertation über Erinnerung an den Holocaust im Nordkaukasus führte ich in den Jahren 2015/2016 Feldforschungen in der Region durch. Dabei stieß ich auf eine Geschichte des Lokalhistorikers Ivan Bojko aus dem Bezirk Novopokrovskij (Novopokrovskij rajon) in der Region Krasnodar.[47] Bojko konnte Anfang der 2000er Jahre Massengräber von Jüdinnen und Juden in dem Bezirk identifizieren. Bei den jüdischen Opfern handelte es sich um Menschen, die während des Zweiten Weltkriegs evakuiert oder aus den westlichen Gebieten der UdSSR geflohen und in der zweiten Hälfte des Jahres 1942 ermordet worden waren. Auf lokaler Ebene war das Schicksal dieser jüdischen Opfer bekannt, ihrer wurde gedacht.

Bojko arbeitete damals eng mit dem „Holocaust"-Zentrum in Moskau zusammen. Als im November 2022 im Bezirk Novopokrovskij die Ausstellung „Pomni o nas . . ." präsentiert wurde, veröffentlichte er Artikel in den regionalen Medien, in denen er die Bedeutung des Ausstellungsprojekts würdigte. Darin kommt er auch auf seinen eigenen Einsatz zur Bewahrung der Erinnerung an die Opfer der NS-Besatzung im Nordkaukasus zu sprechen – doch nun erwähnt er die jüdischen Opfer mit keinem Wort mehr, sondern subsumiert sie nach der aktuellen politischen Lesart der Gruppe der „Flüchtlinge" und „Opfer des Faschismus".[48] Der Holocaust geht auf im großen „Genozid an den Völkern der Sowjetunion". Bojko fungiert inzwischen als Sprachrohr der neuen offiziellen Ideologie, deren Vertreter bewusst die Ergebnisse seiner Arbeit für ihre Zwecke nutzen.

Auf ähnliche Weise wird die Ausstellung „Pomni o nas . . ." in Russlands Gesellschaft instrumentalisiert. Auch hier wird das Gedenken an das besondere Schicksal einer Opfergruppe der nationalsozialistischen Besatzung von den Propagandisten der offiziellen Geschichtspolitik nivelliert und dem „Genozid an den Völkern der Sowjetunion" zugerechnet. Es bleibt zu hoffen, dass die Besucherinnen und Besucher der Ausstellung gegen diese verordnete Lesart der Geschichte immun sind und sich auf der Basis der ausgestellten Fakten ihre eigene Meinung bilden.

Schlagwörter:
Zweiter Weltkrieg, NS-Verbrechen, NS-Opfer, Erinnerungspolitik, Holocaust, Nordkaukasus, „Genozid an den Völkern der Sowjetunion"

---

[46] Webseite des Projektes „Ohne Verjährungsfrist", Kategorie „Novosti", <https://безсрокадавности.рф/category/news/?order_by=term&term_id=35>.

[47] Rebrova, Re-Constructing Grassroots Holocaust Memory [Fn. 8], S. 118.

[48] Ivan Bojko: Kraevedy vedut poiski. Sel'skaja gazeta, 20.11.2022, <https://selgazeta.ru/selskaya-gazeta/patrioticheskoe-vospitanie/kraevedyi-vedut-poiski.html>. – Ders.: Uvekovečivaem pamjat' o zemljakach. Vol'naja Kuban', 2.12.2022, <http://gazetavk.ru/?d=2022-12-02&r=30&s=30826>.

Abstracts

Nightmare
Analyses from Russia and the South Caucasus

Thomas de Waal
Profit, Paranoia, Protest
Georgia's Nightmare

In Georgia, all signs point to a storm. The increasingly authoritarian government and a broad social protest movement stand irreconcilably opposed to one other. The country appears to be trapped in a confrontational political culture. The ruling party is producing Soviet-style images of the enemy and wants to grind down the last bastions of independent control. This development was not inevitable. Apparently, the oligarch behind the ruling party, Bidzina Ivanishvili, succumbed to panic because he saw his assets invested abroad at risk due to Western sanctions against Russia. He wants to turn Georgia into an authoritarian fortress, seemingly equidistant from Russia and the EU. The situation is extremely prone to violence. The elections in the autumn of 2024 offer a small chance to turn the confrontation on the streets back into a competition at the polls.

Vakhushti Menabde
Unfair Competition
Methods of Influencing Elections in Georgia

Georgia is at a historic crossroads. For years, the government led the country towards the European Union. Now, it has made a U-turn, but hundreds of thousands have taken to the streets to protest. The conflict has been put on hold for the time being and will be settled at the ballot box in October. Experience from previous years has shown that the ruling party conducts election campaign by unfair means. The electoral law, which benefited large parties and helped to consolidate the power of ruling parties, has been changed. But the familiar methods of influencing elections can be expected. They range from the use of administrative resources to open violence.

Narek Sukiasyan
Bellicose Unrest
Fear and Unrest in Armenia

Almost a year after the expulsion of Armenians from Nagorno-Karabakh, Armenia is still under massive pressure. The violent end to the conflict over the exclave may well have increased the possibility of a settlement with Azerbaijan. The government of Prime Minister Nikol Pashinyan is seeking such a compromise. But the autocratic regime in Baku continues to act aggressively and is constantly putting forward new demands. Even if it comes to a compromise, there is no one to guarantee the agreement. The former security guarantor Russia is having a destabilising effect, the EU is paralysed and toothless, and the United States is acting with restraint. The desperate situation is leading to social tensions. A protest movement has formed against the government. The fears of the protest movement are justified, it has no solutions, and radical slogans worsen the situation.

Democracy in the Crosshairs
A Conversation with Hana Antal about the Attack on Prime Minister Robert Fico and the Situation Afterwards

The assassination attempt on Slovak Prime Minister Robert Fico hit the country at a turbulent time. During the 2023 election campaign, Fico divided the country with populist friend-foe rhetoric and did not mitigate this after his election victory. The parties in his government indulge in anti-Western stereotypes and verbally pander to Russia. In foreign policy, however, much remains rhetoric. Domestic policy is different: Fico was on the way to establishing an illiberal regime based on the Hungarian model. It is to be feared that the politicians in the governing coalition will use the attack to push ahead with these plans all the more.

Nikolay Mitrokhin
Russia's War against Ukraine
Weekly Reports Spring 2024

Russia's attack on the Kharkiv region has failed. The Ukrainian defenders were able to stop the occupying troops. On other sections of the front, Russia was also unable to make any significant gains in territory. This is also why the aggressor continues with its massive attacks on Ukrainian civilian infrastructure such as power plants and the electricity grid, in order to wear down the population. The delivery of Western air defence systems promises improvement. After heavy losses, both sides lack the reserves necessary to carry out offensive operations.

Reinhard Flogaus
"Holy War" and Russia as "Katechon"
The Moscow Patriarchate on the Road to Heresy

The Moscow Patriarchate has committed itself to the Kremlin's neo-imperial and revisionist plans. Drawing on the narrative of "Holy Rus'" and an apocalyptic ideology of war from the 16th century, it legitimizes Russia's war against Ukraine. The church leadership under Patriarch Kirill has declared the war a "holy war" and is promoting the apotheosis of the soldier's death.

Thomas Bremer
The Russian World Today and Tomorrow
On the Document of the Russian People's Council

At the end of March 2024, the World Russian People's Council published an instruction that caused a stir: it declared the "special military operation" in Ukraine a "holy war", called for a demographic change in Russia, and for the first time attempted to define the Russian world (*russkij mir*). It is understood as a "spiritual and cultural-civilizational phenomenon" whose borders transcend those of "great historical Russia". The Russian world is closely linked to Russian statehood and opposes the evil that is identified with the West. There is no theological argumentation. The term is part of a specific historical and political worldview that has dangerous revisionist implications. The war in Ukraine shows this.

Lev Gudkov, Nataliia Zorkaia
History, Remembrance, Memory
Results of the Russian memory monitor

In Russia, the people's "historical consciousness" and "collective memory" are shaped by the state. Television, the most powerful propaganda machine, and schools reproduce the central elements of Soviet ideology and an authoritarian understanding of the state. The pivotal point of state history policy is the victory in the Great Patriotic War. It serves to propagate the idea of the necessary unity of *vlast' i narod* (the leadership and the people) as a prerequisite for the nation's survival and to justify the war of aggression against Ukraine. The critical reappraisal of Stalinism is on the defensive, the repressions and the Great Terror are being displaced in the population's collective consciousness. The positive assessment of how the Germans dealt with the crimes of National Socialism is fading. It is being overshadowed by the idea that Germany is once again a hostile state that supports Ukraine.

Alexei Uvarov
More Shades of Grey
Notes on the Russia Memory Monitor

In its "Memory Monitor 2023", the Levada Centre examines historical awareness within Russian public opinion. The data provides insight into how Russia's culture of remembrance has changed since the collapse of the Soviet Union. However, the picture of history and society in Russia that author duo Lev Gudkov and Nataliia Zorkaia paints, is too strongly outlined in black and white. In fact, there are more shades of grey. You can only recognize them, however, if you take note of the counter-public sphere in Russia, which still exists to this day despite censorship and propaganda, and which is committed to a pluralistic view of history and efforts to come to terms with the past.

Konstantin Pakhaliuk
History as a Lubricant
Russia's War and Propaganda Machine

The Putin regime has created an imperial, statist, and militaristic ideology to legitimize its rule, in which the supposed constants of "history" and "geopolitics" are integral components. A multitude of institutions, organizations, and individual actors readily compete for state resources. They spread the official patriotic politics of remembrance. Since the beginning of the full-scale war against Ukraine, the state has increased its control over the collective memory of its citizens. Heroic tales from the past, imperial traditions, and historical images from the "Great Patriotic War" are intended to justify the unprovoked war against Ukraine. History has become an instrument of propaganda. But it is only effective under conditions of repression and censorship.

Antonina Klokova
Revaluation and Appropriation
Russia: Art Music in the Service of the State

The Putin regime presents its war of aggression against Ukraine as a war of defence. Its aim is to liberate Ukraine from "Nazism" and confront the hostile "collective West". To legitimize the war and strengthen society's fighting spirit, the regime has appropriated Dmitrii Shostakovich's most famous symphonies, the 7th ("Leningrad") and the 13th ("Babi Yar"). Sergei Rachmaninoff is stylized as a hero of Great Russian patriotism, while conductors close to the regime use concerts and competitions to simulate cultural normality and perform Russian works to turn music into a ringing weapon of propaganda.

Irina Rebrova
Hijacked and Ideologized
An Exhibition about Nazi Victims in Russia

The traveling exhibition "Pomni o nas ..." (Remember us...) about the Nazi mass murder of people with disabilities in the North Caucasus in 1942/1943 was intended to make the Russian public aware of the fate of a victim group that has received little attention. It was shown in Russia from 2018 to 2021. In 2022, the exhibition was subjected to a "hostile takeover" by a Russian foundation, which turned the exhibition's content on its head. The exhibition is now supposed to spread the narrative of the "genocide against the Soviet people" and illustrate the "criminal" nature of the "fascist" enemy against the backdrop of Russia's war against Ukraine.